BALADI, Mauro

GUIA DE FILMES

VOLUME I: HORROR E FICÇÃO CIENTÍFICA

RIO DE JANEIRO: EDIÇÕES GUINEFORT, 2018

À MEIA NOITE LEVAREI SUA ALMA

À MEIA NOITE LEVAREI SUA ALMA

DIRETOR: José Mojica Martins

PAÍS: Brasil

COMPANHIA PRODUTORA: Indústria Cinematográfica Apolo

ANO DE PRODUÇÃO: 1964

DURAÇÃO: 85'

IDIOMA ORIGINAL: Português

PRODUÇÃO: Geraldo Martins, Ilídio Martins, Arildo Iruam

ARGUMENTO: José Mojica Marins

ROTEIRO: José Mojica Marins

FOTOGRAFIA: Giorgio Attili [p&b]

MONTAGEM: Luiz Elias

MÚSICA: Hermínio Gimenez, Salatiel Coelho

ELENCO: José Mojica Marins, Magda Mei, Nivaldo de Lima, Valéria Vasquez, Ilídio Martins, Arildo Iruam, Genê Carvalho, Vânia Rangel, Graveto, Robinson Aielo, Avelino

Morais, Luana, Leandro Vieira, Antonio Marins, Mário Lima, Eurípides Silva, Luiz Gonçalves, Carmen Marins, Cícero Paulino, Waldomiro França, Cardoso, Jonny Grégio, José Vilar, Suzy Barros, Tomás Sebastião, Iko Galdine, Laura Duarte, Claudiana, Renato Melo, Almir Barbosa, Raul Malentaqui, Eucaris de Morais [Karé]

GÊNERO: Drama de horror

SINOPSE: Numa cidadezinha do interior, o papa-defunto Zé do Caixão atemoriza a população com sua falta de fé religiosa e sua figura sinistra. Zé é casado com Lenita, que lhe é muito devotada, mas incapaz de satisfazer seu maior sonho: ter um filho. Disposto a tudo para alcançar a imortalidade por meio da descendência, Zé acaba assassinando a esposa e procurando outra mãe para seu herdeiro. Sua escolhida é Terezinha, embora a moça seja noiva de seu amigo Antonio.

COMENTÁRIOS: Primeira aparição do personagem Zé do Caixão, este filme teve uma continuação ("Esta noite encarnarei no teu cadáver", de 1966) e a trilogia foi concluída mais de 40 anos depois, com "Encarnação do demônio" (2008). Trata-se de uma obra extremamente original, com intuições que nem o próprio Mojica voltaria a ter.

AVALIAÇÃO: ****

ALIENS VS. PREDADOR 2

DIRETOR: "The Brothers Strause" [Colin Strause, Greg Strause]

PAÍS: Estados Unidos

COMPANHIA PRODUTORA: John Davis Productions / Brandywine Productions / Twentieth Century-Fox

ANO DE PRODUÇÃO: 2007

DURAÇÃO: 94'/102'

IDIOMA ORIGINAL: Inglês

PRODUÇÃO: John Davis, David Giler, Walter Hill

ARGUMENTO: Dan O'Bannon, Ron Shusett, Jim Thomas, John Thomas

ROTEIRO: Shane Salerno

FOTOGRAFIA: Daniel C. Pearle [cor]

MONTAGEM: Dan Zimmerman

MÚSICA: Brian Tyler

ELENCO: Steven Pasquale, Reiko Aylesworth, John Ortiz, Johnny Lewis, Ariel Gade, Kristen Hager, Sam Trammell, Robert Joy, David Paetkau, Tom Woodruff Jr., Ian Whyte,

Chelah Horsdal, Meshach Peters, Matt Ward, Michal Suchanek, David Hornsby, Chris William Martin, James Chutter, Phil Buhler, Kevin Haaland, Gina Holden, Kurt Max Runte, Liam James, Tim Henry, Tom McBeath, Ty Olsson, Anthony Harrison, Lloyd Berry, Rekha Sharma, Catherine Lough Haggquist, Victoria Bidewell, Dalias Blake, Tim Perez, Rainbow Sun Francks, Juan Riedinger, Val Cole, Andrew Hedge, Ryan Robbins, Curtis Caravaggio, Françoise Vip, John Wardlow, Nesta Chapman, Ian Feuer, Bobby 'Slim' Jones, Glen Brkich, Jay-Lin Green, Lili Wexu, Adrian Hough, Karen Van Blankenstin

GÊNERO: Ação e ficção científica

SINOPSE: Um Alien – que estava no interior do corpo de um Predador – eclode justamente quando seu hospedeiro estava no interior de uma nave de pesquisa científica dos Predadores. Após matar um dos tripulantes da nave, o Alien é caçado por outro, o que provoca a queda do aparelho justamente aqui no nosso planeta. O Alien, logicamente, sobrevive e invade uma pequena cidade, causando muita destruição. Porém, tudo piora ainda mais quando outro Predador vem vingar os seus colegas, causando uma carnificina.

COMENTÁRIOS: Uma história banal e uma produção paupérrima garantem a decepção e o tédio do espectador.

AVALIAÇÃO: **

ABELHAS – ATAQUE MORTAL

DIRETOR: Jeff Hare

PAÍS: Estados Unidos / Brasil

COMPANHIA PRODUTORA: American Cinema International / American Cinema Independent / Swen do Brasil

ANO DE PRODUÇÃO: 2001

DURAÇÃO: 95'

IDIOMA ORIGINAL: Inglês

PRODUÇÃO: George Shamieh (coprodutores: Paul G. Volk, John J. Kelly)

ARGUMENTO: Zany Leo

ROTEIRO: Jeff Hare

FOTOGRAFIA: Brad Rushing [cor]

MONTAGEM: Edward R. Abroms

MÚSICA: Alex Wilkinson

ELENCO: Gabrielle Anwar, Rutger Hauer, Craig Sheffer, Jason Brooks, David Naughton, Mark Adair Rios, Hunter Bodine, Adam Wylie, Robin Wilson, Duncan Regehr, Lisa Wilhoit, Gregory Littman, Patrícia Rizzi Bitondi, Mário

Pezini, Silas Cardoso, Haroldo Nunes Silva, Roberto Aureliano da Rocha, Wagner Gama Nascimento, Joseph Lucas B., Rodrigo Lombard, Alexandre Vital, Sérgio Capezzuto, Sérgio Kato, Hercílio Zanin Jr., Maurício Bosco Nunes Oliveira, Luís Carlos de Borba Jr., Luís Antonio Vivarelli Curti, Richard Graham Maddock, Carlos Antonio Rahal, Paulo Vinícius Justo Fernandes, Annabela Vianna Camargo, Karen dos Santos, Nirce Lewin Goyman, Lillian Blanc, Roberto Vitorino, Fernando de Paiva Lima, Flávia Vemaschi Lima

GÊNERO: Mistura de filme catástrofe, ação e horror

SINOPSE: A jornalista norte-americana Ann Bauer realiza uma reportagem em plena floresta Amazônica, onde algumas tribos indígenas estão se insurgindo contra a presença de companhias petrolíferas ianques. Indo para a selva, Ann é atacada e ferida por soldados, sendo socorrida pela misteriosa tribo do Povo das Sombras. No hospital, o dr. Stephen North surpreende-se com a rápida recuperação da moça, o que parece se dever a algumas estranhas mordidas de insetos. Investigando, ele descobre tratar-se de uma nova espécie de abelhas, que deve estar sendo desenvolvida clandestinamente. Pensando no valor monetário de sua descoberta, Stephen rouba um caixote dessas abelhas e foge de avião para os Estados Unidos, enquanto Ann se recupera e também resolve investigar o caso. Porém, o que a moça descobre é que as abelhas são terríveis assassinas, que estão dizimando populações inteiras na floresta. Ela percebe a fuga de Stephen e se comunica com ele, descobrindo seu golpe. Porém, um acidente provoca a fuga das abelhas, que começam a atacar os passageiros do avião.

COMENTÁRIOS: Com locações em Ubatuba (SP) e Morretes (PR), essa coprodução de baixo orçamento não passa de uma salada de clichês, sem qualquer elemento original que impeça o espectador de conhecer todo o desenrolar da história apenas pelo título.

AVALIAÇÃO: **

THE ABERDEEN EXPERIMENT

(Cf. Scared to death)

L'ABÎME DES MORTS VIVANTS / OASIS OF THE ZOMBIES

OÁSIS DOS ZUMBIS

DIRETOR: A. M. Frank [Jesus Franco]

PAÍS: França

COMPANHIA PRODUTORA: Eurociné

ANO DE PRODUÇÃO: 1981

DURAÇÃO: 82'

IDIOMA ORIGINAL: Inglês (dub)

ROTEIRO: A. L. Mariaux [Jesus Franco]

FOTOGRAFIA: Max Monteillet [cor]

MONTAGEM: Claude Gros

MÚSICA: Daniel White

ELENCO: Manuel Gelin, France Jordan [France Lomay], Jeff Montgomery, Myriam Landson, Eric Saint-Just, Caroline Audret, Henry Lambert, Antonio Mayans

GÊNERO: Horror de zumbis

SINOPSE: No Saara, durante a 2ª Guerra mundial, soldados ingleses lutam contra um pelotão alemão, em um oásis remoto. O único sobrevivente dessa batalha – um oficial britânico – guarda por mais de 30 anos o segredo de que existe, enterrado no tal oásis, um tesouro avaliado em 6 milhões de dólares. Quando ele é assassinado, por um ex-soldado alemão que rouba seu mapa, seu filho Robert recebe de herança um diário que fala sobre o tesouro. Robert logo reúne seus amigos e parte para o deserto, sem saber que todos correm um grande perigo – já que os soldados mortos no combate se transformaram em zumbis canibais, matando todos os que se aproximam do oásis.

COMENTÁRIOS: Dentro da febre de filmes de zumbis que tomou conta do cinema europeu do início dos anos 80 (provocada pelo sucesso internacional de "Zumbi 2", de Lucio Fulci), o eclético Franco — talvez o maior nome do cinema B europeu, com quase 200 longas dos mais diversos gêneros — realizou este lastimável exercício de horror, com uma produção paupérrima, um roteiro absolutamente ridículo e interpretações anódinas (devidamente respaldadas por uma burocrática dublagem em inglês). Nada na história faz muito sentido, e buscar as suas contradições é pura perda de tempo. Algum tempo depois, Franco refez algumas cenas com atores espanhóis e lançou o filme como uma produção inédita, com o título "La tumba de los muertos vivientes". Locações nas ilhas Canárias.

AVALIAÇÃO: **

AB-NORMAL BEAUTY

(Cf. Sei mong se jun)

THE ABOMINABLE DR. PHIBES

O ABOMINÁVEL DR. PHIBES

DIRETOR: Robert Fuest

PAÍS: Inglaterra

COMPANHIA PRODUTORA: American International Productions

ANO DE PRODUÇÃO: 1971

DURAÇÃO: 94'

IDIOMA ORIGINAL: Inglês

PRODUÇÃO: Louis M. Heyward, Ronald S. Dunas

ARGUMENTO: James Whiton, William Goldstein

ROTEIRO: James Whiton, William Goldstein

FOTOGRAFIA: Norman Warwick [cor]

MONTAGEM: Tristam Cones

MÚSICA: Basil Kirchin, Jack Nathan

ELENCO: Vincent Price, Joseph Cotten, Hugh Griffith, Terry-Thomas, Peter Jeffrey, Derek Godfrey, Norman Jones, John Cater, Aubrey Woods, John Laurie, Maurice Kaufmann, Barbara Keogh, Sean Bury, Charles Farrell, Susan Travers, David Hutcheson, Edward Burnham, Alex Scott, Peter Gilmore, Virginia North, Alan Zipson, Dallas Adams, James Grout, Alister Williamson, Thomas Heathcote, Ian Marter, Julian Grant, John Franklyn, Walter Horsbrugh

GÊNERO: Comédia de terror

SINOPSE: Enquanto realiza algumas apresentações no exterior, o dr. Anton Phibes – organista de grande prestígio – fica sabendo que sua amada esposa Victoria está gravemente doente e, partindo em desespero, sofre um acidente de automóvel e fica bastante queimado. Victoria morre durante uma cirurgia e Phibes enlouquece, fazendo-se passar por morto. Anos depois, Phibes resolve vingar-se de todos os integrantes da equipe cirúrgica que causaram – segundo pensa ele – a morte de sua mulher. Ele inicia, então, uma série de assassinatos requintados e cruéis, utilizando como tema as pragas bíblicas do Egito.

COMENTÁRIOS: Clássico absoluto das comédias de terror, este filme é o coroamento da brilhante carreira de Price. O mesmo diretor realizou uma continuação ("Dr. Phibes rises again"), que teve o mérito de manter-se fiel ao estilo e de livrar-se de um excesso de repetições. O charme do filme reside, obviamente, na hábil mistura entre o grotesco e o refinado; o kitsch impúdico e, ao mesmo tempo, cheio de sofisticação. Um excelente programa, para ser periodicamente revisto.

AVALIAÇÃO: ****

ABSURD

(Cf. Rosso sangue)

DIRETOR: Murat Emir Eren, Talip Ertürk

PAÍS: Turquia

COMPANHIA PRODUTORA: Beyin Film

ANO DE PRODUÇÃO: 2010

DURAÇÃO: 78'

IDIOMA ORIGINAL: Turco

ARGUMENTO: Murat Emir Eren, Talip Ertürk, Omer Ust, Erhan Kiliç

ROTEIRO: Murat Emir Eren, Talip Ertürk

FOTOGRAFIA: Meryem Yavuz [cor]

MONTAGEM: Çiçek Kahraman

MÚSICA: "diversos"

ELENCO: Ozan Ayhan, Esra Rusan, Onur Buldu, Rüya Önal, Kaan Keskin, Gülüm Baltacigil, Canan Güven, Tulay Bekret, Taner Birsel, Konuk Oyuncular, Nihat Ileri, Cansel Elçin, Sirri Sureyya Onder, Bigkem Karavus

GÊNERO: Horror de zumbis com elementos humorísticos

SINOPSE: Grupo de amigos viaja para uma ilha, na costa de Istambul, a fim de assistir a um luxuoso casamento. Porém, em plena cerimônia, os convidados são atacados por um bando de zumbis, que também querem participar do banquete comendo muito mais que o bolo e os salgadinhos. Logo, as vítimas da chacina também se transformam em zumbis e os poucos que escapam do ataque tentam sobreviver até que chegue alguma ajuda.

COMENTÁRIOS: Nada de muito interessante nesse filme, que utiliza o recurso da câmera subjetiva e uma verdadeira montanha de clichês (a não ser o fato de se tratar de uma produção turca).

AVALIAÇÃO: **

THE ADDAMS FAMILY

A FAMÍLIA ADDAMS

DIRETOR: Barry Sonnenfeld

PAÍS: Estados Unidos

COMPANHIA PRODUTORA: Paramount Pictures

ANO DE PRODUÇÃO: 1991

DURAÇÃO: 100'

IDIOMA ORIGINAL: Inglês

PRODUÇÃO: Scott Rudin (coprodução: Jack Cummins)

ARGUMENTO: Charles Addams

ROTEIRO: Caroline Thompson, Larry Wilson

FOTOGRAFIA: Owen Roizman [cor]

MONTAGEM: Dede Allen, Jim Miller

MÚSICA: Marc Shaiman (músicas: Hammer)

ELENCO: Anjelica Houston, Raul Julia, Christopher Lloyd, Elizabeth Wilson, Christina Ricci, Judith Malina, Dan Hedaya, Carel Struycken, Paul Benedict, Christopher Hart, Dana Ivey, Jimmy Workman, John Franklin, Tony Azito, Douglas Brian Martin, Steven M. Martin, Allegra Kent, Richard Korthaze, Ryan Holihan, Maureen Sue Levin, Darlene Levin, Kate McGregor-Stewart, Lela Ivey, Whitby Hertford, Patty Maloney, Victoria Hall, Jimmy Ross, Ryan Anderson, Daniel Pikus, Michael Hittesdorf, Lauren Walker, Valeri Walker, Mercedes McNab, Joe Zimmerman, Steve Welles, Eugene Jackson, Richard Tanner, Marc Shaiman, "The Passing Zone" [Jonathan Wee, Owen Morse], Sally Jesse Raphael

GÊNERO: Comédia de terror

SINOPSE: A excêntrica família Addams, formada por indivíduos que possuem hábitos e valores pouco compatíveis com o resto da humanidade, vive na mais completa abastança. Isso desperta a mais absoluta inveja no administrador de seus bens, Tully, um malandro que está à beira da falência. Ao ser ameaçado pela agiota Greta, Tully percebe que o filho dela é muito parecido com Fester Addams, o irmão desaparecido de Gomez – chefe do clã. Com o auxílio da velha, Tully elabora um plano para introduzir o falso Fester na família, aproveitando-se da absoluta ingenuidade de todos. De fato, o filho de Greta é reconhecido como Fester e, enquanto procura adaptar-se aos novos parentes, vai tentando descobrir o segredo para apoderar-se da fortuna dos Addams.

COMENTÁRIOS: Bem-sucedida versão cinematográfica de uma série de TV dos anos 60 (baseada, por sua vez, nos personagens criados por Charles Addams), valorizada por um elenco excepcional. A ideia da história é tipicamente americana, misturando o mais banal cotidiano com uma longa série de aberrações. Até neste aspecto o filme capta bem o fundamento de seu original, já que – por trás de todas as monstruosidades e esquisitices – os Addams nunca deixam de ser uma família essencialmente burguesa e conservadora.

AVALIAÇÃO: ***

AFTER DEATH

(Cf. Oltre la morte)

ALIEN CARGO

Ameaça extraterrestre

DIRETOR: Mark Haber

PAÍS: Estados Unidos

COMPANHIA PRODUTORA: Wilshire Court Productions

ANO DE PRODUÇÃO: 1999

DURAÇÃO: 90'

IDIOMA ORIGINAL: Inglês

PRODUÇÃO: Michael Lake

ROTEIRO: Carla Jean Wagner

FOTOGRAFIA: John Stokes [cor]

MONTAGEM: Joel Goodman

MÚSICA: Patrick O'Hearn

ELENCO: Jason London, Missy Crider, Simon Westaway, Elizabeth Alexander, Alan Dale, Warwick Young, David Paterson, Kevin Copeland, Diana Glenn, Theresa Wong, Jennifer Congram, Julian Garner, Helen Howard, Rebecca Riggs, Sean Dennehy, Rainey Mayo, Brandon Burke, Eric Thill

GÊNERO: Ficção científica

SINOPSE: Num futuro mais ou menos distante, os seres humanos já estão habitando outros planetas e uma movimentada rede comercial estende-se pelo espaço (ou seja, o capitalismo dominará o universo). A tripulação da nave cargueira SSS 17, que transporta o urânio das minas estelares, dedica-se a esta tarefa por puro interesse financeiro, já que se trata de um trabalho pesado e tedioso (com o acréscimo de que, para fazer as longuíssimas viagens, a maior parte da tripulação permanece por meses em hibernação). Ao despertarem do sono letárgico, para seu turno de manutenção, Chris e Theta descobrem que os tripulantes que eles substituiriam desapareceram, que a nave está bastante danificada, completamente fora de rota e – o que é pior – quase sem combustível (já que eles dormiram por quase um ano). Percebendo que o fim pode estar próximo, eles decidem não despertar os outros tripulantes e pedir ajuda à estação espacial mais próxima. Enquanto esperam a possível ajuda de uma nave de pesquisas, o casal investiga o estranho mistério que se abateu sobre a sua nave.

COMENTÁRIOS: Telefilme paupérrimo rodado na Austrália. O verdadeiro motivo dos protagonistas não reanimarem seus colegas é economizar muitos cachês.

AVALIAÇÃO: **

ALIEN INTRUDER

Alien – A intrusa

DIRETOR: Ricardo Jacques Gale

PAÍS: Estados Unidos

COMPANHIA PRODUTORA: P. M. Entertainment Group Incorporated

ANO DE PRODUÇÃO: 1992

DURAÇÃO: 97'

IDIOMA ORIGINAL: Inglês

PRODUÇÃO: Joseph Merhi, Richard Pepin (coprodutores: Stephen R. Lieb, Charla Driver)

ARGUMENTO: Nick Stone

ROTEIRO: Nick Stone

FOTOGRAFIA: Michael Pinkey [cor]

MONTAGEM: Paul G. Volk, Ron Cabreros, Lorne Morris

MÚSICA: Miriam Cutler

ELENCO: Maxwell Caulfield, Tracy Scoggins, Gary Roberts, Richard Cody, Stephen Davies, Jeff Conaway, Billy Dee Williams, Michael Delano, Shano Palovich, Charles Young, Rod Britt, Milton James, Joe Durrenberger, Gwen Sommers, Melinda Armstrong, Andrianne Sachs, Kevin

Lowe, Bill Zuckert, Robert Dryer, Jane Hamilton, Lauren Hayes

GÊNERO: Ficção científica

SINOPSE: Ano 2022: O comandante Skyler reúne um grupo de quatro criminosos condenados para irem até um ponto remoto do espaço, a fim de resgatarem uma nave perdida. Porém, o grupo passa a ser assediado por uma sedutora alienígena, que penetra em suas fantasias sexuais e faz com que eles procurem destruir-se uns aos outros.

COMENTÁRIOS: A trama consegue misturar, sempre com resultados desastrosos, as tramas de "Alien", "Solaris" e "Os doze condenados".

AVALIAÇÃO: *

ALIEN – RESURRECTION

ALIEN: A RESSURREIÇÃO

DIRETOR: Jean-Pierre Jeunet

PAÍS: Estados Unidos

COMPANHIA PRODUTORA: Brandywine

ANO DE PRODUÇÃO: 1997

DURAÇÃO: 109'

IDIOMA ORIGINAL: Inglês

PRODUÇÃO: Bill Badalato, Sigourney Weaver

ARGUMENTO: Dan O'Bannon, Ronald Shusett

ROTEIRO: Joss Whedon

FOTOGRAFIA: Darius Khondji [cor]

MONTAGEM: Herve Schneid

MÚSICA: John Frizzell

ELENCO: Sigourney Weaver, Winona Ryder, Ron Perlman, Dominique Pinon, Dan Hedaya, J. E. Freeman, Brad Dourif, Raymond Cruz, Kim Flowers, Gary Dourdan, Leland Orser, Michael Wincott, Carolyn Campbell, Marlene Bush, David St. James, Rodney Mitchell, Robert Faltisco, David Rowe, Garrett House, Rod Damer, Mark Mansfield, Daniel Raymont, Chip Nuzzo, Steven Gilborn (voz), Robert Bastens, Rico Bueno, Alex Lorre, Ron Ramessar, Nicole Fellows, Tom Woodruff Jr.

GÊNERO: Horror e ficção científica

SINOPSE: 200 anos depois da morte da oficial Ellen Ripley, que se suicidou após descobrir que trazia dentro de si o pérfido alienígena que tanto combatera, os cientistas de uma poderosa empresa conseguem cloná-la, a fim de obter um exemplar da criatura. Trata-se de um projeto secreto, comandado pelo general Perez, que tem como objetivo elaborar novos tipos de armamentos. Interessados em reproduzir o alien, os cientistas encomendam seres humanos em hibernação, que servirão de hospedeiros para as novas criaturas. A carga é entregue por uma nave clandestina, cuja tripulação se hospeda na gigantesca estação espacial onde estão sendo feitas as experiências. Um dos tripulantes da nave, a jovem Call, é na verdade uma andróide terrorista que pretende assassinar o clone de Ripley, temendo as consequências da experiência para o futuro da humanidade. Porém, os aliens escapam do laboratório e os militares e cientistas apressam-se a fugir, deixando Ripley e os tripulantes do cargueiro para trás. O grupo inicia, então, uma longa travessia para alcançar sua nave, enfrentando a constante ameaça do ataque das criaturas e também tentando salvar a Terra, já que a nave sem tripulantes – e cheia de ETs – está rumando para o nosso planeta.

COMENTÁRIOS: Quarto exemplar da série "Alien". Desta vez, os produtores foram buscar sangue novo na França, contratando o diretor Jeunet – célebre pelas bizarras mise-en-scènes de seus filmes em parceria com Marc Caro ("Delicatessen", "O ladrão de sonhos"...). O resultado é bastante interessante do ponto de vista estético, embora não se possa fugir aos poucos clichês da série.

AVALIAÇÃO: ***

ALIEN 3

DIRETOR: David Fincher

PAÍS: Estados Unidos / Inglaterra

COMPANHIA PRODUTORA: Brandywine

ANO DE PRODUÇÃO: 1992

DURAÇÃO: 114'

IDIOMA ORIGINAL: Inglês

PRODUÇÃO: Gordon Carroll, David Giler, Walter Hill (co-produtora: Sigourney Weaver)

ARGUMENTO: Vincent Ward (or: Dan O'Bannon, Ronald Shusett)

ROTEIRO: David Giler, Walter Hill, Larry Ferguson

FOTOGRAFIA: Alex Thomson [cor]

MONTAGEM: Terry Rawlings

MÚSICA: Elliot Goldenthal

ELENCO: Sigourney Weaver, Charles S. Dutton, Charles Dance, Paul McGann, Brian Glover, Ralph Brown, Danny Webb, Christopher John Fields, Holt McCallany, Lance Henriksen, Chris Fairbank, Carl Chase, Leon Herbert, Vincenzo Nicoli, Pete Postlethwaite, Paul Brennen, Clive Mantle, Peter Guinness, Dhobi Oparei, Philip Davis, Niall Buggy, Hi Ching, Danielle Edmond

GÊNERO: Horror e ficção científica

SINOPSE: Após sua última fuga, a tenente Ellen Ripley vaga pelo espaço em uma nave de resgate, em animação suspensa, junto com o oficial que a ajudou e a menina que ela salvou dos aliens babões. Porém, uma das criaturas conseguiu penetrar na nave e causa a morte de todos, poupando apenas Ripley. Avariada, a nave cai em Fury 161, uma antiga colônia penal para criminosos perigosos, condenados a trabalhar na mineração e no refino de chumbo. Quase desativada, a colônia ainda abriga 25 presos, que professam uma religião apocalíptica. Resgatada, Ripley é tratada pelo médico da colônia, com quem acaba se envolvendo. Porém, sua maior preocupação é com os aliens, embora ela ainda não tenha certeza da presença deles. Mas logo isso é confirmado e os monstros começam a fazer a sua habitual carnificina gosmenta. Sentindo-se estranha, Ripley resolve fazer um exame e descobre que está com um alien em seu organismo, razão pela qual sua vida foi poupada no início do filme.

COMENTÁRIOS: Esta terceira — e mais fraca — parte da saga apenas recicla os clichês da série, transformando o alien praticamente num *serial killer* ao estilo Jason Vorhees (indestrutível, imortal, onipresente e onisciente).

AVALIAÇÃO: ***

ALIEN VS NINJA / AvN

DIRETOR: Seiji Chiba

PAÍS: Japão

COMPANHIA PRODUTORA: North CKY

ANO DE PRODUÇÃO: 2010

DURAÇÃO: 81'

IDIOMA ORIGINAL: Japonês

PRODUÇÃO: Yoshinori Chiba, Seiji Chiba

ARGUMENTO: Seiji Chiba

ROTEIRO: Seiji Chiba

FOTOGRAFIA: Tetsuya Kudo, Ryo Uematsu [cor]

MONTAGEM: Seiji Chiba

MÚSICA: "The Reboot", Kuniyuki Morohashi

ELENCO: Masanori Mimoto, Shuji Kashiwabara, Donpei Tsuchihira, Mika Hijii, Yuki Ogoe, Ben Hiura, Kenji Saito, Hidekata Nishio [X-Gun], Kentaro Shimazu, Hideto Washizu, Isamu Sigihara, Taro Kanazawa, Koji Inagaki, Hideaki Morikawa, Kyosuke Sasaki, Yumiko Tomokura, Shuya Mashita, Hajime Inoue, Koji Ueda, Katsu Itagaki

GÊNERO: Ficção científica e artes marciais com elementos de comédia

SINOPSE: No Japão de uma época indeterminada, um grupo de ninjas – que serve ao senhor da guerra de uma pequena aldeia – é encarregado de investigar uma estranha bola de fogo que parece ter caído do céu em uma região próxima. Eles chegam ao local e logo são atacados por um poderoso monstro, que mata alguns dos ninjas. Cinco sobreviventes fogem, mas decidem enfrentar a criatura para vingar seus companheiros mortos e evitar que sua aldeia seja dizimada pelo voraz alienígena.

COMENTÁRIOS: Muita ação e bons efeitos especiais nesta mistura de "Alien" e "Predator".

AVALIAÇÃO: ***

ALLIGATOR

CROCODILO

DIRETOR: Lewis Teague

PAÍS: Estados Unidos

COMPANHIA PRODUTORA: Alligator Associates

ANO DE PRODUÇÃO: 1980

DURAÇÃO: 91'

IDIOMA ORIGINAL: Inglês

PRODUÇÃO: Brandon Chase (executivo: Robert S. Bremson)

ARGUMENTO: John Sayles, Frank Ray Perilli

ROTEIRO: John Sayles

FOTOGRAFIA: Joseph Mangine [cor]

MONTAGEM: Larry Bock, Ronald Medico

MÚSICA: Craig Hundley

ELENCO: Robert Forster, Robin Riker, Michael Gazzo, Dean Jagger, Sidney Lassick, Jack Carter, Perry Lang, Bart Braverman, Henry Silva, John Lisbon Wood, James Ingersoll, Robert Doyle, Patti Jerome, Angel Tompkins, Sue Lyon, Leslie Brown, Buckley Norris, Royce D. Applegate, Tom Kindle, Jim Brockett, Simmy Bow, Jim Boeke, Stan Haze, James Arone, Peter Miller, Pat Petersen, Micol, Frederick Long, Ed Brodow, Larry Margo, Philip Luther, John F. Goff, Elizabeth Halsey, Barry Chase, Richard Partlow, Jeradio de Cordovier, Dick Richards, Vincent de Stefano, Jo Jo d'Amore, Bella Bruck, Kendall Carly Browne, Danny Baseda, Tink Williams, Corky Ford, Charles R. Penland, Anita Keith, Michael Mazurki, Margaret Muse, Michael Misita, Harold Greene, Jim Alquist, Margie Platt, Nike Zachmanoglou, Gloria Morrison

GÊNERO: Horror

SINOPSE: Estados Unidos, 1968: Em um show que apresenta combates entre homens e jacarés, a pequena Marisa adquire um filhote do réptil, comprometendo-se a entregá-lo a um zoo se por acaso ele crescer demais (o que é bastante provável). Porém, durante um ataque de fúria, o pai da menina resolve desfazer-se do animalzinho e o atira no vaso sanitário. Para sorte do pequeno jacaré, ele sobrevive e fica morando nos esgotos, onde nunca falta alimento para os estômagos fortes. Para azar da humanidade, o principal alimento do bicho são os cadáveres dos cães usados como cobaias por um cientista louco, que está desenvolvendo uma técnica para aumentar o tamanho dos animais. Depois de 12 anos dessa dieta, o jacarezinho transformou-se em um monstro gigantesco, que logo vai incluir os seres humanos em seu cardápio. Para combater esta fera insaciável, unem-se o policial David, marcado pela morte de um de seus parceiros, e a própria Marisa, que continuou a gostar de animais e se tornou bióloga.

COMENTÁRIOS: Mais um típico filme de animais mutantes assassinos, vítimas da falta de discernimento dos cientistas e algozes dos seres humanos (quase) indefesos. O título em português, da exibição na TV, confirma a crença popular de que um crocodilo é um jacaré superdesenvolvido, ao passo que a lagartixa é um jacaré com sérias restrições orçamentárias.

AVALIAÇÃO: ***

THE ALLIGATOR PEOPLE

O JACARÉ HUMANO

DIRETOR: Roy Del Ruth

PAÍS: Estados Unidos

COMPANHIA PRODUTORA: Associated Producers

ANO DE PRODUÇÃO: 1959

DURAÇÃO: 75'

IDIOMA ORIGINAL: Inglês

PRODUÇÃO: Jack Leewood

ARGUMENTO: Orville H. Hampton, Charles O'Neal

ROTEIRO: Orville H. Hampton

FOTOGRAFIA: Karl Struss [p&b]

MONTAGEM: Harry Gerstad

MÚSICA: Irving Gertz

ELENCO: Beverly Garland, Bruce Bennett, Lon Chaney Jr., George MacReady, Frieda Inescort, Richard Crane, Douglas Kennedy

GÊNERO: Horror e ficção científica

SINOPSE: A enfermeira Joyce acaba de se casar com o soldado Paul e está em viagem de lua-de-mel quando seu marido, após receber um telegrama, desaparece misteriosamente. Em desespero, Joyce passa a investigar o passado do marido – que ela ignorava quase totalmente – até descobrir um endereço, em uma remota região pantanosa do Sul dos Estados Unidos. Chegando lá, Joyce é mal recebida pela dona de casa, que alega não conhecer Paul. Porém, Joyce nunca poderia imaginar que seu marido está envolvido em uma bizarra experiência, que salvou sua vida, mas arruinou-a para sempre.

COMENTÁRIOS: Filme de baixíssimo orçamento, com mais um cientista louco que cria monstros abomináveis para ajudar a humanidade. A história até que não é ruim, mas os efeitos especiais são fracos, a fantasia do jacaré humano é ridícula e, como se não bastasse, ainda são cometidas violências contra animais.

AVALIAÇÃO: **

ALONE

Espíritos 2 – Você nunca está sozinho

DIRETOR: Parkpoom Wongpoom, Banjong Pisanthanakun

PAÍS: Tailândia

COMPANHIA PRODUTORA: Phenomena / Dedicate

ANO DE PRODUÇÃO: 2007

DURAÇÃO: 90'

IDIOMA ORIGINAL: Tailandês

PRODUÇÃO: Yodphet Sudsawad, M. L. Mingmonkol Sonakul, Yongyooth Thongkongtoon

ROTEIRO: Parkpoom Wongpoom, Banjong Pisanthanakun, Sophon Sakdaphisit, Aummaraporn Phandintong

FOTOGRAFIA: Niramon Ross [cor]

MONTAGEM: Vijja Kojew, Thammarat Sumetsupachok

MÚSICA: Chatchai Pongprapaphan

ELENCO: Marsha Vadhanapanich, Witthaya Wasukraipaisarn, Ruchanu Boonchooduang, Hatairat Egereff, Rutairat Egereff, Namo Tonggamnerd, Chutikan Vimuktananda, Chayakan Vimuktananda, Nimit Lugsamepong, Yupawan Unnataravarangkool, Michel Pardo, Taechit Mingmongkol, Pornchai Piboonthanakiat, Amornrat Piboonthanakiat, Prasert Wiwattanonpong, Vanvisa Wongpoom, Kim Young-hee, Park Hee-bae, Hye Weon Ku, Park Seysook, Eng Gye One Seo, Lee Tae-yong

GÊNERO: Horror

SINOPSE: Após muitos anos vivendo na Coreia, Pim tem que voltar à sua terra natal, a Tailândia, devido a um derrame cerebral sofrido por sua mãe. Com seu retorno, Pim passa a ser assombrada pelo fantasma de sua irmã siamesa Ploy, de cuja morte ela se sente culpada.

COMENTÁRIOS: História bastante interessante e bem desenvolvida, prejudicada por algumas cenas de violência contra animais.

AVALIAÇÃO: ***

ALTITUDE

Altitude

DIRETOR: Kaare Andrews

PAÍS: Canadá

COMPANHIA PRODUTORA: Foundation Features

ANO DE PRODUÇÃO: 2010

DURAÇÃO: 90'

IDIOMA ORIGINAL: Inglês

PRODUÇÃO: Ian Birkett

ARGUMENTO: Paul A. Birkett

ROTEIRO: Paul A. Birkett

FOTOGRAFIA: Norm Li [cor]

MONTAGEM: Chris Bizzocchi

MÚSICA: Jeff Tymoschuk

ELENCO: Jessica Lowndes, Julianna Guill, Ryan Donowho, Landon Liboiron, Jake Weary, Mike Dopud, Ryan Grantham, Chelah Horsdal, Ian Robison, Michelle Harrison, Thegan Gentles, Seth Ranaweera

GÊNERO: Horror

SINOPSE: Embora ainda seja inexperiente na pilotagem, Sara resolve levar seu namorado e três amigos para um concerto de rock, em um local distante, em um pequeno avião alugado. Apesar de ser filha de um oficial da força aérea, ela vive o trauma de ter perdido sua mãe – que também era piloto – em um desastre aéreo pouco explicado. Porém, no meio da viagem, o avião sofre uma pane e começa a subir por conta própria, entrando em uma nuvem de tempestade. Presos dentro da nuvem, os cinco jovens viverão momentos de horror, principalmente porque parece haver lá fora algo mais do que água em estado gasoso.

COMENTÁRIOS: Interessante horror canadense que consegue ótimos resultados com recursos mínimos (a ação é quase toda ambientada no avião, e os efeitos especiais são limitadíssimos). Mas o grande mérito deste filme é mesmo o roteiro, que consegue desenvolver de maneira satisfatória uma história para lá de implausível.

AVALIAÇÃO: ***

THE AMAZING COLOSSAL MAN

O monstro atômico

DIRETOR: Bert I. Gordon

PAÍS: Estados Unidos

COMPANHIA PRODUTORA: Malibu Productions

ANO DE PRODUÇÃO: 1957

DURAÇÃO: 80'

IDIOMA ORIGINAL: Inglês

PRODUÇÃO: Bert I. Gordon

ROTEIRO: Mark Hanna, Bert I. Gordon

FOTOGRAFIA: Joe Biroc [Joseph F. Biroc] [p&b]

MONTAGEM: Ronald Sinclair

MÚSICA: Albert Glasser

ELENCO: Glen Langan, Cathy Downs, William Hudson, Larry Thor, James Seay, Frank Jenks, Hank Patterson, June Jocelyn, Harry Raybould, Scott Peters, Russ Bender, Jimmy Cross, Stanley Lachman, Jean Moorhead, Myron

Cook

GÊNERO: Horror e ficção científica

SINOPSE: Durante um teste com uma bomba nuclear, no deserto de Nevada, o oficial norte-americano Glenn Manning é exposto à radiação, ficando muito queimado. Porém, para espanto dos médicos, o seu corpo se regenera com incrível rapidez, deixando sua noiva cheia de esperança. Mas não é só de bons efeitos colaterais que vive a radiação, e o corpo de Glenn logo começa a crescer desmesuradamente. Cada vez mais gigantesco, careca e sendo forçado a usar um fraldão ajustável, Glenn acaba perdendo o controle de seus nervos e torna-se uma grave ameaça para a segurança do universo.

COMENTÁRIOS: Mais um dos exercícios de gigantismo do mestre Bert Gordon, desta vez voltando sua mania de grandeza para um ser humano. Infelizmente, os efeitos especiais são bastante rudimentares e a ação só começa quase no final do filme, que teve uma continuação.

AVALIAÇÃO: ***

AMAZING STORIES 1

HISTÓRIAS MARAVILHOSAS 1

DIRETOR: Steven Spielberg [1], William Dear [2], Robert

Zemeckis [3]

PAÍS: Estados Unidos

COMPANHIA PRODUTORA: Amblin Television / Universal

ANO DE PRODUÇÃO: 1985-1986

DURAÇÃO: 113'

IDIOMA ORIGINAL: Inglês

PRODUÇÃO: David E. Vogel (executiva: Steven Spielberg)

ARGUMENTO: Steven Spielberg [1, 2], Mick Garris [3]

ROTEIRO: Menno Meyjes [1], Earl Pomerantz [2], Mick Garris [3], Tom McLoughlin [3], Bob Gale [3]

FOTOGRAFIA: John McPherson [1, 3], Robert Stevens [2] [cor]

MONTAGEM: Steven Kemper [1], Joe Ann Fogle [2], Wendy Greene Bricmont [3]

MÚSICA: John Williams [1], Danny Elfman [2], Steve Bartek [2], Alan Silvestri

[1] THE MISSION – ELENCO: Kevin Costner, Casey Siemaszko, Kiefer Sutherland, Jeffrey Jay Cohen, John Philbin, Gary Mauro, Glen Mauro, Terry Beaver, David Grant Hayward, Peter Jason, Karen Kopins, Anthony La Paglia, Gary Riley, Ken Stovitz, Nelson Welch

[2] MUMMY DADDY – ELENCO: Tom Harrison, Bronson Pinchot, Brion James, Tracey Walter, Larry Hankin, Lucy Lee Flippen, William Frankfather, Arnold Johnson, Michael Zand, Len Lesser, Billy Beck, Brian Bradley, Joann Willette, Pamela Seamon, Elden Ratliff, Dalton Cathey, Oliver Dear, Susan Dear, Bill Martin

[3] GO TO THE HEAD OF THE CLASS – ELENCO: Christopher Lloyd, Scott Coffey, Mary Stuart Masterson, Tom Breznahan, Billy Beck

GÊNERO: Fantasia

SINOPSE: Em três episódios. [1] Durante a segunda guerra, a tripulação de um bombadeiro prepara-se para sua última missão. Durante uma batalha aérea, o avião é avariado e um dos artilheiros fica preso numa torre de observação, sob o avião. Todas as tentativas de libertá-lo são inúteis, mas a destruição das rodas do aparelho vai obrigar o comandante a fazer um pouso de barriga, o que significará uma morte atroz para o rapaz. A tripulação entra em desespero, já que o avião está perdendo combustível e o pouso não poderá tardar; [2] Ator que está numa região pantanosa do interior, interpretando uma múmia em um filme de terror, recebe a notícia de que sua esposa está na maternidade para dar à luz. Em desespero, ele sai correndo para vê-la, esquecendo de tirar sua elaborada fantasia. No caminho, ao parar para abastecer seu carro, ele é confundido com uma múmia verdadeira – que há anos aterrorizou a região – e passa a ser caçado por uma multidão de caipiras, dispostos a linchá-lo sem fazer muitas perguntas; [3] Adolescente relapso se vê atormentado pela figura de seu sádico e autoritário professor de literatura, que o trata com todo o rigor. Disposto a se vingar, o garoto aceita o oferecimento de uma colega de classe, que diz conhecer diversos feitiços – recolhidos em discos de *heavy metal*. Juntos, os dois fazem um feitiço para que o professor tenha um grave ataque de soluços. Porém, ao irem verificar se o encanto deu certo, eles descobrem que o professor está morto.

COMENTÁRIOS: Primeira coletânea dos episódios da série de TV produzida por Steven Spielberg (que dirige o primeiro segmento). Este exemplar chegou a ser lançado nos cinemas e é bem mais longo que os outros sete (que têm, em média, 70 minutos). O primeiro episódio é uma típica baboseira spielberguiana, feita para comover espectadores abobalhados. O segundo é, sem dúvida, o mais engraçado e o terceiro é um digno representante do horror para adolescentes "sem cabeça" (no duplo sentido do termo).

AVALIAÇÃO: ***

HISTÓRIAS MARAVILHOSAS 2

DIRETOR: Peter Hyams [1], Steven Spielberg [2], Danny DeVito [3]

PAÍS: Estados Unidos

COMPANHIA PRODUTORA: Amblin Television / Universal

ANO DE PRODUÇÃO: 1985-1986

DURAÇÃO: 71'

IDIOMA ORIGINAL: Inglês

PRODUÇÃO: David E. Vogel (executiva: Steven Spielberg)

ARGUMENTO: Steven Spielberg [1-3]

ROTEIRO: Mick Garris [1], Frank Deese [2], Stu Krieger [3]

FOTOGRAFIA: Robert Stevens [1, 3], Allen Daviau [2], [cor]

MONTAGEM: Steven Kemper [1-3]

MÚSICA: Billy Goldenberg [1], John Williams [2], Craig Safan [3]

[1] THE AMAZING FALSWORTH – ELENCO: Gregory

Hines, Richard Masur, Don Calfa, Suzanne Bateman, Robert Lesser, Joseph G. Medalis, Sally Stark

[2] GHOST TRAIN – ELENCO: Roberts Blossom, Scott Paulin, Gail Edwards, Lukas Haas, Renny Roker, Hugh Gillin, Sandy Ward

[3] THE WEDDING RING – ELENCO: Rhea Perlman, Danny DeVito, Louis Giambalvo, Bernadette Birkett, David Byrd, Tracey Walter, Jacqueline Cassel, Fred Scialla

GÊNERO: Fantasia

SINOPSE: Em três episódios. [1] Falsworth é um homem que tem o poder de adivinhar o passado de uma pessoa apalpando objetos tocados por ela. Ele se apresenta numa boate e, em uma de suas performances, identifica um de seus espectadores como o assassino psicopata que vem aterrorizando a cidade. Porém, como trabalha vendado, ele não pôde ver o homem e, apavorado, pede a ajuda da polícia. Um policial aparece e, apesar de incrédulo, segue as pistas junto com Falsworth; [2] Ao ir morar na nova casa de seu filho, um velho fica preocupado com sua localização, já que a casa fica bem no centro de uma antiga estrada de ferro desativada. Na verdade, o temor do velho se liga a uma tragédia de sua infância, quando adormeceu na linha do trem e causou um acidente que vitimou todos os passageiros de uma composição; [3] Mulher pobre vive uma vida das mais miseráveis, explorada pelo dono do restaurante no qual trabalha. Seu marido tem uma vida igualmente sofrida, trabalhando num museu de cera. Em seu aniversário de casamento, sem nada para dar à esposa, o homem cede à tentação e rouba um anel que seria exposto com uma das estátuas. Ao pôr o anel, sua esposa sofre uma profunda alteração de personalidade, tornando-se uma mulher ousada, sensual e ninfomaníaca. Este comportamento perturba o marido, que fica apavorado ao descobrir que o anel roubado pertencera a uma célebre assassina de maridos, conhecida como "Viúva Negra".

COMENTÁRIOS: Mais uma coletânea dos episódios da série de TV produzida por Steven Spielberg, na segunda metade dos anos 80. Neste exemplar, as três histórias são bastante simpáticas, embora nenhuma consiga "maravilhar" ninguém.

AVALIAÇÃO: ***

AMAZING STORIES 3

Histórias maravilhosas 3

DIRETOR: Joe Dante [1], Robert Stevens [2], Tom Holland [3]

PAÍS: Estados Unidos

COMPANHIA PRODUTORA: Amblin Television / Universal

ANO DE PRODUÇÃO: 1986-1987

DURAÇÃO: 68'

IDIOMA ORIGINAL: Inglês

PRODUÇÃO: David E. Vogel (executiva: Steven Spielberg)

ARGUMENTO: Steven Spielberg [1]

ROTEIRO: Mick Garris [1], Frank Kerr [2], Michael McDowell [3]

FOTOGRAFIA: Robert Stevens [1], Vincent Martinelli [2], Charles Minsky [3] [cor]

MONTAGEM: Steven Kemper [1], Suzanne Pettit [2], Joe Ann Fogle [3]

MÚSICA: John Addison [1], David Shire [2], Phil Marshall [3]

[1] THE GREIBBLE – ELENCO: Hayley Mills, Dick Miller, Justin Mooney, Don McLeod, Frank Welker, Jim Jansen

[2] MOVING DAY – ELENCO: Stephen Geoffreys, Dennis Lipscomb, Mary Elle Trainor, Kristen Vigard, Bill Wesley

[3] MISCALCULATION – ELENCO: Jon Cryer, Joann Willette, Jeffrey Jay Cohen, Lana Clarkson, Galyn Gorg, Catherine Gilmour, Elisabeth de Turenne, Rebecca Schaeffer, Wynonna Smith, Penelope Sudrow, Harry Woolf, Al Lampkin, Alden Millikan

GÊNERO: Fantasia

SINOPSE: Em três episódios. [1] Operosa dona de casa decide que seu filho já está grandinho e decide fazer uma faxina em seu quarto, livrando-se de todo o lixo infantil. Ao terminar seu trabalho, a mulher descobre que sua casa foi invadida por uma estranha criatura, que devora tudo o que lhe aparece pela frente; [2] Típico nerd adolescente americano faz uma incrível descoberta: na verdade, ele e seus pais são extraterrestres, enviados à Terra na condição de observadores científicos. Ainda atônito com a notícia, ele tem o choque de saber que a família foi chamada de volta ao seu planeta natal, tendo que partir imediatamente. Além de não estar contente com a mudança, o rapaz também sente bastante a perda de sua namorada de infância, única garota que lhe dá bola; [3] Adolescente obcecado por sexo descobre, por acidente, uma fórmula mágica capaz de dar vida a fotografias. Ele resolve experimentar com sua coleção de pin-ups, mas suas primeiras tentativas só conseguem produzir monstros. Para sua sorte, as fotos encarnadas desfazem-se em pouco tempo, se não forem beijadas. Finalmente, após passar por duras provas, o garoto consegue produzir uma super gata, que vai satisfazer todas as suas fantasias sexuais. Porém, seus amigos pensam que ele corre perigo e correm para salvá-lo.

COMENTÁRIOS: Terceira coletânea de episódios da série

de TV produzida por Steven Spielberg. Este exemplar é, sem dúvida, um dos mais fracos, com três histórias simpáticas, mas sem qualquer brilho.

AVALIAÇÃO: ***

AMAZING STORIES 4

HISTÓRIAS MARAVILHOSAS 4

DIRETOR: Brad Bird [1], Thomas Carter [2], Matthew Robbins [3]

PAÍS: Estados Unidos

COMPANHIA PRODUTORA: Amblin Television / Universal

ANO DE PRODUÇÃO: 1985-1987

DURAÇÃO: 71'

IDIOMA ORIGINAL: Inglês

PRODUÇÃO: David E. Vogel (executiva: Steven Spielberg)

ARGUMENTO: Brad Bird [1], Steven Spielberg [2, 3]

ROTEIRO: Brad Bird [1, 3], Michael de Guzman [2], Mick Garris [3]

FOTOGRAFIA: John McPherson [2, 3] [cor]

MONTAGEM: Cynthia A. Haagens [1], Joe Ann Fogle [2],

Steven Kemper [3]

MÚSICA: Danny Elfman [1], Steve Bartek [1], George Delerue [2], Craig Safan [3]

[1] FAMILY DOG – VOZES: Stan Freberg, Annie Potts, Marcedes McCambridge, Scott Menville, Brooke Ashley, Brad Bird, Marshall Efron, Stanley Ralph Ross, Jack Angel

[2] DOROTHY AND BEN – ELENCO: Joe Seneca, Lane Smith, Louis Giambalvo, Kathleen Lloyd, Joe Regalbuto, Natalie Gregory, Rick Andosca, Alice H. Sachs, Judith Durand, Lynn Kuratomi, Kay Bess

[3] THE MAIN ATTRACTION – ELENCO: John Scott Clough, Lisa Jane Persky, Richard Bull, Barbara Sharma, Tom Napier, Bill Allen, Nicholas Mele, Joan Foley, Brad Bird, Dominick Brascia, Isabelle Walker, Eric Bruskotter, Michael Joshua Cramer, Megan Wyss, Piper Cochrane, Larry Spinak

GÊNERO: Fantasia

SINOPSE: Em três episódios. [1] Animação. Após permitir que ladrões façam a limpa na casa de seus donos, cachorrinho é levado para um rigoroso centro de treinamento, a fim de tornar-se um feroz guardião da propriedade privada. Porém, a nova personalidade do vira-latas pode ser um grande problema; [2] Após ficar quarenta anos em coma, Ben desperta no hospital e descobre que está velho e que perdeu sua família e seus amigos. Enquanto se recupera, Ben interessa-se pelo caso da menina Dorothy, que também está em coma. Ben descobre que pode ouvir Dorothy e, com isso, conforta a mãe da menina. Porém, ele fica perturbado ao perceber que Dorothy está sendo chamada para o além; [3] Rapaz faz de tudo para ser o estudante mais popular de sua escola, mas tem que enfrentar um duro rival. Quando um meteoro cái perto de sua casa, o rapaz é afetado pela radioatividade e passa a ser um ímã humano. Escondendo o fato, com medo de ser encarado como uma aberração, ele tenta manter sua vida normal, o que vai se revelar algo muito difícil.

COMENTÁRIOS: Mais uma coletânea de episódios da série de TV produzida por Steven Spielberg, na segunda metade dos anos 80. O único ponto de interesse, neste exemplar, é a presença de uma animação.

AVALIAÇÃO: ***

AMAZING STORIES 5

HISTÓRIAS MARAVILHOSAS 5

DIRETOR: Phil Joanou [1], Mick Garris [2], Todd Holland [3]

PAÍS: Estados Unidos

COMPANHIA PRODUTORA: Amblin Television / Universal

ANO DE PRODUÇÃO: 1986

DURAÇÃO: 75'

IDIOMA ORIGINAL: Inglês

PRODUÇÃO: David E. Vogel (executiva: Steven Spielberg)

ARGUMENTO: Richard Matheson [1], Mick Garris [2]

ROTEIRO: Richard Matheson [1], Rockne S. O'Bannon [2], Pierre R. Debs [3], Robert C. Fox [3]

FOTOGRAFIA: Robert Stevens [1, 2], Charles Minsky [3] [cor]

MONTAGEM: Steven Kemper [1-3]

MÚSICA: Georges Delerue [1], Fred Steiner [2], Bruce Broughton [3]

[1] THE DOLL – ELENCO: John Lithgow, Annie Helm, Sharon Spelman, John Christopher Jones, Rainbow Phoenix, Albert Hague

[2] LIFE ON DEATH ROW – ELENCO: Patrick Swayze, James T. Callahan, Kevin Hagen, Hector Elizondo, Nicholas Love, Hawthorne James, Arnold Johnson, Paul Eiding, Jedd Mills, George Jenesky, John Hamelin, Alan Fine, Roberto Contreras, T. J. Worzalla

[3] THANKSGIVING – ELENCO: David Carradine, Kyra Sedgwick

GÊNERO: Fantasia

SINOPSE: Em três episódios. [1] Homem de meia-idade, solteirão e solitário, é amigo do excêntrico proprietário de uma oficina de bonecas artesanais, o sr. Liebemacher. Um dia, aproveitando o aniversário de sua sobrinha, o homem resolve comprar-lhe uma boneca feita por Liebemacher. A sobrinha não se interessa pelo presente – já que queria uma Barbie – mas o homem, que ficou fascinado pela boneca, a leva para sua casa e começa a vê-la como sua tão sonhada companheira ideal; [2] Eric é um prisioneiro condenado à morte que já esgotou todos os recursos e aguarda sua execução para o dia seguinte. Aproveitando a fuga de outros presos, Eric tenta escapar, mas um raio o atinge justamente quando ele estava prestes a sair. Acordando na enfermaria, Eric descobre, assombrado, que adquiriu o poder de curar pelo toque de suas mãos. Um guarda e o médico da prisão logo se convencem do milagre e o diretor do presídio, após ter sua filha curada da cegueira, tenta obter o perdão para Eric, embora já possa ser tarde demais; [3] A jovem Dora vive com seu padrasto em pleno deserto, sonhando com a possibilidade de tornar-se uma cantora country. O homem, que vive de vender bugigangas para turistas, precisa encontrar água para explorar economicamente sua propriedade e, para isso, trabalha arduamente na perfuração de um poço. O relacionamento entre Dora e o padrasto é péssimo, já que ele é um homem rude, mesquinho, violento e insensível. Um dia, ao cavar o poço, seu fundo desaba e o homem quase cái. Explorando o buraco com uma corda, ele percebe que a profundidade é enorme. Porém, para seu grande espanto, a lanterna na ponta da corda é removida, sendo substituída por uma barra de ouro e um bilhete, escrito num estranho alfabeto.

COMENTÁRIOS: Mais uma reunião dos episódios da série de TV produzida por Steven Spielberg. Neste exemplar, duas histórias medianas, com boas ideias mal desenvolvidas. Não é o caso do terceiro episódio, um exercício de humor negro com uma trama simples, mas eficiente.

AVALIAÇÃO: ***

ATOM AGE VAMPIRE

(Cf. Seddok, l'erede di Satana)

AvN

(Cf. Alien vs Ninja)

BIG THREE MONSTERS – GREATEST DECISIVE BATTLE ON EARTH

(Cf. San daikaiju: chikyu saidai no kessen)

THE BLACK CAT

(Cf. Gatto nero)

BLACK SABBATH

(Cf. I tre volti della paura)

BRAM STOKER'S LEGEND OF THE MUMMY

(Cf. Legend of the mummy)

CARTAS BOCA ARRIBA

(Cf. Cartes sur table)

DIRETOR: J. Franco [Jesus Franco]

PAÍS: França / Espanha

COMPANHIA PRODUTORA: Speva Films / Ciné Alliance / Hesperia Films

ANO DE PRODUÇÃO: 1966

DURAÇÃO: 92'

IDIOMA ORIGINAL: Francês

PRODUÇÃO: Michel Safra, Serge Silberman

ARGUMENTO: J. Franco [Jesus Franco]

ROTEIRO: J. Franco [Jesus Franco] (adaptação e diálogos: Jean-Claude Carrière)

FOTOGRAFIA: Antonio Macasoli [p&b]

MONTAGEM: Marie-Louise Barberot

MÚSICA: Paul Misraki

ELENCO: Eddie Constantine, Françoise Brion, Fernando Rey, Mara Lasso, Dina Loy, Aida Powers, Lemmy Constantine, Alfredo May, Marcelo Arroita, Vicente Roca, Ricardo Palacios, Ramón Centenero, Antonio Padilla, Gene Reyes, Sophie Hardy

GÊNERO: Comédia de ação e ficção científica

SINOPSE: Muitos assassinatos de grandes personalidades estão sendo cometidos por pessoas comuns, que não parecem estar ligadas a nenhuma organização e nem ter noção do que estão fazendo. Autoridades da Interpol descobrem que o único elo que liga os criminosos é o fato de terem um raro tipo sanguíneo – o RH 0 – e de terem sido vistos em uma remota localidade do litoral espanhol. Para esclarecer o caso, a Interpol resolve enviar um de seus agentes com o RH 0 para a cidade espanhola, a fim de ser sequestrado pelos responsáveis pela onda de crimes. O escolhido é o agente Al Pereira, que já está aposentado e será usado como isca sem ser informado dos perigos que estará correndo.

COMENTÁRIOS: De maneira dissimulada, Eddie Constantine retoma seu célebre personagem Lemmy Caution, aqui rebatizado como Al Pereira. Além da mudança de identidade, "Lemmy" também já incorpora alguns dos elementos típicos da série 007 – que, por sua vez, foi certamente muito influenciada pelo charmoso, mulherengo e beberrão agente secreto "americano".

AVALIAÇÃO: ***

A CASA DAS SOMBRAS

DIRETOR: Richard Wulicher [Ricardo Wullicher]

PAÍS: Argentina

COMPANHIA PRODUTORA: Darwin Productions

ANO DE PRODUÇÃO: 1976

DURAÇÃO: 99'

IDIOMA ORIGINAL: Inglês

PRODUÇÃO: Enrique Torres Tudela

ARGUMENTO: Enrique Torres Tudela

ROTEIRO: Enrique Torres Tudela

FOTOGRAFIA: Anibal di Salvo [cor]

MONTAGEM: Miguel Perez

MÚSICA: W. Joseph [Wilfred Josephs]

ELENCO: Yvonne De Carlo, John Gavin, Leonor Manso, Mecha Ortiz, Roberto Airaldi, German Krauss, Nora Cuyen, Richard Castro Ríos, Iris Morenza, Walter Soubrie, Arnold Meyle, Raúl Florido, Ruth Adams, Kenneth Taylor, Edith Green, William Tate, Tim Hogard, Susan Oliver, Kenneth Andrew, Jenny Wilson, Carol Barrett, James Logan,

Frances Moore

GÊNERO: Drama de horror

SINOPSE: Nos anos 30, Audrey é uma jovem órfã que vai trabalhar como governanta na mansão da sra. Howard, uma viúva rica. Ao passear com o cachorro de sua patroa, a garota acaba entrando involuntariamente numa casa abandonada das vizinhanças, onde presencia um crime. Ela apressa-se a chamar a polícia, mas a investigação nada revela e ela ainda fica sabendo que o crime que viu ocorrera há 23 anos, com o misterioso assassinato de Christine, jovem esposa de um velho milionário. Aos poucos, Audrey vai se interessando pelo caso e conclui que o espírito de Christine está clamando – um tanto tardiamente – por sua ajuda, a fim de revelar a identidade do seu assassino.

COMENTÁRIOS: Uma trama idiota e pessimamente resolvida, uma protagonista feiosa e sem carisma e uma dublagem em inglês de embrulhar o estômago.

AVALIAÇÃO: *

LA CASA DELL'ESORCISMO

A CASA DO EXORCISMO

DIRETOR: Mickey Lion [Mario Bava, Alfredo Leone]

PAÍS: Itália

COMPANHIA PRODUTORA: Leone International

ANO DE PRODUÇÃO: 1974

DURAÇÃO: 92'

IDIOMA ORIGINAL: Inglês

PRODUÇÃO: Alfred Leone [Alfredo Leone]

ROTEIRO: Alberto Cittini [Mario Bava (?)], Alfred Leone [Alfredo Leone]

FOTOGRAFIA: Cecilio Paniagua [cor]

MONTAGEM: Carlo Reali

MÚSICA: Carlo Savina

ELENCO: Telly Savalas, Elke Sommer, Silva Koscina, Alessio Orano, Gabriele Tinti, Kathy Leone, Eduardo Fajardo, Carmen Silva, Franz von Treuberg, Espartaco Santoni, Alida Valli, Robert Alda

GÊNERO: Drama de horror satânico

SINOPSE: Lisa, uma turista desavisada em férias pelo interior da Espanha, tem um ataque inexplicável e é internada em um hospital. O padre Michael, que ajudou a socorrer a moça, estranha o seu comportamento, especialmente depois de saber que ela está fisicamente normal. Convencido de que

Lisa está possuída por um demônio, o padre resolve exor-
cizá-la. Enquanto se efetua o ritual do exorcismo, a alma pe-
nada que se apoderou de Lisa – Elena – recorda confusa-
mente os fatos que a levaram para o Inferno, numa mistura
de adultério, incesto e assassinato.

COMENTÁRIOS: Trata-se, fundamentalmente, de uma
versão espúria do filme "Lisa e il diavolo", realizado por Mario Bava em 1973. Insatisfeito com os resultados do filme original, e desejando explorar o filão criado pelo sucesso de "O
exorcista" (William Friedkin, 1973), o produtor Leone – sem
consentimento do diretor – suprime o final da obra de Bava
e intercala a trama original com a história da possessão e do
exorcismo – o que deixa tudo tremendamente confuso e sem
nexo.

AVALIAÇÃO: ***

LA CASA MUDA

A CASA

DIRETOR: Gustavo Hernández

PAÍS: Uruguai

COMPANHIA PRODUTORA: Tokio Films

ANO DE PRODUÇÃO: 2010

DURAÇÃO: 86'

IDIOMA ORIGINAL: Espanhol

PRODUÇÃO: Gustavo Rojo

ARGUMENTO: Gustavo Hernández, Gustavo Rojo

ROTEIRO: Oscar Estevez

FOTOGRAFIA: Pedro Luque [cor]

MONTAGEM: Gustavo Hernández

MÚSICA: Hernán González

ELENCO: Florencia Colucci, Abel Tripaldi, Gustavo Alonso, Maria Paz Salazar

GÊNERO: Horror e suspense

SINOPSE: Wilson e sua filha Laura são contratados por Nestor, um velho amigo da família, para fazerem alguns reparos em uma velha casa de campo que ele pretende vender. Sozinhos, na propriedade isolada, Laura e seu pai se preparam para dormir, quando a moça ouve estranhos ruídos no andar superior. Wilson resolve investigar e, pouco depois, reaparece gravemente ferido. Desesperada, Laura luta para conseguir sair da casa, ao mesmo tempo em que tenta escapar do misterioso agressor.

COMENTÁRIOS: Pretensamente baseado em fatos reais, com um roteiro simplório e uma narrativa sem nenhum nexo, o filme procura se escorar na curiosidade de ter sido rodado em tempo real, o que é bastante duvidoso. Com um orçamento ridículo, o diretor apela para os recursos mais banais, como a casa em ruínas, a escuridão quase completa e a ausência de qualquer explicação para os acontecimentos (na verdade, existe uma explicação, mas seria melhor que não houvesse nenhuma).

AVALIAÇÃO: **

THE CAT AND THE CANARY

O GATO E O CANÁRIO

DIRETOR: Paul Leni

PAÍS: Estados Unidos

COMPANHIA PRODUTORA: Universal Pictures

ANO DE PRODUÇÃO: 1927

DURAÇÃO: 82'

IDIOMA ORIGINAL: Mudo

PRODUÇÃO: Carl Laemmle

ARGUMENTO: Robert F. Hill, Alfred A. Cohn (or: John Willard)

ROTEIRO: Alfred A. Cohn

FOTOGRAFIA: Gilbert Warrenton [p&b]

MONTAGEM: Martin G. Cohn (supervisão: Lloyd Nosler)

ELENCO: Laura La Plante, Creighton Hale, Forrest Stanley, Tully Marshall, Gertrude Astor, Flora Finch, Arthur Edmund Carew, Martha Mattox, George Siegmann, Lucien Littlefield

GÊNERO: Drama de suspense e horror

SINOPSE: Alguns anos depois da morte do excêntrico milionário Cyrus West, seus herdeiros são reunidos em sua soturna mansão para ouvirem a leitura do seu testamento. Porém, durante esta noite, muitas coisas tenebrosas acontecem no velho casarão assombrado.

COMENTÁRIOS: Primeiro dos quatro filmes norte-americanos do genial Paul Leni, que nem por ser genial escapa da obsessão hollywoodiana por diluir o suspense e o terror por meio de gracinhas.

AVALIAÇÃO: ****

CATACOMBS

CATACUMBAS

DIRETOR: Tomm Coker, David Elliot

PAÍS: Estados Unidos

COMPANHIA PRODUTORA: Twisted Pictures / Lionsgate

ANO DE PRODUÇÃO: 2006

DURAÇÃO: 90'

IDIOMA ORIGINAL: Inglês

PRODUÇÃO: Mark Burg, Oren Koules, Gregg Hoffman (coprodutor: Michele Greco)

ARGUMENTO: Tomm Coker, David Elliot

ROTEIRO: Tomm Coker, David Elliot

FOTOGRAFIA: Maxime Alexandre [cor]

MONTAGEM: Josh Rifkin, Daniel Freedman

MÚSICA: Michael Truman, Chris Healings

ELENCO: Shannyn Sossamon, Alecia Moore [Pink], Emil Hostina, Sandi Dragoi, Mihai Stanescu, Cabral Ibaka, Radu Micu, Mihnea Manoliu, Dj Kosta, Marcelo Cobzariu, Marinela Chelaru, Catalin Rotaru, Tomm Coker, Maxime X, Conner Gebhart, Andrew Coker, Daniel Freedman

GÊNERO: Horror

SINOPSE: Atendendo ao chamado de sua irmã mais "descolada", uma garota norte-americana viaja para Paris, onde é logo levada para uma rave clandestina nas catacumbas da cidade, onde estão depositados os ossos de milhões de franceses. Porém, ao menos no caso desta moça, o maior risco será enfrentar os seres vivos que habitam esses grotescos subterrâneos.

COMENTÁRIOS: A atriz principal é um clone (ainda mais) tosco da Victoria Beckham (cuja personagem, "coincidentemente" se chama Victoria). Como detalhe pitoresco, a participação da cantora pop Pink como atriz.

AVALIAÇÃO: **

MULHERES-GATO DA LUA

DIRETOR: Arthur Hilton

PAÍS: Estados Unidos

COMPANHIA PRODUTORA: Z. M. Productions

ANO DE PRODUÇÃO: 1953

DURAÇÃO: 64'

IDIOMA ORIGINAL: Inglês

PRODUÇÃO: Al Zimbalist, Jack Rabin

ARGUMENTO: Jack Rabin, Al Zimbalist

ROTEIRO: Roy Hamilton

FOTOGRAFIA: William Whitley [p&b]

MONTAGEM: John Bushelman

MÚSICA: Elmer Bernstien [Elmer Bernstein]

ELENCO: Sonny Tufts, Victor Jory, Marie Windsor, Susan Morrow, Douglas Fowley, Bill Phipps, "The Hollywood Cover Girls" [Carol Brewster, Betty Arlen, Suzann Alexander, Roxann Delman, Ellye Marshall, Judy Walsh]

GÊNERO: Ficção científica

SINOPSE: Num futuro indeterminado, cinco astronautas – quatro homens e uma mulher – realizam a primeira viagem à Lua. Ao chegarem lá, eles descobrem que o lado escuro do satélite é habitado por uma civilização antiquíssima, da qual só restam algumas beldades vestidas com justíssimas malhas pretas. Porém, o que os homens da tripulação ignoram é que sua companheira, Helen, está sob o domínio psíquico das mulheres felinas lunares, que desejam tomar posse da sua nave para invadirem a Terra, já que a vida na Lua está com os seus dias contados.

COMENTÁRIOS: É difícil fazer ideia da pobreza generalizada desta produção, mesmo para o padrão do cinema B do começo dos anos 50.

AVALIAÇÃO: **

CITY OF THE LIVING DEAD

(Cf. Paura nella città dei morti viventi)

THE CRAWLING EYE

(Cf. The Trollenberg terror)

CREATURE WITH THE ATOM BRAIN

O CADÁVER ATÔMICO

DIRETOR: Edward L. Cahn

PAÍS: Estados Unidos

COMPANHIA PRODUTORA: Clover Productions / Columbia Pictures

ANO DE PRODUÇÃO: 1955

DURAÇÃO: 69'

IDIOMA ORIGINAL: Inglês

PRODUÇÃO: Sam Katzman (executivo)

ARGUMENTO: Curt Siodmak

ROTEIRO: Curt Siodmak

FOTOGRAFIA: Fred Jackman Jr. [p&b]

MONTAGEM: Aaron Stell

MÚSICA: Mischa Bakaleinikoff

ELENCO: Richard Denning, Angela Stevens, S. John Launer, Michael Granger, Gregory Gay, Linda Bennett, Tristram Coffin, Harry Lauter, Larry Blake, Charles Evans, Pierre Watkin

GÊNERO: Horror e ficção científica

SINOPSE: Anos depois de ter sido expulso dos Estados Unidos, um gangster volta clandestinamente para se vingar daqueles que o traíram. Financiando as pesquisas de um cientista louco alemão, o gangster consegue obter cadáveres humanos que, estimulados por eletrodos e funcionando com energia atômica, passam a agir como robôs e a cumprir todas as suas ordens. Logo começam os violentos assassinatos e a polícia passa a investigar o caso, contando com a prodigiosa inteligência de um de seus peritos.

COMENTÁRIOS: Filme B com uma história bastante interessante e criativa, apesar dos previsíveis absurdos e clichês.

AVALIAÇÃO: ***

AS CRIATURAS

DIRETOR: Agnes Varda

PAÍS: França / Suécia

COMPANHIA PRODUTORA: Parc Film Mag Bodard / Madeleine Films / Sandrew

ANO DE PRODUÇÃO: 1966

DURAÇÃO: 92'

IDIOMA ORIGINAL: Francês

PRODUÇÃO: Mag Bodard

ARGUMENTO: Agnes Varda

ROTEIRO: Agnes Varda

FOTOGRAFIA: Willy Kurant, William Lubtchansky, Jean Orjollet [p&b/cor]

MONTAGEM: Jeanine Verneau, Maria de Lourdes Osorio

MÚSICA: Pierre Barbaud, Henry Purcell

ELENCO: Catherine Deneuve, Michel Piccoli, Eva Dahlbeck, Marie-France Mignal, Britta Pettersson, Ursula Kubler, Jeanne Allard, Joelle Gozzi, Bernard Lajarrige, Lucien Bodard, Pierre Danny, Louis Falavigna, Roger Dax, Nino Castelnuovo

GÊNERO: Comédia dramática com elementos de ficção científica

SINOPSE: Escritor em busca de inspiração vai para uma ilha, na companhia de sua esposa muda e grávida. Apesar de manter-se afastado do convívio humano, ele percebe que coisas estranhas estão acontecendo, com pessoas apresentando um comportamento bizarro. Ele passa a desconfiar, então, de um outro morador da ilha, que vive recluso numa velha torre e costuma receber estranhas encomendas do continente. Conseguindo invadir a casa do ermitão, ele descobre que o homem consegue interferir no comportamento das pessoas utilizando uma máquina inventada por ele para fazer com que todos tenham atitudes violentas. Como faz tudo isso por pura diversão, o homem convida o escritor para jogar com ele um fantástico jogo de xadrez, no qual as peças são os moradores da ilha.

COMENTÁRIOS: Misturando habilmente a realidade e a ficção (e valendo-se de alguns atores excepcionais), Varda realiza uma obra simpática e cheia de metáforas.

AVALIAÇÃO: ***

PLATAFORMA DO MEDO

DIRETOR: Christopher Smith

PAÍS: Inglaterra / Alemanha

COMPANHIA PRODUTORA: Dan Films / Zero West

ANO DE PRODUÇÃO: 2004

DURAÇÃO: 85'

IDIOMA ORIGINAL: Inglês

PRODUÇÃO: Julie Baines, Jason Newmark (coprodutores: Barry Hanson, Martin Hagemann, Kai Künnemann)

ARGUMENTO: Christopher Smith

ROTEIRO: Christopher Smith

FOTOGRAFIA: Danny Cohen [cor]

MONTAGEM: Kate Evans

MÚSICA: "The Insects"

ELENCO: Franka Potente, Vas Blackwood, Ken Campbell, Jeremy Sheffield, Paul Rattray, Kelly Scott, Sean Harris, Kathryn Gilfeather, Grant Ibbs, Joe Anderson, Sean De Vrind, Ian Duncan, Debora Weston, Emily Gilchrist, Craig Fackrell, Elizabeth McKechnie, cão Strapper, Jonathan Taylor, Morgan Jones, Daniel Joseph Scott

GÊNERO: Horror

SINOPSE: Garota meio abobalhada dorme, literalmente, no ponto e fica presa numa estação do metrô londrino. Ao tentar sair, ela se vê às voltas com uma estranha criatura, fruto das experiências de um cientista louco, que vaga pelos túneis vazios em busca de carne fresca para o seu jantar.

COMENTÁRIOS: Clichês tratados com alguma competência, em uma produção estrelada pela protagonista do cult "Corra, Lola, corra".

AVALIAÇÃO: ***

THE CREEPING FLESH

A ESSÊNCIA DA MALDADE

DIRETOR: Freddie Francis

PAÍS: Inglaterra

COMPANHIA PRODUTORA: World Film Services

ANO DE PRODUÇÃO: 1972

DURAÇÃO: 92'

IDIOMA ORIGINAL: Inglês

PRODUÇÃO: Michael Redbourn

ARGUMENTO: Peter Spenceley, Jonathan Rumbold

ROTEIRO: Peter Spenceley, Jonathan Rumbold

FOTOGRAFIA: Norman Warwick [cor]

MONTAGEM: Oswald Hafenrichter

MÚSICA: Paul Ferris

ELENCO: Christopher Lee, Peter Cushing, Lorna Heilbron, George Benson, Duncan Lamont, Catherine Finn, Kenneth J. Warren, Michael Ripper, Hedger Wallace, Harry Locke, Robert Swann, David Bailie, Maurice Bush, Tony Wright, Marianne Stone, Alexandra Dane, Jenny Runacre, Larry Taylor, Martin Carroll, Dan Meaden

GÊNERO: Drama de horror

SINOPSE: Bondoso cientista descobre em um velho fóssil um vírus que pode ser o responsável pela maldade humana (que, desse modo, seria uma doença). Mantendo tudo no mais absoluto scgrcdo, ele usa o vírus para desenvolver uma vacina e – como um legítimo cientista louco vitoriano – acaba testando-a em sua própria filha, com resultados que diferem radicalmente das suas espectativas.

COMENTÁRIOS: Uma produção com o sabor clássico do horror inglês, vagamente inspirada na história de *O médico e o monstro* e valorizada pelas presenças de Lee e Cushing.

AVALIAÇÃO: ***

THE CREEPING TERROR

DIRETOR: A. J. Nelson [Vic Savage]

PAÍS: Estados Unidos

COMPANHIA PRODUTORA: Metropolitan International Pictures / Bad Axe Productions

ANO DE PRODUÇÃO: 1963

DURAÇÃO: 77'

IDIOMA ORIGINAL: Inglês

PRODUÇÃO: A. J. Nelson [Vic Savage]

ARGUMENTO: Robert Silliphant

FOTOGRAFIA: Andrew Janczak [p&b]

MONTAGEM: A. J. Nelson [Vic Savage]

MÚSICA: Frederick Kopp

ELENCO: Vic Savage, Shannon O'Neil, William Thourlby, John Caresio, Norman Boone, Byrd Holland, Jack King, Pierre Kopp, Ken Savage, Mark Field, Les La Marr, Mary Price, Louise Lawson, Myra Lee, Buddy Mize, Lewis Lawson, Robin James, Ray Wickman, Connie Valoie, Rita Tubin, Kelly Adams, Al Lewis, Karl Goldenberg

GÊNERO: Horror e ficção científica

SINOPSE: Uma nave espacial alienígena aterrissa nas proximidades de uma cidadezinha norte-americana. Ao investigar o caso, o xerife da cidade desaparece dentro da nave e as autoridades militares são alertadas pelo seu sobrinho e assistente. Ao examinarem a nave, os militares descobrem no seu interior uma estranha criatura, que está aparentemente presa. Um cientista é chamado para estudar o alienígena, mas as autoridades não percebem que a nave tinha um outro ocupante, uma gigantesca criatura em forma de lacraia que começa a fazer suas vítimas, devorando todos os seres humanos imbecis que encontra.

COMENTÁRIOS: Certamente, este é um dos filmes mais ridículos de todos os tempos, com efeitos especiais incrivelmente ineptos e atuações aterradoras (para se ter ideia, quase todos os diálogos do filme são substituídos por uma narração). Se não for levado a sério, pode até ser uma suportável diversão.

AVALIAÇÃO: *

CREEPSHOW

CREEPSHOW

DIRETOR: George A. Romero
PAÍS: Estados Unidos

COMPANHIA PRODUTORA: Laurel Production

ANO DE PRODUÇÃO: 1982

DURAÇÃO: 120'

IDIOMA ORIGINAL: Inglês

PRODUÇÃO: Richard P. Rubinstein

ARGUMENTO: Stephen King

ROTEIRO: Stephen King

FOTOGRAFIA: Michael Gornick [cor]

MONTAGEM: Pasquale Buba, Paul Hirsch, Fritz Weaver, Michael Spolan

MÚSICA: John Harrison

ELENCO: Hal Holbrook, Adrienne Barbeau, Fritz Weaver, Leslie Nielsen, Carrie Nye, E. G. Marshall, Viveca Lindfors, Ed Harris, Ted Danson, Stephen King, Warner Shook, Robert Harper, Elizabeth Regan, Gaylen Ross, Jon Lormer, Don Keefer

GÊNERO: Horror para adolescentes

SINOPSE: Em cinco episódios: (1) FATHER'S DAY – Como todos os anos, uma aristocrática família organiza o jantar do dia dos pais, apesar do patriarca já ter falecido há algum tempo. Porém, a festa está tão boa que ele resolve comparecer; (2) THE LONESOME DEATH OF JORDY

VERRILL – Jordy Verrill é um pacato e ingênuo fazendeiro que se surpreende com a queda de um estranho aerolito em sua propriedade. Jordy pensa em vender a pedra para uma universidade, mas ao tocá-la sofre uma queimadura, passando a ser vítima de um estranho fenômeno; (3) SOMETHING TO TIDE YOU OVER – Rapaz que mantém um caso amoroso com a esposa de um milionário é sequestrado pelo corno, que pretende se vingar de um modo bastante sádico; (4) THE CRATE – O zelador de uma universidade descobre um velho baú, oriundo de uma expedição ao Ártico realizada no século 19, no qual se encontra uma estranha criatura, ainda viva depois de mais de 150 anos. Porém, a criatura é feroz e mata o zelador. Ao saber do caso, um professor decide usar o monstro em seu próprio benefício; (5) THEY'RE CREEPING UP ON YOU? – Pratt é um impiedoso multimilionário, que não se detém diante de nada para aumentar sua fortuna. Traumatizado por sua infância miserável, ele vive recluso em um ambiente asséptico, longe das criaturas que mais abomina: as baratas. Porém, seu apartamento começa a ser invadido pelos pérfidos insetos, levando Pratt a um crescente desespero.

COMENTÁRIOS: Apesar da direção do consagrado George Romero, não temos aqui nada de brilhante ou ousado, embora se trate inegavelmente de uma boa diversão para os apreciadores do horror diluído.

AVALIAÇÃO: ***

CREEPSHOW 2

CREEPSHOW 2

DIRETOR: Michael Gornick

PAÍS: Estados Unidos

COMPANHIA PRODUTORA: New World Pictures / Laurel L.

ANO DE PRODUÇÃO: 1987

DURAÇÃO: 92'

IDIOMA ORIGINAL: Inglês

PRODUÇÃO: David Ball

ARGUMENTO: Stephen King

ROTEIRO: George A. Romero

FOTOGRAFIA: Richard Hart, Tom Hurwitz [cor]

MONTAGEM: Peter Weatherley

MÚSICA: Les Reed (adicional: Rick Wakeman)

ELENCO: Lois Chiles, George Kennedy, Dorothy Lamour, Daniel Beer, Jeremy Green, Page Hannah, Don Harvey, David Holbrook, Stephen King, Holt McCallany, Frank S. Salsedo, Paul Satterfield, Tom Wright, Tom Savini, Domenick John, Philip Doré, Maltby Napoleon, Tyrone Tonto, Dan Kamin, Deane Smith, Shirley Sonderegger, David Beecroft, Tom Wright, Richard Parks, Stephen King, Chere Bryson, Joe Silver (voz)

GÊNERO: Horror para adolescentes

SINOPSE: Em três episódios, baseados em contos de Stephen King: (1) OLD CHIEF WOOD'NHEAD – Ray é um velho comerciante que insiste em manter sua pequena loja numa cidadezinha decadente, habitada somente por índios pobres. Estes, como devem muito dinheiro ao velhote, decidem entregar-lhe o tesouro da tribo como garantia. Porém, isso desperta a cobiça de um jovem índio renegado, que resolve assaltar a loja; (2) THE RAFT – Dois casais de jovens resolvem fazer uma longa excursão, a fim de nadar em um lago distante. Eles chegam ao meio do lago, onde uma balsa fixa serve de local de descanso, mas um dos rapazes observa a presença de uma estranha mancha de óleo, que apresenta um comportamento bizarro. Logo, os jovens são tomados pelo pavor ao descobrirem que a tal mancha é letal e que parece ter péssimas intenções para com eles; (3) THE HITCH-HIKER – Milionária demora-se tempo demais com seu amante e tem que correr para casa, a fim de encontrar seu marido. Porém, enquanto guia velozmente por uma

estrada, ela perde o controle do automóvel e atropela um ca-
roneiro. Apavorada, ela percebe que não foi vista por ninguém e foge sem prestar socorro à vítima. Mas logo sua consciência age e ela passa a acreditar que está sendo perseguida
pelo atropelado, que lhe surge na forma de um monstrengo.

COMENTÁRIOS: Típico produto do ápice do sucesso do escritor King, quando até as suas listas de compras do super-
mercado viravam best-sellers e iam para o cinema.

AVALIAÇÃO: ***

Cry wolf: O jogo da mentira

DIRETOR: Jeff Wadlow

PAÍS: Estados Unidos

COMPANHIA PRODUTORA: Hypnotic Productions

ANO DE PRODUÇÃO: 2005

DURAÇÃO: 91'

IDIOMA ORIGINAL: Inglês

PRODUÇÃO: Beau Bauman

ARGUMENTO: Jeff Wadlow, Beau Bauman

ROTEIRO: Jeff Wadlow, Beau Bauman

FOTOGRAFIA: Romeo Tirone [cor]

MONTAGEM: Seth Lewis Gordon

MÚSICA: Michael Wandmacher

ELENCO: Julian Morris, Lindy Booth, Jared Padalecki, Jesse Janzen, Paul James, Sandra McCoy, Ethan Cohn, Kristy Wu, Anna Deavere Smith, Gary Cole, Jon Bon Jovi, Erica Yates, Jane Beard, Sabrina Gilbert, Ashleigh Pixley, Shauna Sauls, Ranel Johnson, Michael Kennedy, Ashley Davis, Jarvis George, Shannon Cusack, Dan Geroe, Sarah Satow, Gregory Prunchak, Marty Terry, Stephanie Nicole Kelley, Elaine Deichmeister, Steven Ritzi, Antonio D. Charity

GÊNERO: Horror para adolescentes

SINOPSE: Alunos de uma pretensiosa escola secundária para riquinhos playboys passam boa parte do seu tempo fazendo jogos e pegadinhas, já que são tão inteligentes que não precisam perder muito tempo com os estudos. Um dia, o assassinato de uma colega faz com que eles decidam enganar a todos, espalhando o boato de que existe um *serial killer* atacando na escola. Porém, a brincadeira faz um sucesso tão grande que corre o risco de tornar-se realidade.

COMENTÁRIOS: Apesar das óbvias falhas de coerência, o filme tem uma história inteligente e consegue até tornar suportável mais um horror com personagens adolescentes interpretados por atores na faixa dos 25 anos.

AVALIAÇÃO: ***

THE CRYPT

A CRIPTA

DIRETOR: Craig McMahon

PAÍS: Estados Unidos

COMPANHIA PRODUTORA: Post Reel Pictures

ANO DE PRODUÇÃO: 2009

DURAÇÃO: 84'

IDIOMA ORIGINAL: Inglês

ARGUMENTO: Craig McMahon

ROTEIRO: Craig McMahon

FOTOGRAFIA: Craig McMahon [cor]

MONTAGEM: Craig McMahon

MÚSICA: CMAC [Craig McMahon]

ELENCO: Sarah Oh, Michael Ranallo, Abra May, Cristen Irene, Joanna Ke, Delaina Stevens, Kaith R. Wilson, Nathan Hill, David Michael Hill, Hollywood Don Yates, Seth

Gandrud, Savanah McMahon, E. Adam Thomas

GÊNERO: Horror

SINOPSE: Uma criminosa convoca cinco jovens delinquentes a unirem-se a ela em um golpe que parece tão fácil quanto tremendamente lucrativo. Trata-se de penetrar em uma velha cripta na qual estão sepultadas dezenas de pessoas ricas que quiseram ir para o outro mundo carregando os seus bens mais preciosos (só para desmentir o dito popular de que "do mundo nada se leva"). Tudo parece correr muito bem até que eles chegam às tumbas e recolhem muitas joias e dinheiro. No entanto, provando que as forças materiais podem ser tão poderosas quanto as espirituais, alguns dos fantasmas roubados se irritam e resolvem castigar os ladrões, que ficam presos no imenso labirinto tentando escapar da fúria do além.

COMENTÁRIOS: Produção bastante pobre (em todos os sentidos), que desperdiça uma boa ideia (embora um tanto absurda) e cenários interessantes com efeitos especiais caricatos e situações clichê.

AVALIAÇÃO: **

A CASA DO TERROR

DIRETOR: Murray Fahey

PAÍS: Austrália

COMPANHIA PRODUTORA: Pictures in Paradise / David Hannay Productions

ANO DE PRODUÇÃO: 2001

DURAÇÃO: 89'

IDIOMA ORIGINAL: Inglês

PRODUÇÃO: David Hannay, Chris Brown (coprodutor: Lauren Hewett)

ROTEIRO: Ian Coughlan, Murray Fahey

FOTOGRAFIA: Philip M. Cross [cor]

MONTAGEM: Marcus d'Arcy, Antonio Mestres

MÚSICA: Peter Dasent

ELENCO: Joshua Leonard, Belinda McClory, Jerome Ehlers, Craig McLachlan, Lauren Hewett, Amy Reti, Joshua Tainsh-Biagi, Chris Brown, Belinda Ann Gavin, Chris Roughan, Stefan Kluka, Carita Farrer, Peter Callan, Ingrid Mason, Brian Hinselwood, Craig Marriott, Murray Fahey, Jonas Morrisy, Madison Dohnt, Steve Harman, Shaun

Wainwright

GÊNERO: Horror satânico

SINOPSE: Após separar-se do marido, Lynn Graham resolve sair dos Estados Unidos e voltar para sua terra natal – a Austrália – levando o casal de filhos pequenos e seu primogênito Danny. A família vai morar numa pequena cidade, numa casa onde começam a ocorrer fatos estranhos. Tudo está ligado a uma pequena cabana nos fundos da casa, que já foi palco – há cerca de 30 anos – de um acontecimento macabro: o sacrifício de crianças em um culto satânico. Na verdade, a tal cabana é uma porta para outra dimensão, onde um demônio aguarda outro sacrifício para penetrar em nosso mundo. As duas crianças – que ficam com a cabana – logo caem nas garras do demônio, que passa a controlá-las.

COMENTÁRIOS: Servindo-se de clichês tão antigos quanto desgastados, o filme não pode chegar a nenhum grande resultado, parecendo-se bastante com seus similares norte-americanos.

AVALIAÇÃO: **

CUBE

CUBO

DIRETOR: Vincenzo Natali

PAÍS: Canadá

COMPANHIA PRODUTORA: Cube Libre

ANO DE PRODUÇÃO: 1997

DURAÇÃO: 90'

IDIOMA ORIGINAL: Inglês

PRODUÇÃO: Mehra Meh, Betty Orr

ROTEIRO: Andre Bijelic, Vincenzo Natali, Graeme Manson

FOTOGRAFIA: Derek Rogers [cor]

MONTAGEM: John Sanders

MÚSICA: Mark Korven

ELENCO: Nicole deBoer, Nicky Guadagni, David Hewlett, Andrew Miller, Julian Richings, Wayne Robson, Maurice Dean Wint

GÊNERO: Horror e ficção científica

SINOPSE: Um grupo de pessoas comuns, sem qualquer ligação aparente entre si, desperta subitamente no interior de uma estranhíssima estrutura, onde estão prisioneiros. Eles descobrem que estão numa espécie de labirinto, composto de salas cúbicas que se abrem sempre para novas salas quase idênticas, em todas as suas seis faces. Quentin, um policial, logo assume a chefia do grupo e se propõe a fugir dali, seguindo sempre na mesma direção. Porém, o plano revela-se bastante difícil, já que muitas das salas são equipadas com armadilhas mortais. Aos poucos, eles descobrem que cada prisioneiro tem uma habilidade que os ajudará na jornada. Leaven, uma estudante de matemática, identifica o código de numeração das salas e conclui que eles estão numa estrutura cúbica, dividida em milhares de compartimentos. O arquiteto Worth acaba confessando que participou do planejamento do cubo, embora ignore quem são os seus construtores e qual é o objetivo do projeto.

COMENTÁRIOS: Uma pequena obra-prima da ficção científica, este filme consegue um incrível resultado valendo-se de pouquíssimos recursos materiais e de uma história tão simples quanto inteligente. Deixando de lado a necessidade de explicar racionalmente seu argumento, o filme estabelece um fascinante clima de tensão, que contagia o espectador. Uma das melhores produções canadenses dos anos 90, que teria duas continuações.

AVALIAÇÃO: ****

CUBE ZERO

CUBO ZERO

DIRETOR: Ernie Barbarash

PAÍS: Canadá

COMPANHIA PRODUTORA: Mad Circus Films / Mr. X Inc.

ANO DE PRODUÇÃO: 2004

DURAÇÃO: 97'

IDIOMA ORIGINAL: Inglês

PRODUÇÃO: Suzanne Colvin Goulding, Jon Goulding (co-produtores: Dennis Berardi, Eric J. Robertson)

ARGUMENTO: Ernie Barbarash

ROTEIRO: Ernie Barbarash

FOTOGRAFIA: François Dagenais [cor]

MONTAGEM: Mark Sanders, Mitchell Lackie

MÚSICA: Norman Orenstein

ELENCO: Zachary Bennett, David Huband, Stephanie Moore, Martin Roach, Terri Hawkes, Mike 'Nug' Nahrgang, Richard McMillan, Tony Munch, Michael Riley, Josh Peace, Diego Klattenhoff, Alexia Filippeos, Jasmin Geljo, Fernando Curcione, Araxi Arslanian, Kyle McDonald, Sandi

Ross, Dino Bellisario, Ashley James, peixe Zero

GÊNERO: Suspense, horror e ficção científica

SINOPSE: Num futuro não muito distante, um governo fascista não identificado submete cidadãos comuns a uma lavagem cerebral, inserindo essas pessoas em um labirinto cúbico formado por salas cúbicas de onde é praticamente impossível escapar com vida (já que boa parte das salas são equipadas com armadilhas mortais). Indignado, já que pensava estar lidando com criminosos perigosos, um dos funcionários encarregados da manutenção do sistema resolve auxiliar os prisioneiros, unindo-se a eles para decifrar os códigos que levam à saída.

COMENTÁRIOS: Terceiro – e aparentemente último – filme da boa série "Cube".

AVALIAÇÃO: ***

CUT AND RUN

(Cf. Inferno in diretta)

DEATH CORPS

(Cf. Shock waves)

Bonecas macabras

DIRETOR: Stuart Gordon

PAÍS: Estados Unidos

COMPANHIA PRODUTORA: Taryn Productions / Empire Pictures

ANO DE PRODUÇÃO: 1986

DURAÇÃO: 77'

IDIOMA ORIGINAL: Inglês

PRODUÇÃO: Brian Yuzna (executivo: Charles Band)

ARGUMENTO: Ed Naha

ROTEIRO: Ed Naha

FOTOGRAFIA: Mac Ahlberg [cor]

MONTAGEM: Lee Percy

MÚSICA: Fuzzbee Morse (supervisão: Richard Band)

ELENCO: Stephen Lee, Guy Rolfe, Hilary Mason, Ian Patrick Williams, Carolyn Purdy-Gordon, Cassie Stuart, Bunty Bailey, Carrie Lorraine

GÊNERO: Horror

SINOPSE: Durante uma tempestade, algumas pessoas perdidas em um local remoto buscam refúgio na mansão de um velho fabricante de bonecos, que vive recluso e isolado com sua esposa. Porém, os hóspedes do bonequeiro logo vão descobrir que as suas criações têm uma bizarra qualidade que costuma faltar aos bonecos – e a algumas pessoas – normais: a vida!

COMENTÁRIOS: Apesar da reconhecida precariedade artística dos envolvidos com este filme, ele tem um clima interessante e uma história bem desenvolvida. Locações na Itália.

AVALIAÇÃO: ***

DOLLY DEAREST

A boneca assassina / Bonecas assassinas

DIRETOR: Maria Lease

PAÍS: Estados Unidos

COMPANHIA PRODUTORA: Patriot Pictures

ANO DE PRODUÇÃO: 1991

DURAÇÃO: 93'

IDIOMA ORIGINAL: Inglês

PRODUÇÃO: Daniel Cady

ARGUMENTO: Maria Lease, Rod Nave, Peter Sutcliffe

ROTEIRO: Maria Lease

FOTOGRAFIA: Eric D. Andersen [cor]

MONTAGEM: Geoffrey Rowland

MÚSICA: Mark Snow

ELENCO: Denise Crosby, Sam Bottoms, Chris Demetral, Candy Hutson, Lupe Ontirveros, Will Gotay, Alma Martinez, Enrique Renaldo, Rip Torn, Rene Victor, Luis Cortez, Jamie Gomez, Brass Adams

GÊNERO: Horror satânico.

SINOPSE: Modesto empresário norte-americano resolve dar uma virada em sua vida e compra uma pequena fábrica de bonecas artesanais no interior do México, indo para lá com sua família. Ao mesmo tempo, nas proximidades da tal fábrica, arqueólogos encontram uma velha tumba na qual está sepultada uma criança satânica. Liberto, o espírito de porco da criança var dar uns bordejos e se apodera do corpo das bonecas, passando a influenciar malignamente o comportamento da filhinha do empresário.

COMENTÁRIOS: Plágio "pobrinho" da série "Brinquedo assassino", sem nada de interessante ou de original.

AVALIAÇÃO: **

Experiência diabólica

DIRETOR: Felix Feist

PAÍS: Estados Unidos

COMPANHIA PRODUTORA: Dowling Productions

ANO DE PRODUÇÃO: 1953

DURAÇÃO: 83'

IDIOMA ORIGINAL: Inglês

PRODUÇÃO: Allan Dowling

ARGUMENTO: Hugh Brooke (or: Curt Siodmak)

ROTEIRO: Felix Feist

FOTOGRAFIA: Joseph Biroc [p&b]

MONTAGEM: Herbert L. Strock

MÚSICA: Eddie Dunstedter

ELENCO: Lew Ayres, Gene Evans, Nancy Davis [Nancy Reagan], Steve Brodie, Tom Powers, Lisa K. Howard, Kyle James, Victor Sutherland, Michael Colgan, Peter Adams, Harlan Warde, Shimen Ruskin

GÊNERO: Mistura de ficção científica e drama criminal

SINOPSE: Pat Cory é um cientista que pesquisa a regeneração do tecido cerebral, com o objetivo de auxiliar pessoas com danos encefálicos (como é o caso de muitos artistas e intelectuais brasileiros). Um dia, Cory é chamado para atender o único sobrevivente da queda de um avião. Seu paciente – o excêntrico e inescrupuloso milionário Donovan – acaba morrendo, mas Cory não resiste à tentação de roubar o seu cérebro para as suas experiências. Miraculosamente, o cérebro sobrevive e é mantido em um tanque, fortalecendo-se dia após dia. Cada vez mais envolvido com o seu experimento, Cory resolve tentar um contato telepático com o cérebro e acaba sendo dominado pela mente de Donovan, que passa a usar o ingênuo cientista para continuar gerenciando o seu império de negociatas e tramoias.

COMENTÁRIOS: Uma história inteligente e criativa, utilizando a ciência em vez de se valer de elementos sobrenaturais. Refilmagem de "The lady and the monster" (George Sherman, 1944).

AVALIAÇÃO: ***

DOOM

DOOM – A PORTA DO INFERNO

DIRETOR: Andrzej Bartkowiak

PAÍS: Inglaterra / República Checa / Alemanha / Estados Unidos =

COMPANHIA PRODUTORA: John Wells Productions / Di Bonaventura Pictures / Doom Productions / Stillking Films / BPS Babelsberg Production Services / Reaper Productions

ANO DE PRODUÇÃO: 2005

DURAÇÃO: 113'/110'

IDIOMA ORIGINAL: Inglês

PRODUÇÃO: Lorenzo di Bonaventura, John Wells (coprodução: Matthew Stillman, David Minkowski)

ARGUMENTO: David Callaham

ROTEIRO: David Callaham, Wesley Strick

FOTOGRAFIA: Tony Pierce-Roberts [cor]

MONTAGEM: Derek G. Brechin

MÚSICA: Clint Mansell

ELENCO: Karl Urban, Rosamund Pike, Deobia Oparei, Ben Daniels, Raz Adoti, Richard Brake, Dexter Fletcher, Al Weaver, Brian Steele, Doug Jones, The Rock, Yao Chin, Robert Russell, Daniel York, Ian Hughes, Sara Houghton, Blanka Jarosova, Vladislav Dyntera, Petr Hnetkovsky, Jaroslav Psenicka, Marek Motlicek, Doug Jones

GÊNERO: Ação e ficção científica

SINOPSE: Num futuro mais ou menos distante, um grupo de soldados de elite é enviado a Marte, através de um misterioso portal, a fim de investigar o que está ocorrendo em um laboratório de pesquisas, que parece ter sido invadido por alguma força alienígena maligna.

COMENTÁRIOS: Versão cinematográfica de um dos maiores clássicos do videogame. Porém, esse filme se parece muito mais com uma imitação pouco talentosa de "Aliens – O resgate".

AVALIAÇÃO: **

DOOM ASYLUM

DIRETOR: Richard Friedman

PAÍS: Estados Unidos

COMPANHIA PRODUTORA: Manhattan Pictures / Film World Productions

ANO DE PRODUÇÃO: 1987

DURAÇÃO: 79'

IDIOMA ORIGINAL: Inglês

PRODUÇÃO: Steve Menkin

ARGUMENTO: Richard Friedman, Steve Menkin, Rick Marx

ROTEIRO: Rick Marx

FOTOGRAFIA: Larry Revene [cor]

MONTAGEM: Ray Shapiro

MÚSICA: Jonathan Stuart, Dave Erlanger

ELENCO: Patty Mullen, Ruth Collins, Kristin Davis, William Hay, Kenny L. Price, Harrison White, Dawn Alvan, Farin, Michael Rogen, Harvey Keith, Steve Menkin, Paul Giorgi

GÊNERO: Comédia de horror

SINOPSE: Cinco jovens vão visitar as ruínas de um remoto hospital que, segundo uma lenda urbana, é assombrado por um zumbi louco, que assassina pessoas utilizando o instrumental dos médicos legistas. De início, eles encontram apenas as integrantes de uma banda feminina de punk rock, que estão ensaiando no local e não gostam nada das visitas. Porém, eles logo vão descobrir que a lenda é verdadeira, e que o tal zumbi – que enlouqueceu após perder a mulher que amava, que faleceu no mesmo acidente no qual ele perdeu sua vida – também não curte a presença de estranhos (a não ser de uma das moças, justamente a filha de sua amada).

COMENTÁRIOS: Horror *slasher* para adolescentes, que tenta inutilmente dar alguns sustos e fazer algum humor *non sense*. Como único mérito, a presença da belíssima Patty Mullen, que seria eleita, com todos os méritos, a Penthouse Pet de 1988.

AVALIAÇÃO: **

DOPPELGÄNGER

(Cf. Dopperugenga)

DOPPELGÄNGER / JOURNEY TO THE FAR SIDE OF THE SUN

ODISSEIA PARA ALÉM DO SOL

DIRETOR: Robert Parrish

PAÍS: Inglaterra

COMPANHIA PRODUTORA: Universal Pictures

ANO DE PRODUÇÃO: 1969

DURAÇÃO: 101'

IDIOMA ORIGINAL: Inglês

PRODUÇÃO: Gerry Anderson, Sylvia Anderson

ARGUMENTO: Gerry Anderson, Sylvia Anderson

ROTEIRO: Gerry Anderson, Sylvia Anderson, Donald James

FOTOGRAFIA: John Read [cor]

MONTAGEM: Len Walter

MÚSICA: Barry Gray

ELENCO: Roy Thinnes, Ian Hendry, Patrick Wymark, Lynn Loring, Loni von Friedl, Franco Derosa, George Sewell, Edward Bishop, Philip Madoc, Vladek Sheybal, George Mikell, Herbert Lom

GÊNERO: Ficção científica

SINOPSE: Após a descoberta, em nosso sistema solar, de um novo planeta – cuja órbita é diametralmente oposta à da Terra – um consórcio espacial europeu decide enviar uma missão tripulada para fazer o reconhecimento do astro. Em troca de financiamento norte-americano, Jason, o diretor do consórcio espacial, aceita o veterano astronauta Glenn Ross como piloto da missão, enviando junto com ele o cientista Joseph Kane – embora Kane não tenha qualquer prática no espaço sideral. Após um complicado treinamento, os dois astronautas embarcam para o voo, que durará três semanas (durante as quais eles ficarão adormecidos artificialmente). Despertando, os dois avistam o planeta e decidem descer para examiná-lo melhor, após descobrirem que a atmosfera é semelhante à da Terra. Porém, a descida é acidentada e os astronautas caem, ficando bastante feridos. Quando tudo parecia perdido, eles são resgatados e levados de volta à Terra. Enquanto Kane está em coma, Ross passa a ser investigado por seus superiores, já que ele e seu companheiro retornaram da viagem na metade do prazo determinado sem que se possa saber como isso aconteceu.

COMENTÁRIOS: A premissa é instigante, mas a história é mal desenvolvida e logo descamba para o absurdo, frustrando o espectador.

AVALIAÇÃO: ***

DOPPERUGENGA / DOPPELGÄNGER

DOPPELGANGER

DIRETOR: Kiyoshi Kurosawa

PAÍS: Japão

COMPANHIA PRODUTORA: Towani Corp.

ANO DE PRODUÇÃO: 2002

DURAÇÃO: 107'

IDIOMA ORIGINAL: Japonês

PRODUÇÃO: Motoo Kawabata, Takayuki Nitta, Atsushi Sato, Atsuyuki Shimoda

ARGUMENTO: Ken Furusawa, Kiyoshi Kurosawa

ROTEIRO: Ken Furusawa, Kiyoshi Kurosawa

FOTOGRAFIA: Noriyuki Mizuguchi [cor]

MONTAGEM: Kiyoshi Kurosawa, Masahiro Ohnaga

MÚSICA: "diversos"

ELENCO: Koji Yakusho, Hiromi Nagasaku, Yusuke Santamaria, Masahiro Toda, Hitomi Sato, Akira Emoto

GÊNERO: Tragicomédia criminal com elementos fantásti-
cos

SINOPSE: Mishio é um cientista que está empenhado na
criação de um corpo cibernético para deficientes físicos, que
possa ser controlado por ondas cerebrais. Porém, em crise
existencial, ele passa a ter que conviver com um duplo, totalmente igual a ele mas sem nenhum dos seus escrúpulos
para satisfazer os seus desejos. Ao mesmo tempo, o cientista
envolve-se com uma jovem, cujo irmão matou-se por causa
da presença opressiva de seu *doppelgänger*, que era bem melhor do que ele.

COMENTÁRIOS: A trama explora a figura do *doppelgänger*, entidade sobrenatural maléfica absolutamente idêntica
ao ser humano para quem apareceria, como um prenúncio
de morte. Além de uma abordagem bastante original, o
filme também contém excelentes elementos satíricos.

AVALIAÇÃO: ***

DRACULA

Drácula (versão espanhola)

DIRETOR: George Melford

PAÍS: Estados Unidos

COMPANHIA PRODUTORA: Universal

ANO DE PRODUÇÃO: 1931

DURAÇÃO: 104'

IDIOMA ORIGINAL: Espanhol

PRODUÇÃO: Carl Laemmle Jr.

ARGUMENTO: Bram Stoker

ROTEIRO: B. Fernandez Cue. (versão em espanhol)

FOTOGRAFIA: George Robinson [p&b]

MONTAGEM: Arturo Tavares (supervisão: Maurice Pivar)

MÚSICA: Heinz Roemheld

ELENCO: Carlos Villar, Lupita Tovar, Barry Norton, Pablo Alvarez Rubio, Eduardo Arozamena, José Soriano Viosca, Carmen Guerrero, Amelia Senisterra, Manuel Arbó

GÊNERO: Drama de horror

SINOPSE: Versão do filme homônimo de Tod Browning para o mercado de língua espanhola.

COMENTÁRIOS: A história é bastante semelhante à do filme original (os dois foram rodados ao mesmo tempo, nos mesmos cenários), com algumas alterações interessantes. Trata-se de uma boa amostra das célebres versões do início da década de 30, prática comum nos primeiros tempos do cinema sonoro, quando ainda não haviam sido desenvolvidas as técnicas da dublagem e das legendas.

AVALIAÇÃO: ***

DRACULA

Drácula

DIRETOR: Dan Curtis

PAÍS: Inglaterra

COMPANHIA PRODUTORA: Latglen

ANO DE PRODUÇÃO: 1973

DURAÇÃO: 100'

IDIOMA ORIGINAL: Inglês

PRODUÇÃO: Dan Curtis

ARGUMENTO: Bram Stoker

ROTEIRO: Richard Matheson

FOTOGRAFIA: Oswald Morris [cor]

MONTAGEM: Richard A. Harris

MÚSICA: Robert Cobert

ELENCO: Jack Palance, Simon Ward, Nigel Davenport, Pamela Brown, Fiona Lewis, Penelope Horner, Murray Brown, Virginia Wetherall, Barbara Lindley, Sarah Douglas, George Pravda, Hanna-Maria Pravda, Reg Lye, Fred Stone, Roy Spencer, John Challis, Nigel Gregory, John Pennington, Martin Read, Gita Denise

GÊNERO: Horror

SINOPSE: A conhecida história do conde Drácula, um nobre vampiro imortal que – como qualquer bom aristocrata – vive às custas do sangue alheio.

COMENTÁRIOS: Versão para a TV da mais do que conhecida história de Bram Stoker, com uma abordagem bastante conservadora e a curiosidade de trazer o arquicanastrão Palance na pele do mais conhecido dos vampiros. Curiosamente, a produção é bastante rica e Palance até que está convincente em sua personificação.

AVALIAÇÃO: ***

Drácula

DIRETOR: John Badham

PAÍS: Inglaterra

COMPANHIA PRODUTORA: The Mirisch Corporation

ANO DE PRODUÇÃO: 1979

DURAÇÃO: 109'

IDIOMA ORIGINAL: Inglês

PRODUÇÃO: Walter Mirisch

ARGUMENTO: Hamilton Deane, John L. Balderston (or: Bram Stoker)

ROTEIRO: W. D. Richter

FOTOGRAFIA: Gilbert Taylor [cor]

MONTAGEM: John Bloom

MÚSICA: John Williams

ELENCO: Frank Langella, Laurence Olivier, Donald Pleasence, Kate Nelligan, Trevor Eve, Jan Francis, Janine Duvitski, Tony Haygarth, Teddy Turner, Sylveste McCoy, Kristine Howarth, Joe Belcher, Ted Carroll, Frank Birch, Gabor Vernon, Frank Henson, Peter Wallis

GÊNERO: Horror

SINOPSE: O dr. Jack Stuart é proprietário de uma clínica para doentes mentais no interior da Inglaterra, onde vive com sua filha Lucy. Esta, na companhia da amiga Mina, assiste à chegada de seu noivo Jonathan, que veio cuidar dos interesses de um rico cliente (que estava de mudança para a região e cujo navio naufragou nas proximidades da costa). O cliente é o conde Drácula, que veio da Transilvânia em busca de "sangue novo". Drácula logo se impressiona com a beleza e a personalidade forte de Lucy, decidindo transformá-la em sua noiva pelo resto da eternidade (sendo servo de Satã, Drácula não pode frequentar igrejas, o que explica seus noivados longos que nunca terminam em casamento). Mas, enquanto isso, ele faz um lanchinho com Mina, que acaba morta. Logo chega o pai de Mina, o professor Van Helsing, que estava no exterior. Van Helsing começa a desconfiar de que a filha foi vítima de um vampiro e, investigando, logo descobre tratar-se de Drácula. Alertados, Jack e Jonathan tentam evitar que Drácula se apodere de Lucy, mas a moça está dominada pelo encanto do vampiro e se dispõe a fugir com ele.

COMENTÁRIOS: Mais uma das inúmeras versões cinematográficas da história do Conde Drácula (um dos personagens mais populares do cinema mundial). Esta versão – baseada em uma peça teatral inspirada na obra de Bram Stoker – abrevia bastante a história, que já começa com o vampiro em ação na Inglaterra. Mas a narrativa não traz nenhuma novidade – e mesmo a presença de Laurence Olivier não consegue fazer com que o filme seja mais do que um passatempo descompromissado.

AVALIAÇÃO: ***

DRACULA: DEAD AND LOVING IT

DRÁCULA, MORTO MAS FELIZ

DIRETOR: Mel Brooks

PAÍS: Estados Unidos

COMPANHIA PRODUTORA: Brooksfilms

ANO DE PRODUÇÃO: 1995

DURAÇÃO: 88'

IDIOMA ORIGINAL: Inglês

PRODUÇÃO: Mel Brooks

ARGUMENTO: Rudy De Luca, Steve Haberman

ROTEIRO: Mel Brooks, Rudy De Luca, Steve Haberman

FOTOGRAFIA: Michael D. O'Shea [cor]

MONTAGEM: Adam Weiss

MÚSICA: Hummie Mann

ELENCO: Leslie Nielsen, Peter MacNicol, Steven Weber, Amy Yasbeck, Lysette Anthony, Harvey Korman, Mark

Blankfield, Megan Cavanagh, Clive Revill, Mel Brooks, Chuck McCann, Avery Schreiber, Cherie Franklin, Ezio Greggio, Leslie Sachs, Matthew Porretta, Rudy De Luca, Jennifer Crystal, Darla Haun, Karen Roe, Charlie Callas, Phillip Connery, Tony Griffin, Casey King, Nick Rempel, Zale Kessler, Barbaree Earl, Maura Nielsen, Thea Nielsen, Robin Shepard, Elaine Ballace, Maude Winchester, Lisa Cordray, Cindy Marshall-Day, Benjamin Livingston, Gregg Binkley, Anne Bancroft

GÊNERO: Comédia de terror

SINOPSE: Transilvânia, 1893: O conde Drácula decide mudar de ares e vai morar na Inglaterra, comprando uma velha mansão na vizinhança de uma clínica psiquiátrica pertencente ao dr. Jack Seward. Drácula logo se interessa pelas duas jovens que vivem na clínica, Mina – a filha de Seward – e sua amiga Lucy. Esta última é atacada por Drácula e cái sob seu poder. Desconfiado da estranha doença que se apodera da moça, Seward resolve consultar o famoso cientista Abraham Van Helsing, especialista em moléstias misteriosas – que, examinando Lucy, passa a desconfiar de que a moça tenha sido vampirizada.

COMENTÁRIOS: Lamentável paródia da obra de Bram Stoker e do filme de Tod Browning, realizado em 1931. Esta versão segue bastante de perto seu original, o que é justamente o seu maior defeito (já que o filme de Browning é um terror "sério" e o filme de Brooks é uma comédia sem a menor graça). Valendo-se do carisma cômico de Leslie Nielsen e de uma produção caprichada, Mel Brooks vem nos provar novamente (e não havia a menor necessidade disso) que o seu talento se perdeu em qualquer parte dos anos 70. Trata-se de uma patética tentativa de fazer humor inteligente, que resulta em mais um fracasso na carreira de diretor.

AVALIAÇÃO: **

DRACULA 2000

DRÁCULA 2000

DIRETOR: Patrick Lussier

PAÍS: Estados Unidos

COMPANHIA PRODUTORA: Dimension Films / Neo Art & Logic

ANO DE PRODUÇÃO: 2000

DURAÇÃO: 99'

IDIOMA ORIGINAL: Inglês

PRODUÇÃO: W. K. Border, Joel Soisson (coprodutores: Dan Arredondo, Ron Schmidt)

ARGUMENTO: Joel Soisson, Patrick Lussier

ROTEIRO: Joel Soisson

FOTOGRAFIA: Peter Pau [cor]

MONTAGEM: Patrick Lussier, Peter Devaney Flanagan

MÚSICA: Marco Beltrami (supervisão: Ed Gerrard)

ELENCO: Jonny Lee Miller, Justine Waddell, Gerard Butler, Colleen Ann Fitzpatrick, Jennifer Esposito, Danny Masterson, Jeri Ryan, Lochlyn Munro, Sean Patrick Thomas, Omar Epps, Christopher Plummer, Tig Fong, Tony Munch, Shane West, Nathan Fillion, Tom Kane, Jonathan Whittaker, Robert Verlaque, Randy Butcher, Bill Davidson, Peter Cox, Chris Lamon, Herb Reischl, Duncan McLeod, Wayne Downer, Robert Racki, William Prael, Karon Briscoe, Scarlett Huntley, Harold Short, David J. Francis, Shimmy Silverman

GÊNERO: Horror e ação

SINOPSE: Quadrilha de bandidos assalta a loja de antiguidades do dr. Van Helsing, na Inglaterra, levando um caixão de prata onde estão guardados nada menos que os despojos do conde Drácula (que Van Helsing guardava há mais de cem anos). Logo, Van Helsing vai atrás dos ladrões, que fugiram para os Estados Unidos. Nesse ínterim, Drácula volta à vida e vampiriza toda a quadrilha, tornando-os seus capangas zumbis. Em sua busca, Van Helsing é seguido por seu jovem ajudante e braço-direito, a quem ele revela toda a verdade: para manter Drácula preso, ele buscara a imortalidade, aplicando em si próprio algumas doses do sangue do vampiro. Porém, ele tivera uma filha que herdou seu sangue, sendo, portanto, uma presa preferencial para Drácula. Ao tentar salvar sua filha, Van Helsing é morto por Drácula, enquanto a moça foge com o ajudante.

COMENTÁRIOS: Muito pobre, do ponto de vista do horror, este filme tem mais correrias e pancadaria do que sustos.

AVALIAÇÃO: ***

DRACULA VS. FRANKENSTEIN

DIRETOR: Al Adamson

PAÍS: Estados Unidos

COMPANIIIA PRODUTORA: Independent International Pictures

ANO DE PRODUÇÃO: 1971

DURAÇÃO: 91'

IDIOMA ORIGINAL: Inglês

PRODUÇÃO: Al Adamson, John Van Horn

ARGUMENTO: William Pugsley, Samuel M. Sherman

ROTEIRO: William Pugsley, Samuel M. Sherman

FOTOGRAFIA: Gary Graver, Paul Glickman [cor]

MONTAGEM: Irwin Cadden

MÚSICA: William Lava [Bill Lava]

ELENCO: J. Carrol Naish, Lon Chaney, Anthony Eisley, Regina Carrol, Greydon Clark, Angelo Rossitto, Anne Morrell, William Bonner, Russ Tamblyn, Jim Davis, Zandor Vorkov, John Bloom, Shelly Weiss, Forest J. Ackerman, Maria Lease, Bruce Kimball, Albert Cole, Gary Kent, Connie Nelson, Irv Saunders, Lu Dorn, Sean Graver, Barney Gelfan

GÊNERO: Drama de horror

SINOPSE: Preocupada com o desaparecimento de sua irmã, que vivia em uma comunidade de hippongos, a cantora Judith decide investigar o caso por conta própria, já que a polícia não está nem aí para o que acontece com esse bando de maconheiros desocupados. Logo Judith se envolve com Mike, um hippie um tanto velhusco, e começa a acreditar que sua irmã realmente sumiu por vontade própria. Porém, ela nem imagina que a garota está servindo de cobaia para as experiências malignas do dr. Duryea – na verdade, o último descendente do barão Franskenstein – que está desenvolvendo um soro da imortalidade. Para piorar a situação, Duryea se ali ao conde Drácula, que também está interessado no soro. Para complicar tudo, Drácula encontra o monstro de Frankenstein, que é ressuscitado por Duryea e passa a fazer os trabalhos sujos para os vilões.

COMENTÁRIOS: Uma verdadeira salada de clichês do cinema de horror, misturando – da maneira mais incompetente – as histórias de Drácula, Frankenstein e até do lobisomem (já que o assistente de Duryea, interpretado por Lon Chaney, sofre periodicamente algumas mutações). Poderia até ser uma brincadeira divertida, se, ao menos, o roteiro fizesse algum sentido. Porém, tudo parece cair de paraquedas numa trama sem-pé-nem-cabeça, na qual as motivações dos personagens ficaram pelo meio do caminho.

AVALIAÇÃO: **

DRACULA'S DAUGHTER

A FILHA DE DRÁCULA

DIRETOR: Lambert Hillyer

PAÍS: Estados Unidos

COMPANHIA PRODUTORA: Universal Productions

ANO DE PRODUÇÃO: 1936

DURAÇÃO: 71'

IDIOMA ORIGINAL: Inglês

PRODUÇÃO: E. M. Asher

ARGUMENTO: John L. Balderston (or: Bram Stoker)

ROTEIRO: Garrett Fort

FOTOGRAFIA: George Robinson [p&b]

MONTAGEM: Milton Carruth

MÚSICA: Heinz Roemheld

ELENCO: Otto Kruger, Gloria Holden, Marguerite Churchill, Edward Van Sloan, Gilbert Emery, Irving Pichel, Halliwell Hobbs, Billy Bevan, Nan Grey, Hedda Hopper, Claude Allister, Edgar Norton, E. E. Clive

GÊNERO: Horror

SINOPSE: Mesmo com a destruição de seu pai pelo professor Van Helsing, Marya – a filha do conde Drácula – não consegue livrar-se da maldição familiar. Antenada com as tendências modernas, ela busca a ajuda de um famoso psiquiatra, mas acaba se apaixonando por ele – num fenômeno tecnicamente conhecido como "transferência" – e querendo levá-lo à força para o seu mundo de mortos-vivos chupadores do sangue alheio.

COMENTÁRIOS: Esta primeira sequência do "Drácula" de Tod Browning é, sob todos os aspectos, decepcionante, mais parecendo um drama romântico que um filme de terror.

AVALIAÇÃO: ***

(Cf. 7 days to live)

EXORCISMO NEGRO

Exorcismo negro

DIRETOR: José Mojica Marins

PAÍS: Brasil

COMPANHIA PRODUTORA: Cinedistri

ANO DE PRODUÇÃO: 1974

DURAÇÃO: 100'/94'

IDIOMA ORIGINAL: Português

PRODUÇÃO: Anibal Massaini Neto

ARGUMENTO: Rubens F. Luchetti [Rubens Francisco Lucchetti], José Mojica Marins

ROTEIRO: Adriano Stuart, José Mojica Marins

FOTOGRAFIA: Antonio Meliande [cor]

MONTAGEM: Carlos Coimbra (pré-montagem: Fernando Bran)

MÚSICA: "diversos"

ELENCO: José Mojica Marins, Jofre Soares, Walter Stuart, Georgia Gomide, Adriano Stuart, Wanda Kosmo, Alcione Mazzeo, Marcelo Picchi, Ariane Arantes, Merisol [Merisol Marins]

GÊNERO: Drama de horror satânico

SINOPSE: Após terminar de rodar mais um de seus filmes de terror, o cineasta naïf José Mojica Marins resolve tirar alguns dias para descansar na casa de campo do seu amigo Álvaro, a fim de organizar as suas ideias e se preparar para dar início ao seu próximo projeto – um filme sobre exorcismo. Porém, suas férias terão que ser interrompidas, já que a família de Álvaro está sendo ameaçada por uma bruxa satanista das mais vingativas, que está mandando seus demônios da guarda atormentarem todo mundo. Enquanto tenta entender o que está acontecendo, Mojica se defronta com um rival inesperado: o seu próprio personagem, Zé do Caixão.

COMENTÁRIOS: Em sua primeira experiência com um alto orçamento (o que só tornaria a acontecer em 2008, com "Encarnação do demônio"), Mojica investe basicamente em dois temas: a possessão demoníaca (inspirado, evidentemente, no sucesso de "O exorcista", de William Friedkin) e o combate entre criador e criatura: José Mojica Marins e Zé do Caixão.

AVALIAÇÃO: ***

DIRETOR: Emilio Vieyra

PAÍS: Argentina

COMPANHIA PRODUTORA: Productores Argentinos Asociados

ANO DE PRODUÇÃO: 1965

DURAÇÃO: 72'

IDIOMA ORIGINAL: Espanhol

PRODUÇÃO: Orestes A. Trucco

ROTEIRO: Les Rendelstein, Philip Kearney

FOTOGRAFIA: Anibal González Paz [cor]

MONTAGEM: Jacinto Cascales

MÚSICA: Victor Buchino

ELENCO: Richard Conte, Ana Mizrahi, Jorge Rivera López, Eduardo Muñoz, Eddie Pequcnino, Ignacio de Soroa, Oscar Duo, Susana Beltrán, Aldo Bigatti, Chely Hasperue, Lolo Prat, Edmundo Sanders, Sergio Malbrán, Louis Blue, Justo Martinez, Sergio Vander, Gloria Prat, Mauricio de Ferrari, Ricardo Morini

GÊNERO: Ficção científica

SINOPSE: Uma pequena cidade do interior dos Estados

Unidos é assolada por uma estranha epidemia, provocada por uma inexplicável interferência no sinal das transmissões de TV. Com a interferência, diversas pessoas passam a ficar como que hipnotizadas diante dos aparelhos de TV, caindo em desespero ao serem afastadas das imagens hipnóticas. Um funcionário do departamento de comunicações investiga o caso, logo seguido por uma médica e pelas autoridades militares, já que o problema começa a se alastrar e pode ser uma ameaça à segurança nacional.

COMENTÁRIOS: Curiosa película de ficção científica realizada na Argentina e protagonizada por um veterano astro dos filmes B de Hollywood. Infelizmente, a extrema pobreza da produção e o roteiro sem muito sentido comprometem os resultados do conjunto.

AVALIAÇÃO: **

AS FÁBULAS NEGRAS

AS FÁBULAS NEGRAS

DIRETOR: Rodrigo Aragão [1, 2, 6], Petter Baiestorf [3], Marcelo Castanheira [3], José Mojica Marins [4], Joel Caetano [5] (criação geral: Rodrigo Aragão)

PAÍS: Brasil

COMPANHIA PRODUTORA: Fábulas Negras

ANO DE PRODUÇÃO: 2015

DURAÇÃO: 93'

IDIOMA ORIGINAL: Português

PRODUÇÃO: Kika Oliveira, Mayra Alarcón

ROTEIRO: Rodrigo Aragão [1, 2, 4, 6], Petter Baiestorf [3], Joel Caetano [5]

FOTOGRAFIA: Marcelo Castanheira [1-4], Alexandre Barcelos [1-2, 5-6] [cor]

MONTAGEM: Rodrigo Aragão [1-3, 6], Joel Caetano [4-5],

MÚSICA: Fepaschoal [1, 3, 5], "Open Source Score" [1, 2; 6], "Gangrena Gasosa" [4]

[1] CRIANÇAS NA MATA – ELENCO: Arthur Amaral, Arthur Marcel, Diego Fernandes, Hugo Fraga;

[2] O MONSTRO DO ESGOTO – ELENCO: Alexander Buck, Alzir Gabriel Vaillant [Alzir Vaillant], Dan Caliban, Elias Aquino, Fernando Paschoal, Foca Magalhães, Fonzo Squizzo, Giovanni Coio, Josiane Gualberto, Mayra Alarcón, Ricardo Araújo, Walderrama dos Santos;

[3] PAMPA FEROZ – ELENCO: Ana Carolina Braga, Alzir Vaillant, César Souza [Coffin Souza], Daniel Boone, Eldon Gramlich, Margareth Galvão, Markus Konká, Tiago Ferri, Vinicius Ribeiro, Walderrama dos Santos;

[4] O SACI – ELENCO: Ana Beatriz Braga, Arthur Amaral, Carol Aragão, Ivan Castilho, Joel Caetano, José Mojica Marins, Marcelo Castanheira, Markus Konká, Maurício Júnior, Milena Bessa, Osório Aragão, Reginaldo Dalmaschio, Ricardo Araújo, Rose Marins, Rodrigo Aragão, Tiago Ferri, Ulisses Debian, Vinicius Ribeiro, Walderrama dos Santos;

[5] A LOIRA DO BANHEIRO – ELENCO: Alessandra Abib, Alícia Moreira, Ana Carolina Braga, Angelita Gonzaga, Carolina Moreira, Dora Dadalto, Joel Caetano, Margareth Galvão, Mariana Zani, Mayra Alarcón, Ronei Almeida, Sara Lima, Walderrama dos Santos, Yasmim Oliveira;

[6] A CASA DE IARA – ELENCO: Kika Oliveira, Márcia Coqueiro, Reginaldo Secundo, Walderrama dos Santos

GÊNERO: Horror trash em episódios

SINOPSE: [1] Quatro meninos estão na mata, brincando de serem heroicos guerreiros. Nos intervalos das brincadeiras, eles contam uns aos outros histórias arrepiantes ocorridas naquela região. [2] Prefeito corrupto negligencia o tratamento do esgoto da sua cidade, já que obras debaixo da terra não rendem votos. Com isso, a poluição desenfreada gera um terrível monstro. [3] Um lobisomem vem espalhando mortes e tripas pelas terras de um poderoso coronel, enquanto a filha deste último mantém um romance proibido com um dos seus empregados. [4] Apesar das advertências de um velho macumbeiro, um casal de namorados fica na mata até anoitecer e desperta a ira do Saci Pererê, que passa a atormentá-los. [5] Um dos banheiros de um rígido internato para moças tem fama de ser assombrado por uma loira fantasma. A morte de uma das alunas dentro deste banheiro, vítima de um trote de algumas colegas, dá início a um festival de horrores. [6] Mulher sofre com a indiferença do marido, até descobrir – através de um demônio dedo-duro – que a causa disso é o fato de ele ter uma amante. Chega, então, a hora de realizar uma vingança sangrenta.

COMENTÁRIOS: Surpreendente exercício de horror baseado no folclore brasileiro, reunindo os nossos maiores nomes do gênero, como Mojica, Baiestorf e Aragão.

AVALIAÇÃO: ***

FLYING VIRUS

(Cf. Abelhas – Ataque mortal)

FRANKENSTEIN CONQUERS THE WORLD

(Cf. Furankenshutain tai chitei kaiju Baragon)

FRANKENSTEIN vs BARAGON

(Cf. Furankenshutain tai chitei kaiju Baragon)

FURANKENSHUTAIN NO KAIJU: SANDA TAI GAIRA / THE WAR OF THE GARGANTUAS

A GUERRA DOS GARGANTUAS

DIRETOR: Ishiro Honda

PAÍS: Japão

COMPANHIA PRODUTORA: Toho

ANO DE PRODUÇÃO: 1968

DURAÇÃO: 90'

IDIOMA ORIGINAL: Japonês

PRODUÇÃO: Tomoyuki Tanaka

ARGUMENTO: Reuben Bercovitch

FOTOGRAFIA: Hajime Koizumi [cor]

MONTAGEM: Ryohei Fujii

MÚSICA: Akira Ifukube

ELENCO: Russ Tamblyn, Kumi Mizuno, Kenji Sahara,

Nobuo Nakamura, Jun Tazaki, Hisaya Ito, Yoshifumi Tajima, Ren Yamamoto, Kipp Hamilton, Kozo Nomura, Nadao Kirino, Shoichi Hirose, Tadashi Okabe, Koji Uno, Ikio Sawamura, Seishiro Kuno, Sensho Matsumoto, Haruo Nakajima

GÊNERO: Ficção científica

SINOPSE: O monstro de Frankenstein – neste caso, produto de modificações genéticas causadas pela radiação das bombas atômicas – reaparece no mar e começa a devorar seres humanos. As autoridades fazem de tudo para destruí-lo, mas o cientista que estuda a criatura descobre que, na verdade, existem dois monstros, um bonzinho e outro malvado.

COMENTÁRIOS: Na onda do sucesso dos monstros de latex, os produtores japoneses criaram este clone do King Kong que foi batizado, sabe-se lá porquê, de Frankenstein.

AVALIAÇÃO: **

FURANKENSHUTAIN TAI CHITEI KAIJU BARAGON / FRANKENSTEIN CONQUERS THE WORLD / FRANKENSTEIN vs BARAGON

FRANKENSTEIN CONTRA O MUNDO

DIRETOR: Ishiro Honda

PAÍS: Japão

COMPANHIA PRODUTORA: Toho

ANO DE PRODUÇÃO: 1965

DURAÇÃO: 93'/90'

IDIOMA ORIGINAL: Japonês

PRODUÇÃO: Tomoyuki Tanaka

ARGUMENTO: Reuben Bercovitch

FOTOGRAFIA: Hajime Koizumi [cor]

MONTAGEM: Ryohei Fujii

MÚSICA: Akira Ifukube

ELENCO: Tadao Takashima, Nick Adams, Kumi Mizuno, Yoshio Tsuchiya, Koji Furuhata, Jun Tazaki, Susumu Fujita, Takashi Shimura, Nobuo Nakamura, Kenji Sahara, Yoshifumi Tajima, Terunobu Nomura, Haruya Kato, Ikio Sawamura, Yoshio Kosugi, Keiko Sawai, Noriko Takahashi, Peter Mann, Ren Yamamoto, Yutaka Sada, Hisaya Ito, Kenzo Tabu, Shigeki Ishida, Nadao Kirino, Yutaka Nakayama, Senkichi Omura, Tadashi Okabe, Toshihiko Furuta, Kenichiro Kawaji, Hideaki Nitani, Shin Otomo, Shoichi Hirose, Haruo Nakajima

GÊNERO: Ficção científica

SINOPSE: Durante a 2ª Guerra, o coração do monstro de

Frankenstein vai parar no Japão e desaparece com a explosão da bomba de Hiroshima. 15 anos depois, um cientista americano e sua assistente japonesa encontram um menino que parece ser produto de uma mutação atômica. Eles logo concluem que o menino é uma nova versão do monstro, já que ele começa a crescer em ritmo acelerado. Quando escapa do laboratório, o Frankenstein gigante passa a ser perseguido pelas autoridades, enquanto os cientistas tentam salvá-lo para poder usá-lo como cobaia em suas pesquisas sobre a regeneração de células cancerígenas.

COMENTÁRIOS: Além da versão original, com 93 minutos, existe uma versão internacional que exclui uma sequência de luta entre Frankenstein e um polvo gigante.

AVALIAÇÃO: **

FURIA ASESINA

FÚRIA ASSASSINA

DIRETOR: René Cardona Jr.

PAÍS: México

COMPANHIA PRODUTORA: Televicine / Productora Filmica Real

ANO DE PRODUÇÃO: 1990

DURAÇÃO: 96'

IDIOMA ORIGINAL: Espanhol

PRODUÇÃO: René Cardona Jr.

ARGUMENTO: René Cardona Jr.

ROTEIRO: René Cardona Jr.

FOTOGRAFIA: Ramón Rios, Alejandro Vazquez S. [cor]

MONTAGEM: Ramón Rodriguez

MÚSICA: José Alfredo Jimenez Jr., Alejandro Sanchez

ELENCO: Omar Fierro, Tony Bravo, Monica Vali, Leticia Lozoya, Roberto Montiel, Gerardo Cepeda, Juan Ramos, Martin Herrera

GÊNERO: Horror e ação

SINOPSE: Alguns cientistas mexicanos pouquíssimo sérios estão convencidos de que o sangue dos tubarões pode servir de base para uma vacina contra o câncer e contra a AIDS, já que esses animais jamais desenvolvem essas doenças (assim como também não sofrem com a queda de cabelos, a obesidade e a celulite). Para testarem suas teorias, eles realizam diversas experiências, usando como cobaias os pobres tubarões. Finalmente, surge a grande chance de obter provas concretas, quando um dos tubarões-cobaias – que havia sido contaminado com um vírus e solto no mar – é encontrado a milhares de quilômetros, graças a um sinalizador.

Então, nossos bravos benfeitores da humanidade partem para o oceano, na presunção inocente de que sua antiga cobaia já se esqueceu de todas as sacanagens de que foi vítima.

COMENTÁRIOS: Como não poderia deixar de ser, essa produção amadora (aparentemente rodada em vídeo) está cheia de cenas de violência contra animais, além de agredir a inteligência do espectador.

AVALIAÇÃO: **

FUTUREWORLD

ANO 2003 – OPERAÇÃO TERRA

DIRETOR: Richard T. Heffron

PAÍS: Estados Unidos

COMPANHIA PRODUTORA: Aubrey Company / Paul N. Lazarus III

ANO DE PRODUÇÃO: 1976

DURAÇÃO: 104'

IDIOMA ORIGINAL: Inglês

PRODUÇÃO: Paul N. Lazarus III, James T. Aubrey

ROTEIRO: Mayo Simon, George Schenck

FOTOGRAFIA: Howard Schwartz, Gene Polito [cor]

MONTAGEM: James Mitchell

MÚSICA: Fred Karlin

ELENCO: Peter Fonda, Blythe Danner, Arthur Hill, Stuart Margolin, John Ryan, Yul Brynner, Jim Antonio, Allen Ludden, Robert Cornthwaite, Angela Greene, Darrell Larson, Nancy Bell, Burt Conroy, Dorothy Konrad, John Fujioka, Dana Lee, Alex Rodine, Judson Pratt, Andrew Masset, James Connor, Ray Holland, Mike Scott, Ed Geldard, David Perkins, Charles Krohn, Hirsch Scholl, Barry Gilmore, Catherine McClenny, Barry Gremillion, Jim Everhart, Jan Cobbler, Howard Finch

GÊNERO: Ficção científica

SINOPSE: Após os acontecimentos narrados no filme "Westworld" (onde turistas foram mortos por robôs descontrolados, que faziam parte de um parque de diversões futurista), o jornalista Chuck faz sérias denúncias públicas e o projeto dos robôs entra em crise. Porém, os investidores resolvem remodelar e relançar o parque Delos, abandonando o mundo do Oeste e ficando apenas com a Idade Média, Roma e o mundo do futuro. O parque é novamente um sucesso, mas os diretores do empreendimento temem o poder da imprensa e resolvem convidar Chuck e sua colega Tracey para uma visita de inspeção. Com compreensível má vontade, Chuck vai passar uma temporada em Delos, fuçando tudo o que pode. De fato, os robôs não apresentam mais defeitos, mas o que

Chuck descobre é algo infinitamente mais assustador.

COMENTÁRIOS: Existe pouca história para contar e tudo se resume a uma requentada exploração dos clichês do filme anterior. A parte original do enredo é pessimamente desenvolvida, resultando num filme tão insípido quanto seu astro Peter Fonda.

AVALIAÇÃO: **

GALÁXIA DO TERROR

DIRETOR: B. D. Clark [Bruce D. Clark]

PAÍS: Estados Unidos

COMPANHIA PRODUTORA: New World Pictures

ANO DE PRODUÇÃO: 1981

DURAÇÃO: 80'

IDIOMA ORIGINAL: Inglês

PRODUÇÃO: Roger Corman, Marc Siegler

ROTEIRO: Marc Siegler, B. D. Clark [Bruce D. Clark]

FOTOGRAFIA: Jacques Haitkin [cor]

MONTAGEM: R. J. Kizer, Larry Bock, Barry Zetlin

MÚSICA: Barry Schrader

ELENCO: Edward Albert, Erin Moran, Ray Walston, Bernard Behrens, Zalman King, Robert Englund, Taaffe O'Connell, Sid Haig, Grace Zabriskie, Jack Blessing, Mary Ellen O'Neill

GÊNERO: Horror e ficção científica

SINOPSE: Num planeta distante, tudo é comandado por um misterioso líder com poderes sobrenaturais. Quando uma nave de exploração desaparece em um outro planeta, o líder envia uma expedição de resgate. O grupo – bastante heterogêneo – não encontra sobreviventes e ainda se defronta com uma ciclópica construção de origem desconhecida. Eles penetram no local para um reconhecimento e, aos poucos, vão sendo eliminados por uma estranha força.

COMENTÁRIOS: Mais uma imitação paupérrima do "Alien" de Ridley Scott. Com exceção de um notável arroubo de criatividade e ousadia (na sequência em que uma jovem é sexualmente atacada por um verme gigante), o filme transita confortavelmente pela mais absoluta mediocridade.

AVALIAÇÃO: **

GAMMERA – THE INVINCIBLE

Gamera, o monstro invencível

DIRETOR: Noriaki Yuasa (+ Sandy Howard)

PAÍS: Estados Unidos / Japão

COMPANHIA PRODUTORA: Harris Associates / Daiei Motion Pictures

ANO DE PRODUÇÃO: 1966

DURAÇÃO: 86'

IDIOMA ORIGINAL: Inglês

PRODUÇÃO: Masaichi Nagata (executivo: Ken Barnett)

ROTEIRO: Nizo Takahashi (diálogos adicionais: Richard Kraft)

FOTOGRAFIA: Julian Townsend, Nobuo Munekawa [cor]

MONTAGEM: Ross-Gaffney

MÚSICA: Wes Farrell (tema)

ELENCO: Albert Dekker, Brian Donlevy, Diane Findlay, John Baragrey, Dick O'Neill, Eiji Funakoshi, Michiko Sugata, Harumi Kiritachi, Mort Marshall, Alan Oppenheimer, Steffen Zacharias, Thomas Stubblefield, Gene Bua, Bob Carraway, John McCurry, Walter Arnold, Louis Zorich, Robin Craven

GÊNERO: Horror e ficção científica

SINOPSE: No Alaska, um jato soviético é derrubado e causa uma explosão nuclear que libera do gelo o terrível monstro Gamera: uma tartaruga pré-histórica com 50 metros e uma imensa força. Gamera logo começa a causar danos, afundando um navio de pesquisas japonês e atacando diversas localidades litorâneas. As autoridades tentam deter o monstro, mas este se alimenta de fogo e se nutre com as forças que o atacam. Enquanto os cientistas japoneses e estrangeiros tentam descobrir um meio de eliminar a ameaça, um moleque meio esquizoide tenta provar a todos que Gamera é uma criatura bondosa, que está causando destruição apenas por se sentir solitária e faminta.

COMENTÁRIOS: Versão norte-americana do filme japonês "Daikaiju Gamera" (1965). Trata-se, fundamentalmente, do mesmo material, com o acréscimo de algumas cenas com atores norte-americanos, todas gravadas em estúdio).

AVALIAÇÃO: ***

GARGANTUA

Gargantua

DIRETOR: Bradford May

PAÍS: Estados Unidos

COMPANHIA PRODUTORA: Twentieth Century Fox

ANO DE PRODUÇÃO: 1998

DURAÇÃO: 90'

IDIOMA ORIGINAL: Inglês

PRODUÇÃO: Peter V. Ware

ARGUMENTO: Ronald Parker

ROTEIRO: Ronald Parker

FOTOGRAFIA: John Stokes [cor]

MONTAGEM: Bud Hayes

MÚSICA: J. Peter Robinson

ELENCO: Adam Baldwin, Julie Carmen, Emile Hirsch, Peter Adams, Alex Petersons, Doug Penty, Bobby Hosea, Monroe Reimers, Darren Selby, Tony Briggs, Puven Pather, Mae Montero, Fiona Edwards, Aislinn Crowe, Donald Battee, Peter Kent, Shane Simmons, Josie Licuanan, Jack Dacey, Brian Hinselwood, René Perrin, James Kable, Andrew Booth, Scott McLean, Tony Curtis, Malcolm Cork, Cassandra Hyde, Greg Katterns, Steve Harman, Caroline Hyde, Richard Kaye

GÊNERO: Horror e ação

SINOPSE: Jack, um biólogo marinho norte-americano, vai

fazer pesquisas na ilha de Malau, na Polinésia. Como é viúvo, ele leva consigo seu filho Brandon, um garoto que se ressente muito da falta da mãe e da vida nômade de seu pai. Jack começa a trabalhar com o veterano cientista Hale, que está estudando alguns tremores de terra na região. Porém, eles logo descobrem que um tremor abriu uma passagem submarina, deixando escapar um enorme monstro marinho que estava vivendo em algum universo paralelo. O monstro aparece na ilha e é capturado. Enquanto Jack e Hale querem estudá-lo, Derek – um pescador australiano – pretende usar o monstro como atração para atrair turistas. Porém, o monstro capturado é apenas um filhote e a mãe – do tamanho de um edifício – não tarda a aparecer para buscá-lo.

COMENTÁRIOS: Este telefilme – com locações na Austrália – é uma vagabundíssima imitação de "Godzilla", com efeitos especiais baratos e toneladas de clichês.

AVALIAÇÃO: *

GARGOYLES

OS DEMÔNIOS DE SEIS SÉCULOS

DIRETOR: B. W. L. Norton

PAÍS: Estados Unidos

COMPANHIA PRODUTORA: Tomorrow Entertainment

ANO DE PRODUÇÃO: 1972

DURAÇÃO: 74'

IDIOMA ORIGINAL: Inglês

PRODUÇÃO: Bob Christiansen, Rick Rosenberg

ROTEIRO: Stephen Karpf, Elinor Karpf

FOTOGRAFIA: Earl Rath [cor]

MONTAGEM: Frank P. Keller

MÚSICA: Robert Prince

ELENCO: Cornel Wilde, Jennifer Salt, Grayson Hall, Bernie Casey, Scott Glenn, William Stevens, John Gruber, Woody Chambliss, Jim Connell, Tim Burns, Mickey Alzola, Greg Walker, Rock Walker

GÊNERO: Drama de horror folclórico

SINOPSE: O antropólogo e escritor Mercer Boley vai fazer pesquisas nos cafundós americanos juntamente com sua filha Diana. Em um pequeno museu particular, num local remoto, Boley encontra um bizarro esqueleto, que ele pensa ser uma fraude. Porém, o local é atacado por um grupo de estranhos seres, que se parecem com o tal esqueleto. Boley e a filha conseguem escapar, ao passo que o dono do museu morre em um incêndio. Porém, como os dois levaram o crânio da criatura, logo passam a ser caçados pelos seres, que na verdade são as lendárias gárgulas, entidades diabólicas que periodicamente renascem para tentar dominar o mundo.

COMENTÁRIOS: Telefilme bastante pobre, que se esforça para tirar "leite de pedra" (atentem para este meu sutil jogo de palavras, muito mais inteligente que o filme).

AVALIAÇÃO: ***

GASU NINGEN DAI ICHIGO

O VAPOR HUMANO

DIRETOR: Ishiro Honda

PAÍS: Japão

COMPANHIA PRODUTORA: Toho

ANO DE PRODUÇÃO: 1960

DURAÇÃO: 92'

IDIOMA ORIGINAL: Japonês

PRODUÇÃO: Tomoyuki Tanaka

ARGUMENTO: Takeshi Kimura

ROTEIRO: Takeshi Kimura

FOTOGRAFIA: Hajime Koizumi [cor]

MONTAGEM: Kazuji Taira

MÚSICA: Kunio Miyauchi

ELENCO: Tatsuya Mihashi, Kaoru Yachigusa, Yoshio Tsuchiya, Keiko Sata, Hisaya Ito, Yoshifumi Tajima, Yoshio Kosugi, Fuyuki Murakami, Bokuzen Hidari, Takamaru Sasaki, Minosuke Yamada, Tatsuo Matsumura, Ko Mishima, Kozo Nomura, Ren Yamamoto

GÊNERO: Ficção científica

SINOPSE: Tóquio está sendo assolada por uma onda de roubos a banco, nos quais o criminoso não identificado deixa vítimas e carrega milhões. O detetive Okamoto, policial encarregado do caso, passa a desconfiar de que Fujichiyo Kasuga, uma jovem dançarina folclórica precocemente aposentada, está envolvida no caso, já que a moça – pobrinha – está gastando uma fortuna para promover sua volta aos palcos. Quando o dinheiro roubado é encontrado em sua casa, Fujichiyo é presa, mas se recusa a revelar quem está patrocinando o seu espetáculo. Logo surge Mizuno, um homem que confessa os roubos, já que está apaixonado pela dançarina. Porém, Mizuno não é um homem normal, já que foi cobaia de uma experiência científica e adquiriu o poder de se transformar em gás. Enquanto a polícia tenta encontrar um meio de deter Mizuno, Fujichiyo continua a preparar o seu recital.

COMENTÁRIOS: Curiosa mistura de ficção científica com drama romântico, valorizada por um ótimo roteiro e por um bom elenco (no qual se destaca a beleza de Kaoru Yachigusa). A versão norte-americana, que estreou em 1964, foi

considebelmente modificada, tanto na forma quanto no
conteúdo, com a redução do filme para 81 minutos e a introdução de uma narração.

AVALIAÇÃO: ***

THE GATE

O PORTÃO

DIRETOR: Tibor Takacs

PAÍS: Canadá

COMPANHIA PRODUTORA: Alliance Entertainment

ANO DE PRODUÇÃO: 1986

DURAÇÃO: 92'

IDIOMA ORIGINAL: Inglês

PRODUÇÃO: John Kemeny, Andras Hamori

ARGUMENTO: Michael Nankin

ROTEIRO: Michael Nankin

FOTOGRAFIA: Thomas Vamos [cor]

MONTAGEM: Rit Wallis

MÚSICA: Michael Hoenig, J. Peter Robinson

ELENCO: Stephen Dorff, Louis Tripp, Christa Denton,

Kelly Rowan, Jennifer Irwin, Deborah Grover, Scott Denton, Ingrid Veninger, Sean Fagan, Linda Goranson, Carl Kraines, Andrew Gunn

GÊNERO: Horror para adolescentes

SINOPSE: Glen é um garoto comum, que vive com seus pais e a irmã Alexandra em uma casa de subúrbio. Um dia, quando seus pais resolvem limpar a bagunça do quintal para fazer um gramado, Glen descobre que, sob as raízes de uma velha árvore, esconde-se um estranho poço. Recolhendo um cristal do local, Glen o mostra para seu amigo Terry, um garoto tímido apaixonado por heavy metal. Os garotos recebem uma mensagem bizarra e, sem saber, pronunciam uma invocação mágica, fazendo com que o poço se transforme num portal para o Inferno. Ao perceber que algo está errado, após a morte misteriosa de seu cachorro, Glen consulta Terry, que descobre a verdade através de um dos seus discos: no encarte, o disco revela que o portão é uma passagem para as criaturas das trevas, que estão se aproveitando de uma conjunção planetária para tentar dominar o mundo infralunar.

COMENTÁRIOS: Típico horror para adolescentes, diluindo uma história que poderia — e deveria — ser séria com momentos de humor. Neste exemplar, mais uma "passagem para o Inferno", que deve ser fechada antes que não sobre ninguém por aqui.

AVALIAÇÃO: ***

GATE II / GATE II: THE TRESPASSERS

O PORTÃO 2

DIRETOR: Tibor Takacs

PAÍS: Canadá

COMPANHIA PRODUTORA: Alliance Entertainment

ANO DE PRODUÇÃO: 1989

DURAÇÃO: 93'

IDIOMA ORIGINAL: Inglês

PRODUÇÃO: Andras Hamori

ARGUMENTO: Michael Nankin

ROTEIRO: Michael Nankin

FOTOGRAFIA: Bryan England [cor]

MONTAGEM: Ronald Sanders

MÚSICA: George Blondheim

ELENCO: Louis Tripp, Simon Reynolds, James Villemaire, Pamela Segall, Neil Munro, James Kidnie, Irene Pauzer, Larry O'Brey, Elva Mai Hoover, Gerry Mendicino, Mark Saunders, Todd Waite, Edward Leefe, Layne Coleman,

Anita Olanick, Carl Kraines, Andrea Ladanyi

GÊNERO: Horror para adolescentes

SINOPSE: Separado de seu amiguinho do filme anterior, o nerd Terry só quer esquecer dos horríveis acontecimentos que vivenciou. Porém, seu pai tornou-se um desempregado alcoólatra, após perder a esposa, e está prestes a se matar. Para salvá-lo, Terry resolve apelar para as forças malignas por trás do "portão", convocando um demônio para atender aos seus pedidos. Enquanto realiza seu ritual satânico, Terry é perturbado pela chegada dos arruaceiros Moe e John e da namorada deste último, Liz. O trio acaba participando também do ritual, sem muita convicção. Porém, com a aparição do demônio, John se desespera e descarrega sua arma sobre ele, fugindo com seus amigos. Terry resolve recolher o demônio morto e o leva para casa, descobrindo que ele tem o poder de se regenerar. Junto com Liz, que vai visitá-lo, ele descobre que o demônio – agora aprisionado em uma gaiola – atende a todos os seus desejos, embora não exatamente da maneira como deveria.

COMENTÁRIOS: Continuação bastante inferior, apelando para a célebre falta de caráter dos demônios, que – tal como os políticos nacionais – estão sempre dando um jeitinho para trapacear os crédulos mortais.

AVALIAÇÃO: **

O ENCONTRO

DIRETOR: Brian Gilbert

PAÍS: Inglaterra

COMPANHIA PRODUTORA: Samuelson Productions / Granada Film Production

ANO DE PRODUÇÃO: 2001

DURAÇÃO: 83'

IDIOMA ORIGINAL: Inglês

PRODUÇÃO: Marc Samuelson, Peter Samuelson, Pippa Cross

ARGUMENTO: Anthony Horowitz

ROTEIRO: Anthony Horowitz

FOTOGRAFIA: Martin Fuhrer [cor]

MONTAGEM: Masahiro Hirakubo

MÚSICA: Anne Dudley

ELENCO: Christina Ricci, Ioan Gruffudd, Stephen Dillane, Kerry Fox, Simon Russell Beale, Robert Hardy, Harry Forrester, Jessica Mann, Peter McNamara, Mark Bagnall, Clare Bloomer, Mackenzie Crook, Richard Evans, Roy Evans,

Paul Hamilton, Jason Morell, Fenella Norman, Diana Payan, Jacqueline Phillips, Eugene Walker, Anatol Yusef, Bridget Turner, Madhav Sharma, Jon Croft, Richard Syms, Malcolm Terris, Peter Wight, Glen Davies, Gary Whitaker, Chris Barnes, Siobhan Hewlett, Oliver Chris, David Curtis, Blair Plant, Joseph Miller, Alex Dower, Natalie Press

GÊNERO: Horror sobrenatural teológico

SINOPSE: Garota misteriosa é atropelada pela esposa de um arqueólogo que está pesquisando uma raríssima igreja romana dos primeiros tempos do cristianismo, que acabou de ser descoberta em uma caverna subterrânea. Sem memória, a garota vai se recuperar na casa do arqueólogo e começa a ter estranhas visões envolvendo o filho dos seus hospedeiros. Aos poucos, ela vai descobrir que o seu destino está ligado à velha igreja, que é dedicada a castigar o grupo de voyeurs que presenciou a crucificação de Cristo — pessoas que foram amaldiçoadas e condenadas a percorrer o mundo presenciando as desgraças humanas.

COMENTÁRIOS: Com locações na Ilha de Man, essa história — vagamente inspirada na lenda do judeu errante — não faz muito sentido e não consegue empolgar, assim como os seus efeitos especiais paupérrimos.

AVALIAÇÃO: ***

GATO NEGRO

DIRETOR: Lucio Fulci

PAÍS: Itália

COMPANHIA PRODUTORA: Selenia Cinematografica

ANO DE PRODUÇÃO: 1981

DURAÇÃO: 92'

IDIOMA ORIGINAL: Inglês (dub)

PRODUÇÃO: Giulio Sbarigia

ARGUMENTO: Biagio Proietti (or: Edgar Allan Poe)

ROTEIRO: Biagio Proietti, Lucio Fulci

FOTOGRAFIA: Sergio Salvati [cor]

MONTAGEM: Vincenzo Tomassi

MÚSICA: Pino Donaggio

ELENCO: Patrick Magee, Mimsy Farmer, David Warbeck, Al Cliver, Dagmar Lassander, Bruno Corazzari, Geoffrey Copleston, Daniela Dorio

GÊNERO: Horror

SINOPSE: Uma pequena cidade no interior da Grã-Bretanha está sendo assolada por mortes bizarras, aparentemente acidentais. Um inspetor da Scotland Yard é enviado para investigar o caso, ao mesmo tempo em que uma jovem fotógrafa norte-americana – que está registrando as ruínas da região – desconfia do envolvimento de um médium, o professor Miles, que realiza pesquisas para se comunicar com os mortos. Porém, o verdadeiro culpado de tudo é o gato do médium, um animal diabólico que executa crimes sem nenhum motivo (já que os gatos são mesmo animais cheios de estranhos caprichos).

COMENTÁRIOS: Muito vagamente inspirado no conto homônimo de Poe, este filme bizarro carece de qualquer sentido, valendo apenas para fomentar os mais empoeirados preconceitos sobre os gatos.

AVALIAÇÃO: ***

GENUINE

GENUINE

DIRETOR: Robert Wiene

PAÍS: Alemanha

COMPANHIA PRODUTORA: Decla-Bioscop

ANO DE PRODUÇÃO: 1920

DURAÇÃO: 44'

IDIOMA ORIGINAL: Mudo

PRODUÇÃO: Erich Pommer

ROTEIRO: Carl Mayer

FOTOGRAFIA: Willy Hameister [p&b]

ELENCO: Fern Andra, Hans Heinrich von Twardowski, Ernst Gronau, Harald Paulsen, Albert Bennefeld, John Gottowt, Lewis Brody

GÊNERO: Horror misógino

SINOPSE: Genuine é a sacerdotisa de uma tribo do Oriente Médio. Quando sua tribo é derrotada em uma guerra, ela é aprisionada e vendida como escrava para um velho milionário europeu, que a leva para o seu país e a tranca em uma redoma de vidro, nos subterrâneos de sua mansão. Apesar de estar cercada de todo o luxo e conforto, Genuine é uma alma selvagem e anseia pela liberdade do mundo lá de fora. Porém, o comportamento bizarro do milionário desperta as suspeitas de seus vizinhos, que convencem o juiz local a interrogar o barbeiro que atende o velho todos os dias. Como – por causa do depoimento – ele não poderá atender o milionário, que é seu melhor cliente, o barbeiro envia em seu lugar o seu sobrinho Florian, um jovem frágil e ingênuo (e que, portanto, deveria ser cabeleireiro, e não barbeiro). Coincidentemente, na mesma hora em que Florian está barbeando o velho, Genuine consegue fugir da redoma e encontra-se com ele. Submetido aos encantos da sacerdotisa, Florian degola o milionário e depois é abandonado pela vamp, caindo na loucura. Finalmente livre, Genuine utiliza o seu poder sedutor para controlar o neto de seu antigo senhor, Percy, que veio para uma visita.

COMENTÁRIOS: Uma pequena joia expressionista apresentada em versão reduzida, embora pareça existir ainda uma cópia completa. Partindo de uma temática árabe, o filme se transforma em um drama de paixões sexuais bastante cruas, disfarçadas com elementos de magia oriental.

AVALIAÇÃO: ***

GHIDORAH, THE THREE-HEADED MONSTER

(Cf. San daikaiju: chikyu saidai no kessen)

THE GHOST AND THE DARKNESS

A SOMBRA E A ESCURIDÃO

DIRETOR: Stephen Hopkins

PAÍS: Estados Unidos

COMPANHIA PRODUTORA: Constellation Films / Douglas-Reuther

ANO DE PRODUÇÃO: 1996

DURAÇÃO: 106'

IDIOMA ORIGINAL: Inglês

PRODUÇÃO: Gale Anne Hurd, Paul Radin, A. Kitman Ho (coprodução: Grant Hill)

ARGUMENTO: William Goldman

ROTEIRO: William Goldman

FOTOGRAFIA: Vilmos Zsigmond [cor]

MONTAGEM: Robert Brown, Steve Mirkovich

MÚSICA: Jerry Goldsmith

ELENCO: Michael Douglas, Val Kilmer, John Kani, Bernard Hill, Tom Wilkinson, Brian McCardie, Emily Mortimer, Om Puri, Henry Cele, Curt Egelhof, Satchu Annamalai, Teddy Reddy, Rakeem Khan, Jack Devnarain, Glen Gabela, Richard Nwamba, Nick Lorentz, Alex Ferns, Kaycey Padayachee, Giles Masters, Patrick Gifford, Justin Gifford, George Middlekoop

GÊNERO: Drama de horror e aventura

SINOPSE: Em fins do século 19, um jovem engenheiro militar inglês é enviado para o interior da África, com a missão de supervisionar as obras de construção de uma importante ponte ferroviária (fundamental para os interesses comerciais e estratégicos britânicos). Tudo vai indo bem, até que o acampamento dos operários passa a ser assolado por uma dupla de leões antropófagos. O rapaz faz de tudo para eliminar os animais, mas estes parecem seres sobrenaturais, causando dezenas de mortes. Finalmente, ele recebe a ajuda de um célebre caçador americano, especializado em exterminar pragas da floresta. Apesar disso, os leões continuam a fazer vítimas e os operários desertam em massa, paralisando as obras.

COMENTÁRIOS: Interessante mistura de aventura neocolonial e horror sobrenatural. O filme tem uma história das mais curiosas, conseguindo injetar alguma criatividade numa temática extremamente desgastada. Mas o destaque fica mesmo por conta do visual, com uma fotografia belíssima e efeitos especiais de notável eficácia. O clima é bastante adequado à história, que se situa exatamente na fronteira entre realidade e fantasia. Um belo exemplar de cinema comercial, que merecia um maior sucesso nas bilheterias. Locações na África do Sul.

AVALIAÇÃO: ***

CASTELO SINISTRO

DIRETOR: George Marshall

PAÍS: Estados Unidos

COMPANHIA PRODUTORA: Paramount Pictures

ANO DE PRODUÇÃO: 1940

DURAÇÃO: 82'

IDIOMA ORIGINAL: Inglês

PRODUÇÃO: Arthur Hornblow Jr.

ARGUMENTO: Paul Dickey, Charles W. Goddard

ROTEIRO: Walter DeLeon

FOTOGRAFIA: Charles Lang [p&b]

MONTAGEM: Ellsworth Hoagland

MÚSICA: Ernst Toch

ELENCO: Bob Hope, Paulette Goddard, Richard Carlson, Paul Lukas, Anthony Quinn, Willie Best, Pedro de Cordoba, Virginia Brissac, Noble Johnson, Tom Dugan, Paul Fix, Lloyd Corrigan

GÊNERO: Comédia de terror

SINOPSE: Larry Lawrence é radialista e faz bastante sucesso com seu programa, uma espécie de coluna social do crime organizado. Quando uma de suas notícias irrita o poderoso gangster Frenchy Duval, Larry é convidado a visitá-lo em seu hotel. Apavorado, o rapaz comparece armado ao encontro e, ao ouvir um tiro, dispara também, achando que matou um homem. Para se esconder, Larry invade o quarto da jovem Mary Carter, que se prepara para viajar para Cuba (a fim de tomar posse de um mal-afamado castelo que herdou). Mary esconde Larry da polícia, mas ele acaba preso numa das malas da garota e vai parar no navio no qual ela viaja. Após descobrir que não é assassino, Larry resolve ajudar a bela Mary, já que forças ocultas parecem não querer que a moça tome posse do castelo (cometendo até atentados contra a sua vida).

COMENTÁRIOS: Trata-se de uma trama bastante simples, dividida em três segmentos: o primeiro passa-se principalmente no hotel, o segundo transcorre no navio e o último é a aventura no castelo assombrado (em Cuba!). Sustentando-se no carisma de Hope (bem apoiado por Paulette Goddard e Willie Best), o filme é um bom passatempo. Refilmado em 1953, por George Marshall ("Scared stiff"), como veículo para a dupla Dean Martin e Jerry Lewis.

AVALIAÇÃO: ***

O fantasma de Frankenstein

DIRETOR: Erle C. Kenton

PAÍS: Estados Unidos

COMPANHIA PRODUTORA: Universal Pictures

ANO DE PRODUÇÃO: 1942

DURAÇÃO: 67'

IDIOMA ORIGINAL: Inglês

PRODUÇÃO: George Waggner

ARGUMENTO: Eric Taylor

ROTEIRO: W. Scott Darling

FOTOGRAFIA: Milton Krasner, Woody Bredell [p&b]

MONTAGEM: Ted Kent

MÚSICA: H. J. Salter

ELENCO: Cedric Hardwicke, Ralph Bellamy, Lionel Atwill, Bela Lugosi, Evelyn Ankers, Janet Ann Gallow, Lon Chaney [Lon Chaney Jr.], Barton Yarborough, Doris Lloyd, Leyland Hodgson, Olaf Hytten, Holmes Herbert

GÊNERO: Horror

SINOPSE: Ygor, o malévolo ajudante do cientista louco

Victor Frankenstein, sobrevive mais uma vez e consegue encontrar o monstro criado por seu amo, resgatando-o antes que o castelo seja destruído. Para que o monstro possa recuperar-se plenamente, Ygor o leva para a clínica de um dos filhos de Frankenstein, que realiza pesquisas sobre o cérebro humano.

COMENTÁRIOS: Sequência meia-boca de "O filho de Frankenstein", de 1939. Curiosamente, mesmo depois de morto, o dr. Frankenstein continuava bastante fecundo, já que o protagonista do filme de 1939 era seu filho único.

AVALIAÇÃO: **

GHOST SHARK

O TUBARÃO FANTASMA

DIRETOR: G. E. Furst [Griff Furst]

PAÍS: Estados Unidos

COMPANHIA PRODUTORA: Active Entertainment

ANO DE PRODUÇÃO: 2013

DURAÇÃO: 84'

IDIOMA ORIGINAL: Inglês

PRODUÇÃO: Ken Badish, Daniel Lewis

ARGUMENTO: Eric Forsberg, Scott Foy

ROTEIRO: Paul A. Birkett, G. E. Furst [Griff Furst]

FOTOGRAFIA: Andy Strahorn [cor]

MONTAGEM: Misty Talley

MÚSICA: Andrew Morgan Smith (músicas: Justin Shelton)

ELENCO: Mackenzie Rosman, Dave Davis, Lucky Johnson, Shawn C. Phillips, Richard Moll, Robert Aberdeen, Jayme Bohn, Eliot Brasseaux, Amy Brassette, Chelsea Bruland, Sloane Coe, Kim Collins, Mark Hava, Brooke Hurring, Ben Lemoine, Angela Meredith, Jaren Mitchell, Tom Francis Murphy, Sean P. O'Regan, Carl Palmer, Liann Pattison, Han Soto, LaJessie Smith, Tim Taylor, Michael Lee Whitener

GÊNERO: Horror de animais em fúria

SINOPSE: Um velho e sua filha estão em um barco alugado participando de um concurso de pesca. Prestes a pegar o peixe que vai lhe valer o grande prêmio, o pescador tem os seus planos frustrados quando um tubarão ataca e devora a sua presa. Furiosos, ele e a filha atiram no animal e acabam atingindo-o mortalmente com uma granada. Agonizante, o tubarão consegue nadar até uma caverna mágica, onde morre e se transforma em um fantasma, que vai vingar sua espécie da sanha destrutiva dos seres humanos. Depois de comer seus assassinos e o capitão do barco em que eles estavam, o tubarão transparente passa a atacar os frequentadores das praias da cidadezinha de Smallport, mas algumas autoridades se recusam a acreditar na história, enquanto outras só se preocupam com os possíveis prejuízos para o turismo da região. Porém, a realidade é mais forte que os interesses e logo o tubarão começa a atacar em toda a cidade, aparecendo em qualquer pocinha de água e causando pânico e horror.

COMENTÁRIOS: Mais uma das produções bizarras e sem noção realizadas para o canal de TV a cabo Syfy, reciclando – numa outra perspectiva – os mais surrados clichês de filmes sobre tubarões assassinos.

AVALIAÇÃO: **

GHOST SHIP

NAVIO FANTASMA

DIRETOR: Steve Beck

PAÍS: Estados Unidos

COMPANHIA PRODUTORA: Dark Castle Entertainment

ANO DE PRODUÇÃO: 2002

DURAÇÃO: 91'

IDIOMA ORIGINAL: Inglês

PRODUÇÃO: Joel Silver, Robert Zemeckis, Gilbert Adler (coprodutores: Richard Mirisch, Susan Levin)

ARGUMENTO: Mark Hanlon

ROTEIRO: Mark Hanlon, John Pogue

FOTOGRAFIA: Gale Tattersall [cor]

MONTAGEM: Roger Barton

MÚSICA: John Frizzell

ELENCO: Julianna Margulies, Ron Eldard, Desmond Harrington, Isaiah Washington, Alex Dimitriades, Karl Urban, Emily Browning, Gabriel Byrne, Francesca Rettondini, Boris Brkic, Robert Ruggiero, Iain Gardiner, Adam Bieshaar, Cameron Watt, Jamie Giddens

GÊNERO: Horror

SINOPSE: Murphy é o chefe de uma pequena equipe que resgata navios abandonados, a fim de tomar posse de sua carga e vender o metal como sucata. Um dia, após mais uma missão, ele é procurado por um piloto de avião que lhe oferece um novo negócio. O piloto, que afirma ter visto um grande navio abandonado na região do estreito de Bhering, deseja uma parcela dos lucros em troca da localização do barco. Murphy aceita e parte para o local, surpreendendo-se ao encontrar um imenso transatlântico italiano, que havia sido dado como perdido em 1962, com mais de mil pessoas a bordo. Logo, a equipe começa a explorar o palácio flutuante, que deverá lhes render milhões, sem saber que a causa do seu desaparecimento foi um incrível acidente que matou instantaneamente quase todos os passageiros e tripulantes. Para piorar a situação, o transatlântico é assombrado pelo fantasma de uma menininha, que sobreviveu ao acidente e ficou sozinha em alto-mar.

COMENTÁRIOS: Uma ideia interessante, embora mal desenvolvida. Na verdade, o filme vale realmente pela sequência inicial, que é genial.

AVALIAÇÃO: ***

THE GHOUL

O ZUMBI

DIRETOR: T. Hayes Hunter

PAÍS: Inglaterra

COMPANHIA PRODUTORA: Gaumont-British Picture Corporation

ANO DE PRODUÇÃO: 1933

DURAÇÃO: 80'

IDIOMA ORIGINAL: Inglês

ARGUMENTO: Frank King, Leonard Hines

ROTEIRO: Roland Pertwee, John Hastings Turner

FOTOGRAFIA: Gunther Krampf [p&b]

MONTAGEM: Ian Dalrymple, Ralph Kemplen

MÚSICA: Louis Levy

ELENCO: Boris Karloff, Cedric Hardwicke, Ernest Thesiger, Dorothy Hyson, Anthony Bushell, Kathleen Harrison, Harold Huth, D. A. Clarke-Smith, Ralph Richardson

GÊNERO: Horror

SINOPSE: O professor Morlant, um egiptólogo muito rico e ainda mais maluco, está agonizando e sua única esperança é uma joia antiga, que poderá lhe dar a vida eterna e que lhe custou quase toda a sua fortuna. Confiando em seu criado pessoal, Morlant exige secretamente ser enterrado com a joia. Porém, após a morte do seu patrão, o incrédulo criado se apossa da pedra, com o objetivo de entregá-la aos herdeiros do falecido. Enquanto os herdeiros do professor e alguns outros escroques buscam a pedra, Morlant ressuscita e sai de seu túmulo, sequioso por vingança.

COMENTÁRIOS: Este filme B, realizado na Inglaterra para aproveitar o sucesso de Karloff com "The mummy", tem um bom clima, apesar das tradicionais tiradas humorísticas do velho cinema de horror, nos tempos em que os produtores achavam necessário diluir a tensão dos espectadores inocentes.

AVALIAÇÃO: ***

THE GIANT BEHEMOTH

O MONSTRO SUBMARINO

DIRETOR: Eugene Lourie

PAÍS: Inglaterra

COMPANHIA PRODUTORA: Artistes Alliance Limited

ANO DE PRODUÇÃO: 1958

DURAÇÃO: 80'

IDIOMA ORIGINAL: Inglês

PRODUÇÃO: David Diamond

ROTEIRO: Eugene Lourie

FOTOGRAFIA: Ken Hodges [p&b]

MONTAGEM: Lee Doig

MÚSICA: Edwin Astley

ELENCO: Gene Evans, Andre Morell, John Turner, Leigh

Madison, Jack McGowran, Maurice Kaufmann, Henry Vidon, Leonard Sachs

GÊNERO: Horror e ficção científica

SINOPSE: Steve Karnes é um biólogo marinho norte-americano que está em Londres, a fim de expor aos militares britânicos os resultados de suas pesquisas, que comprovam a ameaça representada pela continuidade dos testes nucleares nos mares. Ninguém se alarma muito com as advertências de Steve, até que estranhos fenômenos começam a ocorrer no litoral – com a morte de milhares de peixes e o desaparecimento de navios. Investigando o caso, Steve logo descobre que a causa de todos os problemas é uma gigantesca serpente marinha pré-histórica, que ressuscitou por conta dos testes nucleares e está espalhando morte e destruição, além de contaminar tudo com a sua radioatividade.

COMENTÁRIOS: Refilmagem – com muitas alterações – do clássico "The beast from 20,000 fathoms", que o mesmo diretor realizara em 1953. Com este filme, bastante cheio de ação, Lourie estabeleceu sua reputação como especialista em monstros marinhos, já que 3 de seus 4 longas abordam essas criaturas.

AVALIAÇÃO: ***

O ataque vem do Pólo

DIRETOR: Fred F. Sears

PAÍS: Estados Unidos

COMPANHIA PRODUTORA: Clover

ANO DE PRODUÇÃO: 1957

DURAÇÃO: 75'

IDIOMA ORIGINAL: Inglês

PRODUÇÃO: Sam Katzman

ROTEIRO: Samuel Newman, Paul Gangelin

FOTOGRAFIA: Benjamin H. Kline [p&b]

MONTAGEM: Saul A. Goodkind, Tony diMarco

MÚSICA: Mischa Bakaleinikoff

ELENCO: Jeff Morrow, Mara Corday, Morris Ankrum, Louis D. Merrill, Edgar Barrier, Robert Shayne, Ruell Shayne, Clark Howatt, Morgan Jones

GÊNERO: Horror de monstros

SINOPSE: Enquanto colabora com os testes de radar do governo norte-americano no Polo Norte, o engenheiro Mitch avista um estranho objeto voador que passa pelo seu avião. Como nada foi detectado pelos radares, Mitch é tratado como um brincalhão. Porém, o que o bravo cientista avistou foi um gigantesco pássaro extraterrestre, que não pode ser detectado por estar cercado de antimatéria. O pássaro logo começa a fazer maldades, destruindo aviões e atacando seres humanos, com os quais se alimenta, e as forças militares nada conseguem contra ele, que parece indestrutível. Porém, inconformado, Mitch fará de tudo para liquidar com o megaperu alienígena.

COMENTÁRIOS: Clássico da ficção científica de baixíssimo orçamento, este filme é justamente célebre por apresentar um dos monstros mais fuleiros de toda a história do cinema. Querendo explorar o rico filão dos monstros japoneses, o produtor Katzman resolveu economizar além da conta e apresentou um tosquíssimo boneco de borracha, tão assustador que só consegue fazer rir. De resto, o filme segue o modelo de seus congêneres, com um animal gigantesco e indestrutível que ameaça o planeta e é detido por cientistas supercriativos e abnegados.

AVALIAÇÃO: ***

THE GIANT GILA MONSTER

O GIGANTE MONSTRO GILA

DIRETOR: Ray Kellogg

PAÍS: Estados Unidos

COMPANHIA PRODUTORA: Hollywood Pictures Corporation

ANO DE PRODUÇÃO: 1959

DURAÇÃO: 75'

IDIOMA ORIGINAL: Inglês

PRODUÇÃO: B. R. McLendon, Gordon McLendon, Ken Curtis

ARGUMENTO: Ray Kellogg

ROTEIRO: Jay Simms

FOTOGRAFIA: Wilfrid M. Cline [p&b]

MONTAGEM: Aaron Stell

MÚSICA: Jack Marshall (special songs: Don Sullivan)

ELENCO: Don Sullivan, Fred Graham, Lisa Simone, Shug Fisher, Bob Thompson, Janice Stone, Ken Knox, Gay McLendon, Don Flournoy, Cecil Hunt, Stormy Meadows, Howard Ware, Pat Reeves, Jan McLendon, Jerry Cortwright, Beverly Thurman, Clarke Browne, Grady Vaughn, Desmond Doogh, Ann Sonka, Yolanda Salas

GÊNERO: Horror de gigantismo

SINOPSE: Nos cafundós do Oeste norte-americano (mais especificamente no Texas), um gigantesco lagarto ataca um casal que namorava dentro de um automóvel em um local ermo. O pai do rapaz alerta as autoridades sobre o seu desaparecimento, mas o carro não é encontrado e todos – inclusive os amigos dos jovens – acham que eles devem ter fugido para se casar (possivelmente um com o outro). Porém, outros casos de acidentes bizarros, nos quais ocupantes de veículos desaparecem sem deixar vestígios, alertam o xerife da região, que passa a investigar. Quando o lagarto gigante causa um sério desastre de trem, sendo visto por muitos passageiros, chega a hora das autoridades terem de enfrentar o monstro comedor de gente.

COMENTÁRIOS: Uma produção paupérrima, que mais parece um veículo para tentar promover a carreira musical de Don Sullivan, que interpreta o bom moço mais virtuoso da história do cinema. De resto, pouquíssima ação, efeitos especiais praticamente inexistentes (o tal "monstro" não passa de um lagarto comum), personagens clichê e um roteiro precário garantem um espetáculo morno e sonolento.

AVALIAÇÃO: *

GINGER SNAPS

POSSUÍDA

DIRETOR: John Fawcett

PAÍS: Canadá / Estados Unidos

COMPANHIA PRODUTORA: Copper Heart Entertainment / Water Pictures / Motion International / Lions Gate Films / Unapix Entertainment

ANO DE PRODUÇÃO: 2000

DURAÇÃO: 112'

IDIOMA ORIGINAL: Inglês

PRODUÇÃO: Steve Hoban, Karen Lee Hall

ARGUMENTO: Karen Walton, John Fawcett

ROTEIRO: Karen Walton

FOTOGRAFIA: Thom Best [cor]

MONTAGEM: Brett Sullivan

MÚSICA: Michael Shields

ELENCO: Emily Perkins, Katharine Isabelle, Kris Lemche, Jesse Moss, Danielle Hampton, Peter Keleghan, John Bourgeois, Mimi Rogers, Christopher Redman, Jimmy MacInnis, Lindsay Leese, Wendii Fulford, Ann Baggley, Graeme Robertson, Maxwell Robertson, Pak-Kong Ho, Bryon Bully, Steven Taylor, Nick Nolan

GÊNERO: Horror

SINOPSE: Duas irmãs adolescentes – Ginger e Brigitte –

estudam em uma escola secundária e têm um comportamento bastante esquizoide, o que as leva a serem discriminadas pelos colegas bullyingueiros. Quando Ginger é atacada e mordida por um lobisomem – que está assolando a região – ela passa a apresentar bizarras mudanças, que se confundem com a sua puberdade. Vendo que sua irmã está se transformando em um monstro, Brigitte se desespera e busca a ajuda de um jovem traficante, que pensa conhecer uma fórmula que pode curar a moça.

COMENTÁRIOS: Apesar dos típicos clichês do horror para adolescentes, esta produção majoritariamente canadense contém elementos bastante diferenciados e está acima da média de seus congêneres (reciclando um tema ultra-batido como os lobisomens).

AVALIAÇÃO: ***

GINGER SNAPS: UNLEASHED

POSSUÍDAS II

DIRETOR: Brett Sullivan

PAÍS: Canadá

COMPANHIA PRODUTORA: 49Films / Combustion Production / Lions Gate Films

ANO DE PRODUÇÃO: 2003

DURAÇÃO: 94'

IDIOMA ORIGINAL: Inglês

PRODUÇÃO: Grant Harvey, Steve Hoban, Paula Devonshire

ROTEIRO: Megan Martin

FOTOGRAFIA: Gavin Smith, Henry Less [cor]

MONTAGEM: Michele Conroy

MÚSICA: Kurt Swinghammer

ELENCO: Emily Perkins, Tatiana Maslany, Eric Johnson, Janet Kidder, Brendan Fletcher, Katharine Isabelle, Susan Adam, Chris Fassbender, Pascale Hutton, Michelle Beaudoin, David McNally, Patricia Idlette, Lydia Lau, Coralie Cairns, Shaun Johnston, Jake McKinnon, Trigger

GÊNERO: Horror

SINOPSE: Após matar sua irmã Ginger, que estava se transformando em um lobisomem, a jovem Brigitte passa a viver ameaçada pelo mesmo mal. Ela consegue evitar a transformação através de injeções, ao mesmo tempo em que é constantemente perseguida por outro lobisomem. Após sofrer um choque com o consumo da droga, ela é internada numa clínica de reabilitação. Porém, sem seu remédio, o processo licantrópico é acelerado, enquanto o lobisomem assassino consegue encontrá-la e parte para o ataque.

COMENTÁRIOS: Continuação inferior de "Ginger snaps" (2000). Enquanto o original mesclava a história de lobisomens com as angústias da puberdade feminina, esta sequência opta por cair diretamente na trama terrorífica.

AVALIAÇÃO: ***

THE GINGERDEAD MAN

O BISCOITO ASSASSINO

DIRETOR: Charles Band

PAÍS: Estados Unidos

COMPANHIA PRODUTORA: Talos Entertainment

ANO DE PRODUÇÃO: 2005

DURAÇÃO: 70'

IDIOMA ORIGINAL: Inglês

PRODUÇÃO: Charles Band

ROTEIRO: Silvia St. Croix, August White

FOTOGRAFIA: Keith Duggan [cor]

MONTAGEM: Danny Draven

MÚSICA: Roger Ballenger

ELENCO: Robin Sydney, Ryan Locke, Alexia Aleman, Jonathan Chase, Margaret Blye, Daniela Melgoza, Newell Alexander, James Snyder, Larry Cedar, Gary Busey, Debra Mayer, Kaycee Shank

GÊNERO: Horror para adolescentes

SINOPSE: Millard Findlemeyer, um sanguinário criminoso psicopata, é condenado à morte graças ao testemunho de Sarah, que viu seu pai e seu irmão serem assassinados por ele. Como não poderia deixar de ser, Millard jura vingança, embora Sarah não pareça ter motivos para se preocupar, já que o louco é executado e cremado. Porém, além de estar cheia de problemas para administrar sua padaria, ameaçada por um concorrente desleal e pelo alcoolismo de sua mãe, Sarah irá se defrontar com algo muito mais perigoso: adepta da bruxaria, a mãe de Millard enviou suas cinzas para a padaria, disfarçadas como condimento para pão de gengibre. Com seus poderes satânicos, a velha faz com que seu filho ressuscite na forma de um boneco de pão de gengibre com muita sede de sangue (ou, quem sabe, de geleia de morango).

COMENTÁRIOS: Um típico exemplar do cinema trash, com um roteiro absurdo, efeitos toscos e interpretações para lá de ridículas. Para completar a desgraça, um filme de 70 minutos com 10 minutos de créditos finais.

AVALIAÇÃO: *

GOLDEN BAT

(Cf. Ogon Batto)

HAUNTED UNIVERSITIES

(Cf. Mahalai sayongkwan)

O HOMEM DAS ESTRELAS

(Cf. Le maître du temps)

HOUSE OF SHADOWS

(Cf. La casa de las sombras)

THE HOUSE WHERE EVIL DWELLS

TRIÂNGULO MORTAL

DIRETOR: Kevin Connor

PAÍS: Estados Unidos

COMPANHIA PRODUTORA: Martin B. Cohen Productions

ANO DE PRODUÇÃO: 1982

DURAÇÃO: 88'

IDIOMA ORIGINAL: Inglês

PRODUÇÃO: Martin B. Cohen

ARGUMENTO: James Hardiman

ROTEIRO: Robert Suhosky

FOTOGRAFIA: Jacques Haitkin [cor]

MONTAGEM: Barry Peters

MÚSICA: Ken Thorne

ELENCO: Edward Albert, Susan George, Doug McClure, Mako Hattori, Amy Barrett, Toshiyuki Sasaki, Toshiya Maruyama, Tsuyako Okajima, Henry Mitowa, Mayumi Umeda, Hiroko Takano, Shuren Sakurai, Shoji Ohara, Jiro Shirai, Kazuo Yoshida, Kunihiko Shinjo, Gentaro Mori, Tomoko Shimizu, Misao Arai, Chiyoko Hardiman, Hideo Shimado

GÊNERO: Horror espectral

SINOPSE: O escritor norte-americano Ted Fletcher decide ir morar no Japão, levando sua esposa Laura e sua filhinha

Amy. Lá, ele é acolhido por seu velho amigo Alex, que trabalha na embaixada americana. Alex consegue alugar para Ted uma casa japonesa tradicional, já que o rapaz deseja assumir um estilo de vida oriental em busca de inspiração para seus livros. Porém, a tal casa é bem mais tradicional do que parece, pois está assombrada por um trio de fantasmas, protagonistas de uma trama passional no distante ano de 1840 (um samurai matara sua esposa infiel e o amante dela, praticando depois o harakiri). Obviamente, já que se trata de um filme de horror, Ted e Laura passam a ser assediados pelos fantasmas, que também investem sobre Alex. Dominada pelo espírito da adúltera, Laura seduz Alex e os dois tornam-se amantes, enquanto Ted também modifica seu comportamento.

COMENTÁRIOS: Esta curiosa produção norte-americana, dirigida pelo medíocre artesão Kevin Connor, tem uma história interessante e um final pouco convencional, que redime um pouco os exageros da mise-en-scène e a performance risível do trio de protagonistas canastrões. Um passatempo digerível, se você tem mesmo muito tempo para passar e um estômago forte. Locações no Japão.

AVALIAÇÃO: ***

HOWLING III / THE MARSUPIALS – THE HOWLING III

Grito de horror III

DIRETOR: Philippe Mora

PAÍS: Austrália

COMPANHIA PRODUTORA: Bancannia Pictures

ANO DE PRODUÇÃO: 1987

DURAÇÃO: 94'

IDIOMA ORIGINAL: Inglês

PRODUÇÃO: Philippe Mora, Charles Waterstreet (coprodutora; Gilda Baracchi)

ARGUMENTO: Gary Brandner

ROTEIRO: Philippe Mora

FOTOGRAFIA: Louis Irving [cor]

MONTAGEM: Lee Smith

MÚSICA: Allan Zavod

ELENCO: Barry Otto, Max Fairchild, Imogen Annesley, Dasha Blahova, Leigh Biolos, Ralph Cotterill, Frank Thring, Michael Pate, Jon Ewing, Barry Humphries, William Yang, Deby Wightman, Christopher Pate, Jerome Patillo, Carole Skinner, Jenny Vuletic, Glenda Linscott,

Roger Eagle, Rick Carter, Lionel Curtin, Bob McCarron, Mary Acres, Steve Shaw, Megan Shapcott, Bob Barrett, Bill Collins, David Cahill, Mary Aire, Alec Maksimovich, Penny Linden, Fred Welsh, Brian Adams, Pieter van der Stolk, Rodney Francis, Sam Toomey, Burnham Burnham, Alan Penny, Tony Deary, Gerry Skilton, Steve Rackman, Gary McGuire, Peter Armstrong, Robert Simper, Wayne Pleace, Alan Dargin, Patrick Rowe, Max Aspin, Paul Lennon, Peter Baird, Lee Rice, Max Skipper, Andreas Bayonas, Maia Horniak, Danielle Sharp, Aminatta Joy Abraham

GÊNERO: Horror de lobisomens

SINOPSE: Em busca de informações sobre lobisomens, o pesquisador norte-americano Harry Beckmayer viaja para a Austrália, onde seu avô filmara um destes bizarros seres no início do século. Enquanto o cientista trabalha, a jovem Jerboa – uma lobisomem (ou seria lobismulher?) – foge da comunidade (ou seria alcateia?) onde vive, já que está sendo vítima dos abusos sexuais de Thylo, chefe do lugar e seu pai adotivo. Na cidade grande, Jerboa conhece Donny, um assistente de direção cinematográfica que convida a garota para trabalhar num filme de terror. Jerboa aceita, sem saber que está sendo caçada por seus parentes. Quando ela vai parar num hospital, sua condição é descoberta e logo Beckmayer é chamado, já que a moça é um lobisomem marsupial.

Para complicar, ela está grávida de Donny e, entre os lobisomens, a gestação é bem mais acelerada que entre os humanos. Quando Jerboa é capturada por seus parentes, Donny
parte para resgatá-la, juntamente com Beckmayer e os militares.

COMENTÁRIOS: Esta continuação de uma péssima série
é inacreditavelmente ruim, com uma história completamente idiota e um roteiro repleto de absurdos.

AVALIAÇÃO: *

HOWLING IV: THE ORIGINAL NIGHTMARE

GRITO DE HORROR: UM ARREPIO NA NOITE

DIRETOR: John Hough

PAÍS: Estados Unidos

COMPANIIIA PRODUTORA: Allied Entertainment

ANO DE PRODUÇÃO: 1988

DURAÇÃO: 94'

IDIOMA ORIGINAL: Inglês

PRODUÇÃO: Harry Alan Towers, Clive Turner

ARGUMENTO: Clive Turner (or: Gary Brandner)

ROTEIRO: Clive Turner, Freddie Rowe

FOTOGRAFIA: Godfrey Godar [cor]

MONTAGEM: Claudia Finkle, Malcolm Burns-Errington

MÚSICA: David George

ELENCO: Romy Windsor, Michael T. Weiss, Antony Hamilton, Susanne Severeid, Lamya Derval, Norman Anstey, Kate Edwards, Dennis Folbigge, Anthony James, Dale Cutts, Clive Turner, Megan Kruskal, Dennis Smith, Gregg Latter, Maxine John, Hugh Jobling, Megan Davies, Diana Tilldon-Davis, Tulio Moneta, Ralph Draper, Beryl Gresak, Bull Forsche, Peter Ware

GÊNERO: Horror

SINOPSE: Em grave crise psicológica, já que vem sendo atormentada por estranhas visões, a escritora Marie vai descansar em um pequeno chalé nos cafundós americanos, junto com seu marido Richard. Porém, longe de melhorar seu estado, a nova casa provoca em Marie alucinações cada vez mais aterrorizantes, que parecem envolver alguma monstruosidade inominável. Marie faz amizade com uma fã, a ex-freira Janice, que está na cidade investigando a morte bizarra de uma antiga colega. Como uma das visões de Marie é justamente a de uma freira, a escritora começa a desconfiar de que está recebendo mensagens do além. Junto com Janice, ela passa a buscar respostas e descobre que os antigos moradores de sua casa desapareceram sem deixar vestígios. Ao mesmo tempo, Richard começa a apresentar um comportamento estranho, envolvendo-se com uma misteriosa lojista da cidadezinha mais próxima.

COMENTÁRIOS: Lobisomens em desfile, numa produção vagabunda rodada em vídeo, que recicla a história que deu origem a essa série.

AVALIAÇÃO: *

HOWLING V: THE REBIRTH

O GRITO DE HORROR V: O RENASCIMENTO

DIRETOR: Neal Sundström

PAÍS: Estados Unidos

COMPANHIA PRODUTORA: Allied Vision / Lane Pringle Productions

ANO DE PRODUÇÃO: 1989

DURAÇÃO: 96'

IDIOMA ORIGINAL: Inglês

PRODUÇÃO: Clive Turner

ARGUMENTO: Clive Turner (or: Gary Brandner)

ROTEIRO: Clive Turner, Freddie Rowe

FOTOGRAFIA: Arledge Armenaki [cor]

MONTAGEM: Claudia Finkle, Bill Swenson

MÚSICA: "The Factory"

ELENCO: Philip Davis, Victoria Catlin, Elizabeth Shé, Ben Cole, William Shockley, Mark Sivertsen, Stephanie Faulkner, Mary Stavin, Clive Turner, Nigel Triffitt, Jill Pearson, Joszef Madaras, Renata Szatler

GÊNERO: Horror

SINOPSE: Misterioso conde húngaro convida um grupo de oito pessoas para visitar o castelo de sua família, que estava fechado para algumas reforminhas há 500 anos. No entanto, os oito ignoram que o verdadeiro motivo do fechamento do castelo foi uma praga de lobisomens, que dizimou todos os seus ocupantes. Ignoram igualmente que o convite é, na verdade, uma armadilha, já que eles são os descendentes do único sobrevivente do massacre. O tal conde, membro de uma bizarra ordem religiosa, acha que um dos oito é um lobisomem e, por isso, os reuniu para descobrir e exterminar o culpado. Sem saberem de nada, os convidados vão sendo caçados e estraçalhados pela fera.

COMENTÁRIOS: Sequência da mais longa – e medíocre – série de filmes sobre lobisomens, que ainda teria mais continuações e até uma refilmagem. Aqui, parte-se de uma história completamente idiota, que serve apenas como pretexto para isolar uma dúzia de pessoas dentro de um castelo medieval, onde um lobisomem sanguinário faz a sua festinha particular.

AVALIAÇÃO: **

THE HUMAN CENTIPEDE (FIRST SEQUENCE)

A CENTOPEIA HUMANA

DIRETOR: Tom Six

PAÍS: Holanda

COMPANHIA PRODUTORA: Six Entertainment

ANO DE PRODUÇÃO: 2009

DURAÇÃO: 92'

IDIOMA ORIGINAL: Inglês & Alemão & Japonês

PRODUÇÃO: Ilona Six, Tom Six

ARGUMENTO: Tom Six

ROTEIRO: Tom Six

FOTOGRAFIA: Goof De Koning [cor]

MONTAGEM: Nigel de Hond, Tom Six

MÚSICA: Patrick Savage, Holeg Spies

ELENCO: Dieter Laser, Ashley C. Williams, Ashlynn Yennie, Akihiro Kitamura, Andreas Leupold, Peter Blankenstein, Bernd Kostrau, Rene de Wit, Sylvia Zidek (voz), Monica Iconica (voz), Maurício d'Orey (voz)

GÊNERO: Horror escatológico

SINOPSE: No interior da Alemanha, o dr. Heiter, um cirurgião louco varrido, sonha em dar uma melhorada na espécie humana, que anda um pouco caída depois da morte de Deus e da queda do muro de Berlim. Cansado de usar seus próprios cães como cobaias, ele sequestra três turistas (duas moças americanas e um rapaz japonês) e, unindo cirurgicamente os seus corpos (de uma forma um tanto nojenta), confecciona uma escabrosa centopeia humana, que vai levar a ideia da reciclagem para um novo patamar.

COMENTÁRIOS: Conhecida como uma das obras mais repulsivas da história do cinema comercial, essa produção holandesa pode não agradar a todos os estômagos, embora seja inegavelmente original.

AVALIAÇÃO: ***

HUMANOIDS FROM THE DEEP / MONSTER

O MONSTRO DO FUNDO DO MAR / CRIATURAS DAS PROFUNDEZAS

DIRETOR: Barbara Peeters

PAÍS: Estados Unidos

COMPANHIA PRODUTORA: New World Pictures

ANO DE PRODUÇÃO: 1980

DURAÇÃO: 80'

IDIOMA ORIGINAL: Inglês

PRODUÇÃO: Martin B. Cohen, Hunt Lowry

ARGUMENTO: Frank Arnold, Martin B. Cohen

ROTEIRO: Frederick James

FOTOGRAFIA: Daniel Lacambre [cor]

MONTAGEM: Mark Goldblatt

MÚSICA: James Horner

ELENCO: Doug McClure, Ann Turkel, Vic Morrow, Cindy Weintraub, Anthony Penya, Denise Galik, Lynn Theel, Meegan King, Breck Costin, Hoke Howell, Don Maxwell, David Strassman, Greg Travis, Linda Shayne, Lisa Glaser, Bruce Monette, Shawn Erler, Frank Arnold, Amy Barrett,

"Jo Williams and her Whitewater Boys" [Jo Williams, Henry T. Williams, Lyle Isom, Jonathan Lehan]

GÊNERO: Horror em tom de comédia

SINOPSE: Numa cidadezinha do litoral norte-americano, a população prepara-se para o grande festival do salmão, enquanto aguarda a prometida instalação de uma fábrica de peixe enlatado, que vai emporcalhar tudo, mas encher muitos bolsos de dinheiro. Porém, a fábrica está provocando também uma disputa entre a população branca e os índios da reserva local, que não querem a construção poluidora e ameaçam embargar a obra na justiça. Enquanto ocorre a disputa na cidade, estranhos monstros marinhos começam a atacar a população, matando os homens e violentando as mulheres. Um pescador local desconfia do que está acontecendo e, junto com um dos índios, encontra o esconderijo das criaturas e salva uma das moças capturadas. Consultando uma bióloga marinha, funcionária da fábrica, eles descobrem que se trata de uma raça de mutantes, originada da fuga de salmões geneticamente modificados de um dos laboratórios da empresa.

COMENTÁRIOS: Abusando da mediocridade, este filme é uma grotesca salada de clichês, temperada com uma produção paupérrima e um elenco dos mais canastrões.

AVALIAÇÃO: **

Espantalho

DIRETOR: Brett Simmons

PAÍS: Estados Unidos

COMPANHIA PRODUTORA: After Dark Films / Signature Entertainment

ANO DE PRODUÇÃO: 2010

DURAÇÃO: 83'

IDIOMA ORIGINAL: Inglês

PRODUÇÃO: Courtney Solomon (coprodução: Karri O'Reilly, James Portolese, Lucy Mukerjee)

ARGUMENTO: Brett Simmons

ROTEIRO: Brett Simmons

FOTOGRAFIA: Marco Fargnoli, Jeff Dolen [cor]

MONTAGEM: William Yeh

MÚSICA: Bobby Tahouri

ELENCO: Devon Graye, Wes Chatham, CJ Thomason, Tammin Sursok, Ben Easter, Joshua Skipworth, Nick Toussaint, Mike Cornelison, Aaron Harpold, Candice Mara Rose

GÊNERO: Horror

SINOPSE: Cinco jovens – quatro rapazes e a namorada de um deles – estão indo passar o fim de semana em um lago quando sofrem um acidente – causado por um bando de corvos – e ficam perdidos em uma estrada deserta, que costeia um imenso milharal. Ao recobrarem os sentidos, algum tempo depois, eles descobrem que um deles desapareceu. Como a estrada não tem nenhum movimento e os celulares estão sem sinal, dois dos rapazes resolvem buscar ajuda em uma casa do outro lado da plantação. Porém, eles logo vão descobrir que o tal milharal é assombrado por um bando de espantalhos zumbis, vítimas de uma maldição familiar.

COMENTÁRIOS: O argumento até que não é totalmente ruim, mas as situações logo se tornam repetitivas e previsíveis.

AVALIAÇÃO: ***

HYDRA

(Cf. Serpiente de mar)

I BURY THE LIVING

EU ENTERRO OS VIVOS

DIRETOR: Albert Band

PAÍS: Estados Unidos

COMPANHIA PRODUTORA: Maxim Productions

ANO DE PRODUÇÃO: 1957

DURAÇÃO: 76'

IDIOMA ORIGINAL: Inglês

PRODUÇÃO: Albert Band, Louis Garfinkle

ARGUMENTO: Louis Garfinkle

ROTEIRO: Louis Garfinkle

FOTOGRAFIA: Frederick Gately [p&b]

MONTAGEM: Frank Sullivan

MÚSICA: Gerald Fried

ELENCO: Richard Boone, Theodore Bikel, Peggy Maurer, Howard Smith, Herbert Anderson, Robert Osterloh

GÊNERO: Horror e suspense

SINOPSE: Robert, o proprietário de uma grande loja, é designado para dirigir o cemitério de sua cidade, de acordo com um rodízio existente entre os membros do conselho administrativo da instituição. Para facilitar o controle da ocupação do cemitério, existe um quadro na sala do diretor, no qual cada lote reservado é assinalado com um alfinete de cabeça branca, enquanto os de cabeça preta marcam as sepulturas já ocupadas. Quando dois recém-casados, que haviam acabado de comprar sepulturas para poderem viver juntinhos até o dia do juízo final, morrem em um desastre, Robert verifica que havia cometido um erro, assinalando os seus dois lotes com alfinetes pretos. Outro engano, seguido por outra morte, faz com que Robert passe a desconfiar de que está envolvido com o sobrenatural e de que talvez tenha o poder de matar pessoas por meio do quadro.

COMENTÁRIOS: Apesar da extrema pobreza da produção e dos muitos furos no roteiro, trata-se de um filme muito acima da produção B da sua época.

AVALIAÇÃO: ***

I KNOW WHAT YOU DID LAST SUMMER

Eu sei o que vocês fizeram no verão passado

DIRETOR: Jim Gillespie

PAÍS: Estados Unidos

COMPANHIA PRODUTORA: Mandalay Entertainment

ANO DE PRODUÇÃO: 1997

DURAÇÃO: 100'

IDIOMA ORIGINAL: Inglês

PRODUÇÃO: Neal H. Moritz, Erik Feig, Stokely Chaffin

ARGUMENTO: Lois Duncan

ROTEIRO: Kevin Williamson

FOTOGRAFIA: Denis Crossan [cor]

MONTAGEM: Steve Mirkovich

MÚSICA: John Debney (supervisão: Alex Steyermark)

ELENCO: Jennifer Love Hewitt, Sarah Michelle Gellar, Ryan Phillippe, Freddie Prinze Jr., Johnny Galecki, Bridgette Wilson, Anne Heche, Muse Watson, Stuart Greer, J. Don Ferguson, Deborah Hobart, Mary McMillan, Rasool J'Han, Dan Albright, Lynda Clark, Shea Broom, John Bennes, Jennifer Bland, William Neely, Jonathan Quint, Richard Dale Miller, Mary Neva Huff, David Lee Hartman

GÊNERO: Horror para adolescentes

SINOPSE: Após ser eleita rainha de um festival, em sua cidadezinha, a jovem Helen resolve passar a noite comemorando com seu namorado Barry e um casal de amigos, Julie e Ray. Porém, enquanto fazem palhaçadas dentro do carro, eles perdem a atenção na estrada e acabam atropelando um homem. Com medo das consequências, já que estava bêbado, Barry sugere que eles se livrem do corpo, jogando-o no mar. Porém, a vítima ainda estava viva e eles acabam atirando-a na água mesmo assim. Depois, os quatro fazem um pacto de silêncio e decidem continuar suas vidas como se nada tivesse ocorrido. Julie vai estudar em outra cidade e quando volta, um ano depois, recebe um bilhete ameaçador. Ela vai procurar Helen e descobre que a garota desistiu de seus planos de fazer sucesso, indo trabalhar como balconista na loja de seu pai. Elas decidem, então, procurar Barry e Ray, que não viam desde a época do acidente. Também abalado pelo que houve, Ray abandonou os estudos e foi trabalhar como pescador, rompendo seu namoro com Julie. Esta revela que o atropelado se chamava David e que seu corpo fôra encontrado alguns meses depois, sendo considerada pelas autoridades uma morte acidental. Apesar disso, começam a ocorrer coisas estranhas e, quando Barry sofre um atentado, os jovens passam a achar que alguém conhece o seu segredo e está em busca de vingança.

COMENTÁRIOS: Mais um filme com um louco assassino superpoderoso fazendo a festa com um bando de adolescentes desavisados.

AVALIAÇÃO: ***

I MARRIED A MONSTER

Os possuidores

DIRETOR: Nancy Malone

PAÍS: Estados Unidos

COMPANHIA PRODUTORA: Stu Segall Productions / Paramount Pictures

ANO DE PRODUÇÃO: 1998

DURAÇÃO: 90'

IDIOMA ORIGINAL: Inglês

PRODUÇÃO: Stu Segall

ARGUMENTO: Louis Vittes

ROTEIRO: Duane Poole

FOTOGRAFIA: Geoff Schaaf [cor]

MONTAGEM: Rob Kobrin

MÚSICA: David Shire

ELENCO: Richard Burgi, Susan Walters, Tim Ryan, Barbara Niven, Richard Herd, Barney Martin, Tim DeZarn, Jason Van, Vaughn Armstrong, Michael Bard Bayer, Scott Benefiel, Clement Blake, Don Borowicz, Jonathan Breck, Toshi Harrison, Leslie Harter, Christine Kludjian, Ming Lo, Hank Matt, Brien Perry, Sandra Phillips, Jason D. Smith, Charles C. Stevenson Jr., Elaine Ward, Miles Wiltshire, Bonnie Brewster, Brady Finta, Josh Garner, Annie Hinton, Ashley Majoros, Aloma Wright

GÊNERO: Ficção científica e horror

SINOPSE: Kelly se prepara ansiosamente para seu casamento com Nick, que ela namora desde criança. O casamento ocorre normalmente, mas, logo na lua de mel, Kelly observa uma estranha mudança de comportamento em seu marido. Na verdade, trata-se de uma mudança do próprio marido, já que Nick foi capturado por um grupo de alienígenas invasores, um dos quais assumiu o seu lugar. O objetivo dos ETs é se reproduzirem com mulheres humanas, já que sua raça não tem mais condições genéticas de procriar entre si. Kelly acaba engravidando, mas suas suspeitas tornam-se cada vez mais sérias – principalmente quando a população masculina da sua cidadezinha parace estar toda mudando de comportamento.

COMENTÁRIOS: Versão modernizada do clássico B de ficção científica "Casei-me com um monstro" (Gene Fowler Jr., 1958). Se o filme original já não era nada de impressionar, essa refilmagem feita para a TV não é nada mais que um passatempo para momentos de tédio irremediável.

AVALIAÇÃO: **

I SAW WHAT YOU DID

EU VI QUE FOI VOCÊ

DIRETOR: William Castle

PAÍS: Estados Unidos

COMPANHIA PRODUTORA: Universal Pictures

ANO DE PRODUÇÃO: 1965

DURAÇÃO: 82'

IDIOMA ORIGINAL: Inglês

PRODUÇÃO: William Castle

ARGUMENTO: Ursula Curtiss

ROTEIRO: William McGivern

FOTOGRAFIA: Joseph Biroc [p&b]

MONTAGEM: Edwin H. Bryant

MÚSICA: Van Alexander (supervisão: Joseph Gershenson)

ELENCO: Andi Garrett, Sarah Lane, Joan Crawford, John Ireland, Leif Erickson, Sharyl Locke, Patricia Breslin, John Archer, John Crawford, Joyce Meadows

GÊNERO: Suspense com toques de horror e humor

SINOPSE: Tendo que passar a noite sozinha com a irmã pequena, em sua distante casa isolada, a adolescente Libby tem a ideia de convidar sua colega Kat para visitá-la. Mesmo não podendo passar toda a noite com Libby, Kat aceita o convite e vai conhecer sua casa. Mortas de tédio, já que a internet ainda não foi inventada, as três garotas resolvem passar o tempo com a única diversão acessível aos seus pequenos cérebros: passar trotes por telefone. Entre eles, o preferido é: "Eu vi o que você fez e sei quem você é". Porém, as moças acabam ligando para a casa de Steve, um homem muito violento que, num acesso de ciúmes, acaba de assassinar a esposa. Ao ouvir o telefonema, Steve fica desesperado e só deseja se livrar daquela que pensa ser uma testemunha de seu crime. Tudo ficaria bem se Libby não se entusiasmasse com o caso e resolvesse conhecer secretamente Steve, indo com suas amigas de carro até sua casa. Mas as moças são flagradas por uma vizinha de Steve que está ajudando o rapaz a encobrir o crime. Elas conseguem fugir, mas a tal vizinha consegue o endereço de Libby e o dá para Steve, que resolve fazer-lhe uma visitinha.

COMENTÁRIOS: O maior problema desta história é que o seu desenvolvimento depende da combinação de diversos fatores improváveis, que logo desqualificam o suspense da narrativa.

AVALIAÇÃO: ***

Eu ainda sei o que vocês fizeram no verão passado

DIRETOR: Danny Cannon

PAÍS: Estados Unidos

COMPANHIA PRODUTORA: Columbia Pictures / Mandalay Entertainment

ANO DE PRODUÇÃO: 1998

DURAÇÃO: 100'

IDIOMA ORIGINAL: Inglês

PRODUÇÃO: Neal H. Moritz, Erik Feig, Stokely Chaffin, William S. Beasley

ROTEIRO: Trey Callaway

FOTOGRAFIA: Vernon Layton [cor]

MONTAGEM: Peck Prior

MÚSICA: John Frizzell

ELENCO: Jennifer Love Hewitt, Freddie Prinze Jr., Brandy, Mekhi Phifer, Muse Watson, Bill Cobbs, Matthew Settle, Jeffrey Combs, Jennifer Esposito, John Hawkes, Ellerine!, Benjamin Brown, Red West, Michael P. Byrne, Michael Bryan French, Dee Ann Helsel, John Harrington,

Mark Boone Jr., Dan Priest, Sylvia Short

GÊNERO: Horror para adolescentes

SINOPSE: O psicopata assassino do filme anterior volta da morte para vingar-se de Julie, a única sobrevivente do grupo de jovens responsável pela sua morte. Com a ajuda de seu filho – tão louco quanto ele – o assassino consegue atrair Julie e três amigos para uma despovoada ilha do Caribe, onde começa mais uma matança insensata e banal.

COMENTÁRIOS: Sequência de "Eu sei o que vocês fizeram no verão passado", com locações no México. Uma grande bobagem, que consegue ser ainda mais descerebrada que o seu modelo, com um roteiro desconexo e apelando quase sempre para sustos idiotas.

AVALIAÇÃO: *

IDLE HANDS

MÃO ASSASSINA

DIRETOR: Rodman Flender

PAÍS: Estados Unidos

COMPANHIA PRODUTORA: Licht-Mueller Film Corporation / Team Todd

ANO DE PRODUÇÃO: 1999

DURAÇÃO: 92'

IDIOMA ORIGINAL: Inglês

PRODUÇÃO: Andrew Licht, Jeffrey A. Mueller, Suzanne Todd, Jennifer Todd

ARGUMENTO: Terri Hughes, Ron Milbauer

ROTEIRO: Terri Hughes, Ron Milbauer

FOTOGRAFIA: Christopher Baffa [cor]

MONTAGEM: Stephen E. Rivkin

MÚSICA: Graeme Revell (supervisão: John Houlihan)

ELENCO: Devon Sawa, Seth Green, Elden Henson, Jessica Alba, Steve Van Wormer, Fred Willard, Jack Noseworthy, Vivica A. Fox, Christopher Hart, Katie Wright, Sean Whalen, Nick Sadler, Connie Ray, Kelly Monaco, Timothy Stack, Joey Slotnick, Tom DeLonge, Sabrina Lu, Kyle Gass, Mindy Sterling, Donna Scott, Randy Oglesby, Molly Maslin, Carl Gabriel Yorke, Dexter Holland, "The Offspring" [Greg K, Noodles, Ron Welty]

GÊNERO: Comédia satírica de terror para adolescentes

SINOPSE: Anton Tobias é um típico adolescente débil mental norte-americano, que passa quase todo o seu tempo fumando maconha, ouvindo rock pauleira e vendo TV (tudo ao mesmo tempo). Um dia, ele descobre que seus pais foram brutalmente assassinados por um maníaco que está apavorando a região. Para piorar ainda muito mais as coisas, Anton também descobre – após chacinar seus dois maiores amigos – que ele próprio é o tal *serial killer*. Porém, não "todo" ele, já que apenas a sua mão direita está possuída por um desejo homicida. Sabendo que as autoridades não vão entender muito bem o seu caso, Anton enterra suas quatro vítimas, mas seus dois amigos – com preguiça de ir para o Céu – ressuscitam e passam a viver com ele como zumbis. Desesperado, já que está iniciando um relacionamento amoroso com uma garota da vizinhança, que sua mão insiste em querer matar, Anton toma uma decisão drástica: amputar o membro rebelde, sem saber que seus problemas vão apenas piorar ainda mais.

COMENTÁRIOS: Divertido exercício de *non sense*, valorizado por um bom elenco (e especialmente pela beleza de Jessica Alba).

AVALIAÇÃO: ***

THE IMP / SORORITY BABES IN THE SLIMEBALL BOWL-O-RAMA

O INVASOR DO ESPAÇO

DIRETOR: David DeCoteau

PAÍS: Estados Unidos

COMPANHIA PRODUTORA: Titan Productions

ANO DE PRODUÇÃO: 1987

DURAÇÃO: 80'

IDIOMA ORIGINAL: Inglês

PRODUÇÃO: David DeCoteau, John Schouweiler

ROTEIRO: Sergei Hasenecz

FOTOGRAFIA: Stephen Ashley Blake [cor]

MONTAGEM: Barry Zetlin, Tom Meshelski

MÚSICA: Guy Moon (supervisão: Jonathan Scott Bogner)

ELENCO: Linnea Quigley, Andras Jones, Robin Rochelle, Hal Havins, Brinke Stevens, Michelle McClellan [Michelle Bauer], Kathi Obrecht, Carla Baron, John Stuart Wildman, C. D. LaFleur [George 'Buck' Flower], Dukey Flyswatter (voz)

GÊNERO: Horror *trash* para adolescentes

SINOPSE: Três adolescentes tarados vão espionar a cerimônia de iniciação de uma fraternidade acadêmica só para moças. Apanhados em flagrante, eles são obrigados a acompanhar as duas calouras que estão sendo iniciadas, e que devem invadir um shopping a fim de roubar um troféu de uma pista de boliche. Tudo parece bastante fácil, até que o troféu se quebra e liberta um estranho duende, que se oferece para satisfazer os desejos dos jovens. No entanto, como não poderia deixar de ser, as intenções do duende estão bem longe de serem boas.

COMENTÁRIOS: Produção de baixíssimo orçamento, com um elenco reduzido e efeitos especiais abaixo de qualquer padrão minimamente aceitável. Praticamente nada acontece no primeiro terço do filme, e os dois terços restantes se resumem a gritos e correria. Como se não bastasse a precariedade do original, o título brasileiro engana o espectador, confundindo um duende com um alienígena.

AVALIAÇÃO: **

IN DREAMS

A PREMONIÇÃO

DIRETOR: Neil Jordan

PAÍS: Estados Unidos

COMPANHIA PRODUTORA: Dreamworks Pictures

ANO DE PRODUÇÃO: 1998

DURAÇÃO: 100'

IDIOMA ORIGINAL: Inglês

PRODUÇÃO: Stephen Woolley (coprodução: Redmond Morris)

ARGUMENTO: Bari Wood

ROTEIRO: Bruce Robinson, Neil Jordan

FOTOGRAFIA: Darius Khondji [cor]

MONTAGEM: Tony Lawson

MÚSICA: Elliot Goldenthal

ELENCO: Annette Bening, Aidan Quinn, Stephen Rea, Robert Downey Jr., Paul Guilfoyle, Dennis Boutsikaris, Krystal Benn, Lonnie Farmer, Margo Martindale, Pamela Payton-Wright, Katie Sagona, Geoff Wigdor, Prudence Wright Holmes, Kathleen Langlois, Jennifer Berry, Emma J. Brown, Jennifer Dragon, Samantha Kelly, Jennifer Caine Natenshon, Bethany M. Paquin, Erica Sullivan, Amelia Claire Novotny, Kristin Sroka, Robert Walsh, Denise Cormier, John Fiore, Ken Cheeseman, Devon Cole Borisoff, June Lewin, Dorothy Dwyer, Wally Dunn, Eric Roemele, Dossy Peabody, John Michael Vaughn, Brian Goodman, Michael Cavanaugh, cão Dobie

GÊNERO: Suspense com elementos sobrenaturais e horroríficos

SINOPSE: Uma ilustradora de livros infantis vive obcecada por estranhos sonhos, nos quais parece ver um psicopata que anda matando criancinhas. Quando sua própria filha é sequestrada e morta, ela descobre que está em algum tipo de contato psíquico com o maníaco. Como ninguém acredita no que ela diz, a moça acaba trancada num hospício. Apesar disso, ela elabora um plano para eliminar o louco, deixando-se mergulhar inteiramente nos sonhos a fim de encontrá-lo.

COMENTÁRIOS: Os pressupostos da história não deixam de ser interessantes, mas o roteiro está cheio de bobagens e acaba prejudicando bastante o resultado final. Baseado no romance "Doll's eyes".

AVALIAÇÃO: ***

THE INCREDIBLE MELTING MAN

O INCRÍVEL HOMEM QUE DERRETEU

DIRETOR: William Sachs

PAÍS: Estados Unidos

COMPANHIA PRODUTORA: Rosenberg-Gelfman

ANO DE PRODUÇÃO: 1978

DURAÇÃO: 86'

IDIOMA ORIGINAL: Inglês

PRODUÇÃO: Samuel W. Gelfman

ARGUMENTO: William Sachs

ROTEIRO: William Sachs

FOTOGRAFIA: Willy Curtis [cor]

MONTAGEM: James Beshears

MÚSICA: Arlon Ober

ELENCO: Alex Rebar, Burr DeBenning, Myron Healey, Michael Alldredge, Ann Sweeny, Lisle Wilson, Rainbeaux Smith, Julie Drazen, Stuart Edmond Rogers, Chris Whitney, Edwin Max, Dorothy Love, Janus Blythe, Jonathan Demme, Westbrook Claridge, DeForest Covan, Sam Gelfman [Samuel W. Gelfman], Bonnie Inch, Mickey Lolich, Keith Michl, Leigh Mitchell, Don Walters

GÊNERO: Horror e ficção científica

SINOPSE: Nave espacial norte-americana é vítima de um acidente, enquanto voava através dos anéis de Saturno, e apenas um dos astronautas, Steve West, consegue sobreviver. Trazido de volta à Terra, os médicos descobrem que ele sofreu um bizarro efeito da radiação das explosões solares, que faz com que o seu corpo comece a derreter. Já com o cérebro bastante degradado, Steve foge do hospital e passa a vagar sem rumo, assassinando pessoas para se alimentar. Como as autoridades militares querem manter o caso em segredo, Steve é caçado pelo diretor médico do programa espacial e por um general.

COMENTÁRIOS: Apesar do orçamento reduzido e de uma certa pobreza narrativa, com um roteiro cheio de incoerências e de contradições, o filme tem uma certa simpatia e cumpre bem a sua função de entretenimento sem compromisso.

AVALIAÇÃO: ***

INCUBO SULLA CITTÀ CONTAMINATA / NIGHTMARE CITY

PESADELO NA CIDADE CONTAMINADA

DIRETOR: Umberto Lenzi

PAÍS: Itália / França

COMPANHIA PRODUTORA: Dialchi Films / Lotus Internacional Film

ANO DE PRODUÇÃO: 1980

DURAÇÃO: 92'

IDIOMA ORIGINAL: Inglês

PRODUÇÃO: Diego Alchimede

ROTEIRO: Piero Regnoli, Tony Corti, José Luis Delgado

FOTOGRAFIA: Hans Burman [cor]

MONTAGEM: Daniele Alabiso

MÚSICA: Stelvio Cipriani

ELENCO: Hugo Stiglitz, Laura Trotter, Maria Rosaria Omaggio, Francisco Rabal, Sonia Viviani, Eduardo Fajardo, Stefania d'Amario, Ugo Bologna, Sara Franchetti, Manolo Zarzo, Tom Felleghi, Pierangelo Civera, Achille Belletti, Mel Ferrer

GÊNERO: Horror de zumbis

SINOPSE: Após um vazamento de radiação, um exército de zumbis sanguinários invade uma cidade, atacando com extrema violência e contaminando todas as suas vítimas. Um repórter tenta alertar a população, mas as autoridades não querem provocar o pânico e mantêm tudo em sigilo. Porém, a situação logo se torna desesperadora, ameaçando extinguir toda a raça humana.

COMENTÁRIOS: Mais um filme de zumbis sem nenhuma originalidade, com todas as situações – e as precariedades – típicas do gênero.

AVALIAÇÃO: **

INFERNO CARNAL

INFERNO CARNAL

DIRETOR: José Mojica Marins

PAÍS: Brasil

COMPANHIA PRODUTORA: Produções Cinematográficas Zé do Caixão

ANO DE PRODUÇÃO: 1976

DURAÇÃO: 85'

IDIOMA ORIGINAL: Português

PRODUÇÃO: José Mojica Marins

ARGUMENTO: José Mojica Marins

ROTEIRO: Rubens F. Luchetti [Rubens Francisco Lucchetti]

FOTOGRAFIA: Giorgio Attili [cor]

MONTAGEM: Nilcemar Leyart

MÚSICA: Solon Curvelo

ELENCO: José Mojica Marins, Luely Figueiró, Oswaldo de Souza, Helena Ramos, Lírio Bertelli, Franci Meri [France Mary], Mauro Russo, Cristina Andréia, Michel Cohen, Clarice de Souza, José Jasmelino, Zulmira Pinheiro, Jorge Peres

GÊNERO: Drama de horror

SINOPSE: O dr. George Medeiros, um gênio da ciência tupiniquim, só se preocupa com as suas importantes experiências e vai deixando de lado sua esposa Raquel. Esta, para suprir suas carências e desforrar-se do marido, envolve-se com Oliver, o melhor amigo do casal. Logo, cansados de esconderem os seus sentimentos, os dois amantes elaboram um plano para se livrarem do corno e ficarem com toda a sua fortuna. Raquel atira ácido no rosto do marido e Oliver incendeia o seu laboratório. Mas George não morre e passa vários meses no hospital, enquanto Raquel e Oliver esbaldam-se com a sua grana (já que ele não os denunciou). Porém, quando George sai do hospital, transformado em um monstro grotesco, chega a hora de ser feita a justiça.

COMENTÁRIOS: Mais uma vez, Mojica tenta fugir de seu alter ego Zé do Caixão. Porém, por ser bastante implausível, a narrativa jamais consegue comover ou impressionar o espectador.

AVALIAÇÃO: ***

INFERNO IN DIRETTA / CUT AND RUN

Inferno ao vivo

DIRETOR: Ruggero Deodato

PAÍS: Itália

COMPANHIA PRODUTORA: Racing Pictures

ANO DE PRODUÇÃO: 1985

DURAÇÃO: 91'

IDIOMA ORIGINAL: Inglês / Italiano

PRODUÇÃO: Alessandro Fracassi

ARGUMENTO: Cesare Frugoni, Dardano Sacchetti

ROTEIRO: Cesare Frugoni, Dardano Sacchetti

FOTOGRAFIA: Alberto Spagnoli [cor]

MONTAGEM: Mario Morra

MÚSICA: Claudio Simonetti

ELENCO: Lisa Blount, Leonard Mann, Willie Aames, Richard Lynch, Richard Bright, Michael Berryman, Eriq Lasalle, Gabriele Tinti, Valentina Forte, John Steiner, Karen Black, Barbara Magnolfi, Luca Barbareschi, Penny Brown, Carlos de Carvalho, Edward Farrelly, Ottaviano Dell'Acqua, Roffredo Gaetani

GÊNERO: Drama de horror e aventura

SINOPSE: Fran Hudson é uma jornalista norte-americana que realiza perigosas reportagens sobre o tráfico de drogas, com a ajuda de seu cinegrafista de estimação. Durante um de seus trabalhos, ela é a primeira a penetrar no cenário de um massacre promovido por traficantes colombianos e descobre uma foto que parece ligar o caso ao coronel Horne, um ex-militar americano envolvido com o pastor louco Jim Jones (e que, pelas informações das autoridades, deveria ter morrido no massacre de sua seita, na Guiana). Disposta a tudo para conseguir uma entrevista com Horne, Fran embarca para as profundezas da selva Amazônica, onde vai se ver envolvida em uma guerra sangrenta pelo controle da produção e do tráfico de cocaína na região.

COMENTÁRIOS: Escatologia seguindo a trilha melequenta de "Cannibal holocaust", que o mesmo diretor realizou em 1980. Cenas de violência contra animais.

AVALIAÇÃO: **

THE INNOCENTS

OS INOCENTES

DIRETOR: Jack Clayton

PAÍS: Inglaterra

COMPANHIA PRODUTORA: Twentieth Century-Fox

ANO DE PRODUÇÃO: 1961

DURAÇÃO: 100'

IDIOMA ORIGINAL: Inglês

PRODUÇÃO: Jack Clayton (executivo: Albert Fennell)

ARGUMENTO: Henry James

ROTEIRO: William Archibald, Truman Capote

FOTOGRAFIA: Freddie Francis [p&b]

MONTAGEM: James Clark

MÚSICA: Georges Auric

ELENCO: Deborah Kerr, Peter Wyngarde, Megs Jenkins, Michael Redgrave, Martin Stephens, Pamela Franklin, Clytie Jessop, Isla Cameron

GÊNERO: Drama de horror metafísico

SINOPSE: Uma preceptora inglesa de meia-idade é contratada para cuidar de duas crianças órfãs, Miles e Flora, que vivem retiradas num solar do interior. O tio que as tutela, um aristocrata que só quer saber de seus negócios pelo mundo, ordena à nova preceptora que não o incomode com nada, dando-lhe carta-branca para educar seus sobrinhos ao seu bel-prazer. Ao chegar ao solar, a mulher logo fica encantada com a inteligência e a docilidade das crianças, até que começa a ser tomada por estranhas visões e pressentimentos. De espírito religioso, ela logo descobre os mistérios ocultos pelo solar: na verdade, as crianças estão sendo vítimas da ação de um casal de almas penadas: Quint (o jardineiro da casa) e Mary (a preceptora que a antecedeu), que mantinham uma relação amorosa extremamente mórbida e estão tentando utilizar as crianças como veículos para dar continuidade às suas práticas nefandas.

COMENTÁRIOS: Clayton consegue o prodígio de realizar esta adaptação cinematográfica de uma obra (a novela *The turn of the screw*) que se caracteriza justamente por seu clima totalmente psicológico, onde o horror não está em nada que seja realmente dito ou visto. Um dos felizes momentos do cinema em que todos os elementos convergem para o sucesso de uma produção, que dificilmente poderia ser mais perfeita.

AVALIAÇÃO: *****

INSECTICIDAL

Inseticida

DIRETOR: Jeffery Lando

PAÍS: Canadá

COMPANHIA PRODUTORA: Incisor Productions

ANO DE PRODUÇÃO: 2005

DURAÇÃO: 81'

IDIOMA ORIGINAL: Inglês

PRODUÇÃO: Jeffery Lando

ARGUMENTO: Jeff O'Brien

ROTEIRO: Jeff O'Brien

FOTOGRAFIA: Pieter Stathis [cor]

MONTAGEM: Wade Taves

MÚSICA: Chris Nickel

ELENCO: Meghan Heffern, Rhonda Dent, Samantha McLeod, Vicky Huang, Shawn Bachynski, Travis Waters, Anna Amoroso, Natalia Walker, Ryan Zwick, Anna Farrant, Nelson Carter-Leis, Chris Guy, Alan Steele, Simon Sippola, Sean Whale

GÊNERO: Horror para adolescentes

SINOPSE: Cami é uma brilhante estudante nerd de biologia que vive em uma fraternidade e pesquisa o desenvolvimento da inteligência em insetos não humanos. Quando sua irmã ninfomaníaca tem uma de suas transas atrapalhada pela fuga de um escorpião, ela ataca o laboratório de Cami e dizima as suas cobaias com fartas doses de inseticida barato. Porém, misturado às alterações genéticas promovidas pela garota, o veneno surte um efeito contrário, gerando insetos gigantes que começam a devorar toda a molecada das redondezas.

COMENTÁRIOS: Mais um bom – ou um péssimo – exemplo de uma boa ideia que esbarra em uma realização incompetente.

AVALIAÇÃO: **

INSEL DER DÄMONEN 2 – DÄMONENBRUT

DIRETOR: Andreas Bethmann

PAÍS: Alemanha

COMPANHIA PRODUTORA: AB Video-Pro / Medien P+W

ANO DE PRODUÇÃO: 2000

DURAÇÃO: 130'/89' (director's cut)

IDIOMA ORIGINAL: Alemão

PRODUÇÃO: André de Palma [Andreas Bethmann]

ARGUMENTO: Andreas Bethmann

ROTEIRO: Andreas Bethmann

FOTOGRAFIA: Frank Bethmann [Andreas Bethmann] [cor]

MONTAGEM: Andreas Bethmann

MÚSICA: Ernst Ellert, Kiam

ELENCO: Katja Bienert, Thomas Riehn, Anja Gebel, Carsten Ruthmann, Marion Ley, Chrisz Meier, Petra Quednau, Andreas Schnaas, Andreas Bethmann, Yuni Cala, Alexandra Kornak, Liane Böhnig, Andre Ernest, Sandra Wiederrich, Jürgen Lüttke, Markus Weber, Bernd Rosenberger, Manfred Postler, Ingo Poppe, Helge Hustedt, Tim Berlin,

David Pleper, Florian Fischer, Torsten Ernst, Christian Sowa, Dennis Herzog, Doungporn Schütze, Timo Schütze, Alexander Arnold, Erich Amerkamp, Jochen Taubert, Frank Reglinski, Stefan Assing, Erwin Feldkamp, Robert Lölfing, Manuel Tierliesser, Mohamed Hussin, Thomas Laurich, Stefan Lölfing, Alfons Büscher, Werner Althof, Martin Wansing, Timo Rose (voz)

GÊNERO: Horror satânico

SINOPSE: Em uma pequena ilha, no litoral italiano, um grupo de demônios aguarda ansiosamente o momento de invadir o mundo e escravizar todos os seres humanos. Logo, a ilha recebe a visita de alguns náufragos e de uma quadrilha de ladrões, que acabaram de assaltar um banco. É a oportunidade para que os capetas comecem a espalhar sua infecção maligna.

COMENTÁRIOS: Sério candidato a pior filme de todos os tempos, esse exercício de amadorismo (ou de péssimo profissionalismo) padece de todos os defeitos: tem um roteiro ridículo, um elenco abaixo de qualquer crítica e efeitos especiais dignos de uma peça de escola primária. Se já é difícil digerir esse filme na versão de 89 minutos (com a montagem do diretor, realizada em 2005), podemos supor o que seria o original, com 130 minutos de tortura.

AVALIAÇÃO: *

INVASORES DE MARTE

DIRETOR: William Cameron Menzies

PAÍS: Estados Unidos

COMPANHIA PRODUTORA: National Pictures Corporation

ANO DE PRODUÇÃO: 1953

DURAÇÃO: 83'/78'

IDIOMA ORIGINAL: Inglês

PRODUÇÃO: Edward L. Alperson

ROTEIRO: Richard Blake

FOTOGRAFIA: John Seitz [cor]

MONTAGEM: Arthur Roberts (supervisão)

MÚSICA: Raoul Kraushaar

ELENCO: Helena Carter, Arthur Franz, Jimmy Hunt, Leif Erickson, Hillary Brooke, Morris Ankrum, Max Wagner, Bill Phipps, Milburn Stone, Janine Perreau

GÊNERO: Ficção científica

SINOPSE: Acordado até tarde para ver as estrelas, menino com mania de astrônomo vê uma nave espacial descer nas proximidades de sua casa. No dia seguinte, seu pai vai dar uma olhada no local do pretenso pouso e volta muito estranho, negando ter visto qualquer coisa anormal. Obviamente, ninguém acredita na história do moleque, até que os marcianos – que querem sabotar o programa espacial do governo americano – começam a transformar os seres humanos em robôs de carne e osso.

COMENTÁRIOS: Típica paranoia americana dos primeiros tempos da Guerra Fria, que deve ter servido de inspiração para o clássico "Vampiros de almas", de Don Siegel.

AVALIAÇÃO: ***

INVADERS FROM MARS

INVASORES DE MARTE

DIRETOR: Tobe Hooper

PAÍS: Estados Unidos

COMPANHIA PRODUTORA: The Cannon Group

ANO DE PRODUÇÃO: 1986

DURAÇÃO: 100'

IDIOMA ORIGINAL: Inglês

PRODUÇÃO: Menahem Golan, Yoram Globus

ARGUMENTO: Richard Blake

ROTEIRO: Dan O'Bannon, Don Jakoby

FOTOGRAFIA: Daniel Pearl [cor]

MONTAGEM: Alain Jakubowicz

MÚSICA: Christopher Young

ELENCO: Karen Black, Hunter Carson, Timothy Bottoms, Laraine Newman, James Karen, Bud Cort, Louise Fletcher, Eric Pierpoint, Christopher Allport, Donald Hotton, Kenneth Kimmins, Charlie Dell, Jimmy Hunt, William Bassett, Virginia Keehne, Chris Hebert, Mason Nupuf, William Frankfather, Joseph Brutsman, Eric Norris, Debra Berger, Eddy Donno, Mark Giardino, Daryl Bartley, Roy Mansano, Shonda Whipple, Amy Fitzpatrick, Shawn Campbell, Brett Johnson, Dale Dye, Douglas Simpson, Lonny Low, Scott Leva, Scott Wulff, Frederick Menslage, Michael McGrady, Laurence Poindexter, J. Acheson, Matt Bennett, Aaron Scott Bernard, Steve Lambert

GÊNERO: Horror e ficção científica

SINOPSE: Após pensar ter visto uma nave espacial pousar nas proximidades de sua casa, o menino David começa a achar que seus pais estão muito estranhos, mesmo para um casal norte-americano de classe média. Ele acaba descobrindo que marcianos estão invadindo nosso planeta e assumindo corpos humanos, que sofrem um implante. Vendo que o plano de conquista dos marcianos está se expandindo,

o garoto convence sua professora Linda do que está ocorrendo e os dois passam a ser perseguidos pelos ETs.

COMENTÁRIOS: Refilmagem mediana do clássico de
1953.

AVALIAÇÃO: ***

INVASION OF THE BEE GIRLS

INVASÃO DAS MULHERES ABELHAS

DIRETOR: Denis Sanders

PAÍS: Estados Unidos

COMPANHIA PRODUTORA: Sequoia Pictures

ANO: 1973

DURAÇÃO: 86'

IDIOMA ORIGINAL: Inglês

PRODUTOR:

ARGUMENTO: Sylvia Schneble (consultoria)

ROTEIRO: Nicholas Meyer

FOTOGRAFIA: Gary Graver [cor]

MONTAGEM: "H & R Travis Editorial Services"

MÚSICA: Charles Bernstein

ELENCO: William Smith, Anitra Ford, Victoria Vetri, Cliff Osmond, Wright King, Ben Hammer, Anna Aries, Andre Phillippe, Sid Kaiser, Katie A. Saylor, William Keller, Beverly Powers, Tom Pittman, Danielle Dupont, Cliff Emmich, Al Bordiggi, Jack Perkins, Susie Player, Lloyd McLinn, Don Hall, Steve Lefkowitz, Mickey Caruso, Herb Robbins, Gregg White, John Nelson, F. Stewart Wilson, Dick Murphy, Mary Sweeney, Amanda Jefferies, Sharon Madigan, Renée Bond [René Bond], Cathy Hilton

GÊNERO: Ficção científica

SINOPSE: Investigador do governo norte-americano é enviado a uma pequena cidade na qual um cientista – que trabalhava em uma sofisticada instalação de pesquisas – morreu em circunstâncias suspeitas: aparentemente, de um ataque cardíaco, enquanto mantinha relações sexuais. Uma série de mortes, todas pela mesma causa, despertam no agente a crença de que alguma coisa misteriosa está ocorrendo, podendo estar ligada às pesquisas genéticas realizadas por alguns membros da equipe de cientistas.

COMENTÁRIOS: Uma ideia interessante e um elenco de belíssimas atrizes são desperdiçados em um filme cansativo, com pouquíssima ação e efeitos especiais. Com um pouco mais de criatividade e ousadia, Sanders poderia ter realizado uma excelente sátira ao feminismo (ou feminista, dependendo do ponto de vista).

AVALIAÇÃO: ***

JOURNEY TO THE FAR SIDE OF THE SUN

(Cf. Doppelgänger)

KILLERS FROM SPACE

MUNDOS QUE SE CHOCAM

DIRETOR: W. Lee Wilder

PAÍS: Estados Unidos

COMPANHIA PRODUTORA: Planet Filmplays

ANO DE PRODUÇÃO: 1953

DURAÇÃO: 71'

IDIOMA ORIGINAL: Inglês

PRODUÇÃO: W. Lee Wilder

ARGUMENTO: Myles Wilder

ROTEIRO: Bill Raynor

FOTOGRAFIA: William H. Clothier [p&b]

MONTAGEM: William Faris

MÚSICA: Manuel Compinsky

ELENCO: Peter Graves, James Seay, Steve Pendleton, Frank Gerstel, John Merrick, Barbara Bestar, Shep Menken, Jack Daly, Ron Kennedy, Ben Welden, Burt Wenland, Lester Dorr, Robert Roark, Ruth Bennett, Mark Scott

GÊNERO: Ficção científica

SINOPSE: Doug Martin é um importante cientista nuclear norte-americano que está monitorando os testes de uma nova bomba atômica, em pleno deserto. Subitamente, seu avião sofre uma pane e cai, causando a morte do piloto. Porém, contrariando todas as expectativas, Martin reaparece vivo em sua base, embora não se lembre do que ocorreu e apresente uma estranha cicatriz no peito. Intrigados e desconfiados, os militares dão férias a Martin, apesar da sua insistência em retomar o trabalho. Após um novo teste, Martin consegue entrar na base e rouba alguns dados secretos, passando a ser perseguido pelo FBI. Ao ser capturado, ele é submetido ao soro da verdade e conta uma história totalmente incrível.

COMENTÁRIOS: Filme B com um roteiro fraco e cheio de clichês, misturando invasão alienígena e energia nuclear, duas grandes obsessões dos anos 50.

AVALIAÇÃO: **

King Cobra

DIRETOR: David Hillenbrand, Scott Hillenbrand

PAÍS: Estados Unidos

COMPANHIA PRODUTORA: Hill & Brand Productions

ANO DE PRODUÇÃO: 1998

DURAÇÃO: 91'

IDIOMA ORIGINAL: Inglês

PRODUÇÃO: David Hillenbrand, Scott Hillenbrand (co-produtores: Jim Emerick, Guy Stodel)

ARGUMENTO: David Hillenbrand, Scott Hillenbrand

ROTEIRO: David Hillenbrand, Scott Hillenbrand

FOTOGRAFIA: Philip D. Schwartz [cor]

MONTAGEM: Guy W. Cearley

MÚSICA: David Berrel

ELENCO: Pat Morita, Scott Brandon [Scott Hillenbrand], Kasey Fallo, Hoyt Axton, Joseph Ruskin, Courtney Gains, Eric Lawson, Arell Blanton, Jerry Kernion, Michael Leopard, Erik Estrada, Nick Jameson, Cedric Duplechain, Paul Morgan Fredrix, Gary Bristow, Lang Yun, Catalina Larrañaga [Catalina Martone], Megan Blake, Michael Elton, Hailey Russo, Scott Boland, Efren Ramirez, Iyari Limon, Judith Montgomery, Connie Danese, Chadwick Palmatier, Eric Anderson, Ben Madden, cão Maxwell Ben Gizmo

GÊNERO: Suspense e horror

SINOPSE: Cientista meio louco quer produzir animais ultra-violentos, embora nem ele mesmo saiba para quê. Uma serpente geneticamente modificada escapa do seu laboratório e vai crescendo tranquilamente, até transformar-se numa assassina gigantesca e quase indestrutível. Jovem médico abnegado desconfia do perigo e adverte as autoridades, que mesmo assim se recusam a cancelar uma festinha local. Quando a fera resolve atacar de vez, convoca-se um bizarro especialista para auxiliar na sua eliminação.

COMENTÁRIOS: Como dá facilmente para perceber, trata-se de uma tosca versão terrestre de "Tubarão".

AVALIAÇÃO: **

KING KONG VS. GODZILLA

KING KONG VS. GODZILLA

DIRETOR: Inoshiro Honda [Ishiro Honda], Thomas Montgomery

PAÍS: Japão / Estados Unidos

COMPANHIA PRODUTORA: Toho / John Beck

ANO DE PRODUÇÃO: 1963

DURAÇÃO: 90'

IDIOMA ORIGINAL: Inglês

PRODUÇÃO: John Beck

ROTEIRO: Tom Mason, Bruce Howard

FOTOGRAFIA: [cor]

MONTAGEM: Peter Zinner

MÚSICA: Peter Zinner

ELENCO: Michael Keith, Harry Holcombe, James Yagi, Tadao Takashima, Keji Sahaka, Ichiro Arishima

GÊNERO: Horror e ficção científica

SINOPSE: O monstro Godzilla reaparece e ruma mais uma vez para destruir o Japão, já que ele não simpatiza muito com os coreanos e também não conhece nada de geografia. Ao mesmo tempo, os representantes de uma indústria farmacêutica nipônica encontram, numa ilhota perdida no Pacífico, um gorila monstruoso denominado King Kong, que fugiu de um velho filme de Hollywood. Kong é levado para Tóquio, mas escapa e enfrenta Godzilla numa batalha épica, na qual voa latex para todos os lados.

COMENTÁRIOS: Versão norte-americana do filme japonês "Kingu Kongo tai Gojira", com dublagem em inglês e diversas alterações na produção original, com a inserção de alguns atores ocidentais.

AVALIAÇÃO: **

KINGDOM OF THE SPIDERS

A MALDIÇÃO DAS ARANHAS

DIRETOR: John 'Bud' Cardos

PAÍS: Estados Unidos

COMPANHIA PRODUTORA: Dimension Pictures

ANO DE PRODUÇÃO: 1977

DURAÇÃO: 95'

IDIOMA ORIGINAL: Inglês

PRODUÇÃO: Igo Kantor, Jeffrey M. Sneller

ARGUMENTO: Jeffrey M. Sneller, Stephen Lodge

ROTEIRO: Richard Robinson, Alan Caillou

FOTOGRAFIA: John Morrill [cor]

MONTAGEM: Steve Zaillian, Igo Kantor

MÚSICA: Igo Kantor

ELENCO: William Shatner, Tiffany Bolling, Woody Strode, Lieux Dressler, David McLean, Natasha Ryan, Joe Ross, Marcy Lafferty, Adele Malis, Roy Engel, Hoke Howell, Bill Foster, Whitey Hughes, Jay Lawrence, Bettie Bolling, Altovise Davis, Juanita Merritt, Nadia Caillou, Valla Rae McDade, Jon-Jon

GÊNERO: Horror

SINOPSE: Numa região agrícola do interior americano, misteriosas mortes começam a afetar o rebanho bovino de um fazendeiro. Chamado a investigar o caso, Rack, o médico local, descobre que as mortes foram causadas por picadas de tarântula. Logo, uma pesquisadora chega à região, a fim de investigar o mistério – já que tais aranhas não deveriam estar naquela área. Para seu espanto, a moça descobre que há uma enorme infestação de aranhas, que se expandiram devido à eliminação de seus predadores naturais e desenvolveram um veneno bem mais letal que o usual. Vendo que o caso é grave, Rack se propõe a destruir o ninho das aranhas e pensa que está tudo resolvido. Porém, existem muitos outros ninhos e as tarântulas começam a atacar por todos os lados, ameaçando a vida de todos.

COMENTÁRIOS: Filme B que mais parece, na verdade, uma refilmagem inconfessa de "The birds" (de Hitchcock), com as aves enlouquecidas sendo substituídas por débeis aranhas de borracha.

AVALIAÇÃO: **

KINGU KONGU TAI GOJIRA

King Kong vs. Godzilla

DIRETOR: Ishiro Honda

PAÍS: Japão

COMPANHIA PRODUTORA: Toho

ANO DE PRODUÇÃO: 1962

DURAÇÃO: 97'

IDIOMA ORIGINAL: Japonês / Inglês

PRODUÇÃO: Tomoyuki Tanaka

ROTEIRO: Shinichi Sekizawa

FOTOGRAFIA: Hajime Koizumi [cor]

MONTAGEM: Reiko Kaneko

MÚSICA: Akira Ifukube

ELENCO: Tadao Takashima, Kenji Sahara, Yu Fujiki, Ichiro Arishima, Jun Tazaki, Akihiko Hirata, Mie Hama, Akiko Wakabayashi, Akemi Negishi, Yoshio Kosugi, Yoshifumi Tajima, Ikio Sawamura, Somesho Matsumoto, Ko Mishima, Sachio Sakai, Tatsuo Matsumura, Senkichi

Omura, Ren Yamamoto, Haruya Kato, Shin Otomo, Nadao Kirino, Yasuhisa Tsutsumi, Yutaka Nakayama, Toshihiko Furuta, Naoya Kusakawa, Mitsuo Tsuda, Haruko Togo, Kenzo Tabu, Jiro Kumagai, Shiro Tsuchiya, Yasuzo Ogawa, Kazuo Suzuki, Shinpei Mitsui, Haruya Sakamoto, Hiromi Mineoka, Terumi Oka, Ichiro Chiba, Mieko Kurenai, Douglas Fein, Harold Conway, Osman Yusuf, Shoichi Hirose, Haruo Nakajima, Katsumi Tezuka

GÊNERO: Drama de ação e ficção científica

SINOPSE: Diretor de uma empresa farmacêutica quer mais publicidade e, para isso, envia dois agentes para uma ilha, na qual uma tribo de primitivos venera um gorila gigantesco. Os dois rapazes conseguem capturar o gorila e o levam para o Japão. Porém, o gorila escapa e começa a fazer uma grande destruição, ao mesmo tempo em que o monstro Godzilla ressurge e também vai dar prejuízo aos japoneses. As autoridades tentam combater os dois monstros, com resultados bastante frustrantes, até perceberem que a única chance de sucesso e promover um confronto entre Godzilla e King Kong.

COMENTÁRIOS: Terceira aparição de Godzilla nas telas (e primeira em cores). A história é, fundamentalmente, uma paródia do "King Kong" de 1933 (incluindo a célebre atração do macacão por uma mocinha. Godzilla surge de um iceberg, destruindo um submarino nuclear norte-americano, mas sua participação na totalidade da película é bastante modesta. Apesar de ser facilmente percebida em alguns pontos – principalmente na caracterização dos monstros – a pobreza na produção não impede a costumeira competência dos técnicos japoneses, especialmente nas cenas de multidão e na construção de maquetes. Existe uma versão norte-americana, intitulada "King Kong vs. Godzilla".

AVALIAÇÃO: ***

THE KISS OF THE VAMPIRE

O BEIJO DO VAMPIRO

DIRETOR: Don Sharp

PAÍS: Inglaterra

COMPANHIA PRODUTORA: Hammer Film / Universal Pictures

ANO DE PRODUÇÃO: 1962

DURAÇÃO: 88'

IDIOMA ORIGINAL: Inglês

PRODUÇÃO: Anthony Hinds

ROTEIRO: John Elder

FOTOGRAFIA: Alan Hume [cor]

MONTAGEM: James Needs

MÚSICA: James Bernard (supervisão: John Hollingsworth)

ELENCO: Clifford Evans, Edward de Souza, Noel Willman, Jennifer Daniel, Barry Warren, Brian Oulton, Noel Howlett, Jacquie Wallis, Peter Madden, Isobel Black, Vera Cook, John Harvey

GÊNERO: Horror

SINOPSE: Gerald e Marianne são um jovem casal em visita a um remoto rincão da Europa. Hospedados numa pequena aldeia, devido a um problema em seu carro, eles caem nas graças do dr. Ravna, o homem mais influente do local. Enquanto aguardam a peça para o conserto – que Ravna mandou buscar – eles tornam-se frequentadores da sua mansão e fazem amizade com seus dois filhos. Porém, o que o casal ignora é que Ravna é o chefe de uma seita de vampiros, que busca fortalecer-se para dominar o mundo.

COMENTÁRIOS: O elenco fraco e a direção medíocre prejudicam bastante o resultado desta produção Hammer de segunda linha.

AVALIAÇÃO: **

Kolobos

DIRETOR: Daniel Liatowitsch, David Todd Ocvirk

PAÍS: Estados Unidos

COMPANHIA PRODUTORA: Armitage Pictures

ANO DE PRODUÇÃO: 1999

DURAÇÃO: 84'

IDIOMA ORIGINAL: Inglês

PRODUÇÃO: Nne Ebong, Dana Altman

ROTEIRO: Nne Ebong, Daniel Liatowitsch, David Todd Ocvirk

FOTOGRAFIA: Yoram Astrakhan [cor]

MONTAGEM: Brian Olson

MÚSICA: William Kidd

ELENCO: Amy Weber, Donny Terranova, Nichole Pelerine, John Fairlie, Promise LaMarco, Ilia Volok, Linnea Quigley, Kim Thomas, Todd Beadle, Mari Weiss, Jonathan Rone, Ivan Batee, Blaine Bolton, Jeremy Kendall, Laura Holman, Crystal Holman, Monique Moral, Joanne Wabisca, Kelly John Okla, Laura Walker, Craig Hammond, Cassie Kaser, Sam Hays, Laura Chang

GÊNERO: Horror

SINOPSE: Cinco jovens de diversas origens aceitam o convite para participar de um filme experimental, que será totalmente rodado em uma propriedade isolada e que se propõe a registrar a sua convivência em grupo. Porém, o que eles não sabem é que foram atraídos para uma armadilha, já que o filme é apenas um pretexto para a atuação de um maníaco homicida.

COMENTÁRIOS: Um dos primeiros filmes a adaptar para o cinema a moda dos *reality shows*, o que talvez possa explicar o fato de terem esquecido de criar um roteiro para ele.

AVALIAÇÃO: **

KOSMICHESKIY REYS – FANTASTICHESKAYA NOVELLA

DIRETOR: Vasili Zhuravlyov

PAÍS: União Soviética (Rússia)

COMPANHIA PRODUTORA: Mosfilm

ANO DE PRODUÇÃO: 1935

DURAÇÃO: 70'

IDIOMA ORIGINAL: Mudo

ARGUMENTO: Konstantin Tsiolkovsky

ROTEIRO: Aleksandr Filimonov

FOTOGRAFIA: Aleksandr Galperin [p&b]

MÚSICA: Franz Liszt

ELENCO: Sergei Komarov, Vasili Kovrigin, Nikolai Feoktistov, Vassili Gaponenko, K. Moskalenko

GÊNERO: Ficção científica

SINOPSE: Moscou, 1946: O veterano astrofísico Sedikh decide ir à Lua, em um foguete construído por ele dentro dos mais ortodoxos princípios do marxismo-leninismo. Porém, Sedikh enfrenta a oposição de seu colega Karin, que acredita que seu corpo está muito velho para suportar a pressão do espaço sideral. Karin conspira para que o piloto da nave seja Viktor, o assistente de Sedikh, que está disposto a trair seu chefe dentro dos mais ortodoxos princípios do stalinismo. Porém, Sedikh é avisado pelo irmãozinho dedo-duro de Viktor, Andryusha, e resolve partir imediatamente, levando como copiloto Marina, a bela assistente de Karin (além do moleque, que entra na nave como clandestino).

COMENTÁRIOS: Um dos primeiros clássicos da ficção científica, este filme tem uma concepção visual bastante arrojada para a sua época, com uma boa utilização de maquetes e de efeitos especiais. Porém, paradoxalmente, este filme futurista ainda é mudo, numa época em que o som já dominava o cinema em todo o mundo — o que pode explicar o fato de ele não ter tido uma grande repercussão internacional. Apesar das suas boas qualidades técnicas, o roteiro é bastante absurdo, já que é muito improvável que o governo soviético permitisse o lançamento de uma nave espacial tripulada por um velhote, uma secretária e um adolescente que mais parece um filhote do Stalin.

AVALIAÇÃO: ***

KRONOS

KRONOS

DIRETOR: Kurt Neumann

PAÍS: Estados Unidos

COMPANHIA PRODUTORA: Regal Films

ANO DE PRODUÇÃO: 1957

DURAÇÃO: 79'

IDIOMA ORIGINAL: Inglês

PRODUÇÃO: Kurt Neumann

ARGUMENTO: Irving Block

ROTEIRO: Lawrence Louis Goldman

FOTOGRAFIA: Karl Struss [p&b]

MONTAGEM: Jodie Copelan

MÚSICA: Paul Sawtell, Bert Shefter

ELENCO: Jeff Morrow, Barbara Lawrence, John Emery, George O'Hanlon, Morris Ankrum, Kenneth Alton, John Parrish, José G. Gonzales, Richard Harrison, Marjorie Stapp, Robert Shayne, Donald Eitner, Gordon Mills, John Halloran

GÊNERO: Ficção científica

SINOPSE: Alienígenas invisíveis chegam à Terra a fim de roubar os nossos suprimentos energéticos (já que os deles se esgotaram faz tempo). Ninguém dá pela coisa, com exceção do astrônomo Leslie Gaskell, que não se deixou enganar pelo misterioso asteroide que caiu no Golfo do México. Logo, um imenso robô surge no litoral mexicano, começando uma jornada de morte e destruição. Para complicar as coisas, o líder dos aliens apodera-se do corpo do chefe de Gaskell, usando os seus conhecimentos para auxiliar na invasão.

COMENTÁRIOS: Produção paupérrima (o que já fica evidente pela "presença" de alienígenas invisíveis, recurso frequente nos filmes de orçamento ínfimo). Porém, além de não ter dinheiro, este filme também não tem elenco e nem um roteiro minimamente aceitável.

AVALIAÇÃO: **

As quatro faces do medo

DIRETOR: Masaki Kobayashi

PAÍS: Japão

COMPANHIA PRODUTORA: Toho Company

ANO DE PRODUÇÃO: 1964

DURAÇÃO: 182'/161'

IDIOMA ORIGINAL: Japonês

PRODUÇÃO: Shigeru Wakatsuki

ARGUMENTO: Yakumo Koizumi [Lafcadio Hearn]

ROTEIRO: Yoko Mizuki

FOTOGRAFIA: Yoshio Miyajima [cor]

MONTAGEM: Hisashi Sagara

MÚSICA: Toru Takemitsu

ELENCO: Michiyo Aratama, Misako Watanabe, Rentaro Mikuni, Kenjiro Ishiyama, Ranko Akagi, Fumie Kitahara, Kappei Matsumoto, Yoshiko Ieda, Otome Tsukimiya, Kenzô Tanaka, Kiyoshi Nakano, Tatsuya Nakadai, Keiko Kishi, Yuko Mochizuki, Kin Sugai, Noriko Sengoku, Akiko Nomura, Torahiko Hamada, Jun Hamamura, Katsuo Nakamura, Tetsuro Tanba, Takashi Shimura, Yoichi Hayashi,

Eiko Muramatsu, Kunie Tanaka, Kazuo Kitamura, Ichiro Nakatani, Masanori Tomotake, Tokue Hanazawa, Shizue Natsukawa, Susumu Tatsuoka, Makiko Kitashiro, Masakazu Kuwayama, Mutsuhiko Tsurumaru, Akira Tani, Yosuke Kondo, Kiyoshi Yamamoto, Kinji Omino, Atsuo Nakamura, Ginzo Sekiguchi, Akio Miyabe, Genya Nagai, Toru Uchida, Hikaru Jinno, Toshio Fukuhara, Kiro Abe, Toshiro Yagi, Yuriko Abe, Yuri Sato, Kyoichi Sato, Nobuo Aikawa, Taiji Kodama, Nobuaki Maeda, Teruhiko Shibata, Haruo Kaji, Michio Gina, Seiji Tabe, Mitsuko Narita, Noriko Mikura, Aiko Nagayama, Michiko Nakahata, Kanemon Nakamura, Osamu Takizawa, Haruko Sugimura, Ganjiro Nakamura, Noboru Nakaya, Seiji Miyaguchi, Kei Sato, Shigeru Koyama, Jun Tazaki, Junkichi Orimoto, Akiji Kobayashi, Yoshiro Aoki, Isao Tamagawa, Hideyo Amamoto

GÊNERO: Drama de horror

SINOPSE: Em quatro episódios, extraídos do livro homônimo: 1) KUROKAMI – Cansado da miséria crônica, um samurai abandona sua esposa pobre e viaja para a cidade grande, onde se casa com uma rica herdeira. Dez anos depois, arrependido, ele volta à sua antiga casa para procurar a sua verdadeira amada; 2) YUKI-ONNA – Jovem lenhador, que está trabalhando em um bosque, fica preso em uma nevasca e é poupado pela "dama da neve", uma criatura sobrenatural que suga o sangue daqueles que se perdem no gelo. Porém, ela exige que o rapaz guarde a história em absoluto segredo, para que não seja vítima de uma vingança atroz; 3) MIMINASHI HOICHI NO HANASHI – Hoichi é um jovem cego que se dedica a cantar as velhas histórias de seu país. Um dia, ele é convidado para se apresentar diante de um grupo de nobres, que desejam ouvir suas narrativas. Porém, como não pode ver, Hoichi não percebe que está atuando para uma família de fantasmas, que desejam ouvir a história da sua própria extinção; 4) CHAWAN NO NAKA – Samurai vê o estranho reflexo de um ser humano em sua xícara e, ao beber, ingere inadvertidamente a alma de um colega. Com isso, ele passa a ser vítima de uma perseguição sobrenatural.

COMENTÁRIOS: Um espetáculo magnífico, com imagens extraordinárias e histórias inteligentes e criativas. Trata-se de um legítimo exemplar do horror nipônico, sempre voltado para a questão da influência dos espíritos malignos sobre a vida dos seres humanos comuns.

AVALIAÇÃO: ****

LADRONES DE TUMBAS

Ladrões de túmulos

DIRETOR: Ruben Galindo Jr.

PAÍS: México

COMPANHIA PRODUTORA: Producciones Torrente

ANO DE PRODUÇÃO: 1989

DURAÇÃO: 87'

IDIOMA ORIGINAL: Espanhol

PRODUÇÃO: Raul Galindo

ARGUMENTO: Ruben Galindo Jr.

ROTEIRO: Carlos Valdemar

FOTOGRAFIA: Tony de Anda [Antonio de Anda] [cor]

MONTAGEM: Antonio Lopez

MÚSICA: Jon Michael Bischof, René Castillo, Ricardo Galindo, "Hnos. Warner"

ELENCO: Fernando Almada, Edna Bolkan, Erika Buenfil,
Ernesto Laguardia, María Rebeca, Toño Infante, Roberto
Cañedo, Tony Bravo, Agustín Bernal, Germán Bernal, An-
drés Bonfiglio, Andrea Legarreta, Adalberto Arvizu,
Sammy Ortiz, América Gabriel, Colette Payen, Ana
Graham, Marianne Hallmann, Guillermo Alcocer, Fer-
nando Alcocer, Luis Gomez

GÊNERO: Horror satânico

SINOPSE: Dois casais de jovens, que se dedicam ao ofício
de ladrões de túmulos, penetram em um velho cemitério do

interior mexicano. Ao cavarem uma sepultura, eles caem em uma velha cripta subterrânea onde encontram várias jóias e peças de ouro dos tempos da dominação espanhola. Porém, em sua ânsia de riqueza, eles acabam violando a tumba de um antigo servo de Satanás que fôra morto pela Inquisição enquanto tentava gerar o Anti-Cristo. Liberto, o cadáver volta à vida e começa a matança, enquanto tenta completar o seu ritual.

COMENTÁRIOS: Nenhuma novidade ou interesse nesta produção bastante pobre.

AVALIAÇÃO: **

LADY TERMINATOR

(Cf. Pembalasan ratu pantai selatan)

O LAGO MALDITO

(Cf. O segredo da múmia)

Pânico no lago

DIRETOR: Steve Miner

PAÍS: Estados Unidos

COMPANHIA PRODUTORA: Rocking Chair / Phoenix Pictures

ANO DE PRODUÇÃO: 1999

DURAÇÃO: 82'

IDIOMA ORIGINAL: Inglês

PRODUÇÃO: David E. Kelley, Michael Pressman

ARGUMENTO: David E. Kelley

ROTEIRO: David E. Kelley

FOTOGRAFIA: Daryn Okada [cor]

MONTAGEM: Marshall Harvey, Paul Hirsch

MÚSICA: John Ottman

ELENCO: Bill Pullman, Bridget Fonda, Oliver Platt, Brendan Gleeson, Betty White, Meredith Salenger, David Lewis, Tim Dixon, Natassia Malthe, Mariska Hargitay, Jed Rees, Richard Leacock, Jake T. Roberts, Warren Takeuchi, Ty Olsson

GÊNERO: Horror

SINOPSE: Um mergulhador é atacado e morto num lago, sem que seja possível identificar o seu agressor. Como encontrou-se um estranho dente cravado no cadáver, o caso vai parar nas mãos das autoridades científicas. Querendo livrar-se de sua ex-namorada Kelly, uma paleontóloga ciumenta, o diretor do museu de história natural a envia para investigar o caso, que ocorreu numa região remota. Sem a menor intimidade com o trabalho de campo, a moça começa a pesquisar junto com o delegado local e um agente do departamento de águas, Jack. Eles logo descobrem que o responsável pela morte do mergulhador – e por outras mais recentes – é um crocodilo gigantesco, que fôra criado com todos os mimos por uma moradora das proximidades, que o adotara como animal de estimação. Logo junta-se a eles o excêntrico Hector, um amante de crocodilos que acredita no caráter sagrado desses animais. Enquanto Hector e Kelly desejam capturar o crocodilo vivo, reconhecendo que ele está em seu habitat, Jack e o delegado trazem um arsenal para liquidar com o bicho.

COMENTÁRIOS: Poucos efeitos especiais nesta pobre abordagem de um dos mais explorados filões do cinema de horror: os animais assassinos.

AVALIAÇÃO: ***

THE LAND UNKNOWN

No mundo dos monstros pré-históricos

DIRETOR: Virgil Vogel

PAÍS: Estados Unidos

COMPANHIA PRODUTORA: Universal International

ANO DE PRODUÇÃO: 1957

DURAÇÃO: 78'

IDIOMA ORIGINAL: Inglês

PRODUÇÃO: William Alland

ARGUMENTO: William N. Robson (or: Charles Palmer)

ROTEIRO: Laszlo Gorog

FOTOGRAFIA: Ellis W. Carter [p&b]

MONTAGEM: Fred MacDowell

MÚSICA: Joseph Gershenson

ELENCO: Jock Mahoney, Shawn Smith, William Reynolds, Henry Brandon, Douglas R. Kennedy, Phil Harvey

GÊNERO: Aventura fantástica de ficção científica

SINOPSE: Quatro integrantes de uma expedição à Antártica (três militares e uma jornalista) sofrem um acidente de helicóptero e vão parar em um vale, milhares de metros abaixo do nível do mar. Lá, eles descobrem que as condições geológicas permitiram a conservação do clima da era mezozóica, com a consequente preservação de diversas espécies de seres vivos extintos em todo o resto do planeta. Logo, eles encontram um dinossauro e outros animais tão gigantescos quanto perigosos, enquanto tentam descobrir um jeito de voltar ao mundo moderno.

COMENTÁRIOS: Produção tosca e sem nenhuma imaginação.

AVALIAÇÃO: **

THE LANGOLIERS / STEPHEN KING'S THE LANGOLIERS

Fenda no tempo

DIRETOR: Tom Holland

PAÍS: Estados Unidos

COMPANHIA PRODUTORA: Laurel-King Inc.

ANO DE PRODUÇÃO: 1995

DURAÇÃO: 180'

IDIOMA ORIGINAL: Inglês

PRODUÇÃO: David Kappes

ARGUMENTO: Stephen King

ROTEIRO: Tom Holland

FOTOGRAFIA: Paul Maibaum [cor]

MONTAGEM: Ned Bastille

MÚSICA: Vladimir Horunzhy

ELENCO: Patricia Wettig, Dean Stockwell, David Morse, Mark Lindsay Chapman, Frankie Faison, Baxter Harris, Kimber Riddle, Christopher Collet, Kate Maberly, Bronson Pinchot, Tom Holland, Julie Arnold Lisnet, Michael Louden, Kymberly Dakin, David Forrester, Chris Hendrie, Jennifer Nichole Porter, John Griesemer, Christopher Cooke, Stephen King, David Kelly, Stephanie Dunham, John Winthrop Philbrick

GÊNERO: Horror e fantasia

SINOPSE: Um vôo noturno se dirige de Nova Iorque para Boston, lotado de passageiros desavisados. No meio da noite, uma menina cega desperta e entra em pânico ao não encontrar sua tia, que viajava com ela. Logo, outros passageiros se juntam à menina e ficam desconcertados, descobrindo que quase todos os seus companheiros de vôo desapareceram completamente, deixando apenas os seus pertences. A tripulação também sumiu, mas, por sorte, um dos passageiros é piloto da própria companhia, assumindo o controle de tudo. Sem conseguirem entrar em contato por rádio ou visualmente com qualquer lugar, os passageiros se apavoram com a perspectiva de que o mundo possa ter acabado enquanto eles cochilavam. O piloto ruma, então, para um aeroporto de menor porte, onde possa pousar o enorme jato com maior segurança. Ao chegarem no aeroporto, todos ficam ainda mais surpresos, já que não há nenhuma criatura viva e os próprios objetos parecem bastante estranhos. Para complicar, a menininha cega – que é dotada de poderes paranormais – adverte a todos de que há um grande perigo e de que eles precisam partir o mais rápido possível.

COMENTÁRIOS: Minissérie de TV originalmente em três capítulos, baseada em mais uma das histórias de Stephen King. Com suas três horas de duração, trata-se de um passatempo para quem tem realmente bastante tempo para passar.

AVALIAÇÃO: ***

THE LAST BROADCAST

A ÚLTIMA TRANSMISSÃO

DIRETOR: Stefan Avalos, Lance Weiler

PAÍS: Estados Unidos

COMPANHIA PRODUTORA: FFM Productions

ANO DE PRODUÇÃO: 1998

DURAÇÃO: 86'

IDIOMA ORIGINAL: Inglês

PRODUÇÃO: Stefan Avalos, Lance Weiler

ARGUMENTO: Stefan Avalos, Lance Weiler

ROTEIRO: Stefan Avalos, Lance Weiler

FOTOGRAFIA: Lance Weiler [cor]

MONTAGEM: Stefan Avalos

MÚSICA: A. D. Roso, Stefan Avalos

ELENCO: David Beard, James Seward, Stefan Avalos, Lance Weiler, Rein Clabbers, Michele Pulaski, Tom Brunt, Mark Rublee, A. D. Roso, Dale Worstall, Vann K. Weller, Sam Wells, Jay MacDonald, Faith Weiler, Marianne Connor, Robert Weiler, Jennifer Nasal, Brett Nielsen, Holly Madison, Jeremy Coleman, Todd Weiler, Chadd Ritenbaugh

GÊNERO: Horror e suspense

SINOPSE: Cineasta realiza um documentário no qual investiga o misterioso assassinato de dois homens que participavam de um programa de TV a cabo apresentado ao vivo, sobre lendas urbanas e mitos folclóricos. A equipe de TV, composta por quatro homens, realizava a sua transmissão diretamente de um remoto bosque que, segundo as supertições locais, era assombrado por um enigmático ser denominado "o Demônio de Jersey". Além das duas vítimas, um dos apresentadores do programa desapareceu completamente e o guia da expedição, detido e condenado pelas mortes, faleceu na cadeia alguns meses depois. Acreditando que o guia era inocente, apesar de ser o único sobrevivente da expedição, o cineasta espera esclarecer o caso com o auxílio de uma fita de vídeo bastante danificada, que ele recebeu de um remetente anônimo.

COMENTÁRIOS: Adotando a forma de um falso documentário (com a técnica popularizada com o nome de *found footage*), este filme é um antecessor direto de "A bruxa de Blair", realizado no ano seguinte. Apesar da óbvia pobreza da produção e da precariedade do elenco, a história é interessante e bem desenvolvida.

AVALIAÇÃO: ***

THE LAST MAN ON EARTH

Mortos que matam

DIRETOR: Ubaldo Ragona, Sidney Salkow

PAÍS: Estados Unidos / Itália

COMPANHIA PRODUTORA: Associated Producers Inc. / Produzioni La Regina

ANO DE PRODUÇÃO: 1963

DURAÇÃO: 86'

IDIOMA ORIGINAL: Inglês

PRODUÇÃO: Robert L. Lippert

ARGUMENTO: Richard Matheson

ROTEIRO: Logan Swanson [Richard Matheson], William F. Leicester

FOTOGRAFIA: Franco Delli Colli [p&b]

MONTAGEM: Gene Ruggiero

MÚSICA: Paul Sawtell, Bert Shefter

ELENCO: Vincent Price, Franca Bettoia, Emma Danieli, Giacomo Rossi-Stuart, Umberto Rau, Christi Courtland, Tony Corevi [Antonio Corevi], Hector Ribotta

GÊNERO: Horror e ficção científica

SINOPSE: Uma praga dizima quase toda a população do planeta, transformando os poucos sobreviventes em uma mistura de zumbis e vampiros. O único homem a permanecer saudável é o cientista Robert Morgan, que luta para evitar que os mortos-vivos o destruam, ao mesmo tempo em que vive arrasado pela perda de sua família e por sua incapacidade de encontrar a cura para a doença.

COMENTÁRIOS: Baseado na novela "I am legend", esse

filme é um dos maiores clássicos da ficção científica, unindo um clima opressivo com interessantes reflexões sobre o caráter do ser humano. A versão norte-americana – que examinamos – aponta como diretor apenas Sidney Salkow, ao passo que a versão italiana faz o mesmo com Ubaldo Ragona.

AVALIAÇÃO: ****

THE LEGEND OF LUCY KEYES

O FANTASMA DE LUCY KEYES

DIRETOR: John Stimpson

PAÍS: Estados Unidos

COMPANHIA PRODUTORA: Moody Independent / Intellectual Properties Worldwide

ANO DE PRODUÇÃO: 2005

DURAÇÃO: 93'

IDIOMA ORIGINAL: Inglês

PRODUÇÃO: Mark Donadio, J. Todd Harris, Miriam Marcus (coprodução: John Cini, Gary Henoch)

ARGUMENTO: "história real"

ROTEIRO: John Stimpson

FOTOGRAFIA: Gary Henoch [cor]

MONTAGEM: Joel Plotch, John Stimpson

MÚSICA: Ed Grenga

ELENCO: Julie Delpy, Justin Theroux, Brooke Adams, Cassidy Hinkle, Michele Greene, Jamie Donnelly, Tom Kemp, Ken Cheeseman, Kathleen Regan, Mark Boone Junior, Anna Friedman, Rachel Harker, David Ian, Charlie Broderick, Jillian Wheeler, Madeline O'Brien, Sarah Newhouse, Elizabeth Duff, Frank T. Wells, Bates Wilder, Jim Spencer, Leah Henoch

GÊNERO: Drama de horror

SINOPSE: O engenheiro Guy Cooley leva sua esposa Jeanne e as duas filhas do casal para o interior da Nova Inglaterra, a fim de chefiar a construção de alguns moinhos em uma pequena comunidade rural. Porém, a casa aonde eles vão morar fica numa região assombrada pelo espírito de uma menininha, que desapareceu misteriosamente há 250 anos. Aos poucos, Jeanne começa a se impressionar com o caso e vai investigá-lo, descobrindo que a aparição esconde alguns segredos que ainda estão bem vivos.

COMENTÁRIOS: "Inspirado em uma história real", este filme não tem qualquer ousadia ou originalidade, explorando muito mais os aspectos dramáticos que os terroríficos.

AVALIAÇÃO: ***

A LENDA DA MÚMIA

DIRETOR: Jeffrey Obrow

PAÍS: Estados Unidos

COMPANHIA PRODUTORA: Goldbar Entertainment / Unapix Films

ANO DE PRODUÇÃO: 1997

DURAÇÃO: 96'

IDIOMA ORIGINAL: Inglês

PRODUÇÃO: Harel Goldstein, Bill Barnett (coprodução: Tad Driscoll)

ARGUMENTO: Jeffrey Obrow, Lars Hauglie, John Penney (or: Bram Stoker)

ROTEIRO: Jeffrey Obrow

FOTOGRAFIA: Antonio Soriano [cor]

MONTAGEM: Gary Meyers

MÚSICA: Rick Cox

ELENCO: Louis Gossett Jr., Amy Locane, Eric Lutes, Mark Lindsay-Chapman, Richard Karn, Lloyd Bochner, Victoria Tennant, Aubrey Morris, Mary Jo Catlett, Julian

Stone, Laura Otis, Portia Doubleday, Rachel Naples, Donald Monat, Kelly Perine, Kahlil Sabbagh, Stayce Allison, Cher Summers, Tico Wells, John Rixy Moore

GÊNERO: Drama de horror

SINOPSE: Quando o egiptólogo milionário Trelonian sofre um misterioso atentado e fica em coma, sua filha Margareth volta para a mansão da família, após longos anos de ausência. Como os empregados estão em debandada, Margareth resolve pedir ajuda ao namorado Robert, um malandro que se disfarça de crítico de arte. Robert vai para a mansão e procura investigar o caso, acabando por encontrar o explorador Corbek, sócio de Trelonian nas suas pesquisas de campo. Corbek se mostra reticente, mas acaba revelando a Robert que ele e Trelonian estavam envolvidos na descoberta da múmia de uma poderosa princesa, sobre a qual recaía uma terrível maldição.

COMENTÁRIOS: Horror egiptológico bastante movimentado, misturando todos os habituais clichês do gênero. Porém, falta um pequeno detalhe: um roteiro. Com esta carência, o filme torna-se uma verdadeira salada, com sequências mal-alinhavadas e incontáveis sub-tramas (que vão se esvaindo ao longo da narrativa). No final, o que já era ruim descamba para uma comédia de absurdos, com um previsível final "aberto" e uma incontrolável vontade de bocejar. Baseado no romance "The jewel of seven stars", de Bram

Stoker (que já havia sido filmado como "Blood from the mummy's tomb", em 1971).

AVALIAÇÃO: **

(Cf. Non si deve profanare il sonno dei morti)

LINK – O ANIMAL ASSASSINO

DIRETOR: Richard Franklin

PAÍS: Inglaterra

COMPANHIA PRODUTORA: Cannon Films

ANO DE PRODUÇÃO: 1986

DURAÇÃO: 104'

IDIOMA ORIGINAL: Inglês

PRODUÇÃO: Richard Franklin, Rick McCallum

ARGUMENTO: Lee Zlotoff, Tom Ackerman

ROTEIRO: Everett de Roche

FOTOGRAFIA: Mike Molloy [cor]

MONTAGEM: Andrew London

MÚSICA: Jerry Goldsmith

ELENCO: Elisabeth Shue, Terence Stamp, Steven Pinner, Richard Garnett, David O'Hara, Kevin Lloyd, Joe Belcher

GÊNERO: Horror

SINOPSE: Jane é uma bela jovem norte-americana que vai estudar zoologia em Londres, conseguindo trabalhar como assistente do famoso cientista Steven, célebre por suas experiências com a educação de chimpanzés. Steven contrata Jane para ajudá-lo durante as férias, quando pretende realizar experiências em sua casa de campo, num ponto remoto da Grã-Bretanha. Porém, Jane logo se decepciona com seu trabalho, que consiste em bancar empregada doméstica para o cientista e os três chimpanzés que ele cria. Sua decepção aumenta ainda mais quando ela percebe que Steven é um pesquisador frio, que trata seus animais como simples cobaias e os mantêm sob uma rígida disciplina (preparando-se, inclusive, para vender os dois macacos mais velhos para um zoológico). Subitamente, Steven desaparece e Jane fica sozinha com os chimpanzés, percebendo que o mais velho deles – Link – apresenta um comportamento bastante anômalo.

COMENTÁRIOS: Este filme começa de uma forma bastante interessante, com uma crítica à falta de escrúpulos da ciência, que usa cobaias vivas para experimentos cruéis sem qualquer utilidade real. Steven é um típico cientista louco, que estuda o comportamento dos macacos e transforma suas "vítimas" em seres psicóticos, sendo castigado por isso. Porém, esta abordagem crítica logo descamba para o terror B, com um macaco tarado correndo atrás da linda Elisabeth Shue. Pena que os macacos ainda não tenham inteligência suficiente para processar os produtores deste filme por danos morais.

AVALIAÇÃO: ***

LISA E IL DIAVOLO

LISA E O DIABO

DIRETOR: Mario Bava

PAÍS: Itália

COMPANHIA PRODUTORA: Leone International

ANO DE PRODUÇÃO: 1973

DURAÇÃO: 95'

IDIOMA ORIGINAL: Inglês

PRODUÇÃO: Alfred Leone [Alfredo Leone]

ROTEIRO: Mario Bava, Alfred Leone [Alfredo Leone]

FOTOGRAFIA: Cecilio Paniagua [cor]

MONTAGEM: Carlo Reali

MÚSICA: Carlo Savina

ELENCO: Telly Savalas, Elke Sommer, Silva Koscina, Alessio Orano, Gabriele Tinti, Kathy Leone, Eduardo Fajardo, Franz von Treuberg, Espartaco Santoni, Alida Valli

GÊNERO: Drama de horror

SINOPSE: Lisa, uma turista desavisada em férias pelo interior da Espanha, se perde e pega carona com um casal de aristocratas. Porém, quando o carro do casal tem um problema mecânico, num local isolado, todos vão parar em uma estranha mansão quase em ruínas, onde começam a ocorrer crimes bizarros. Ao mesmo tempo, Lisa é alvo do interesse do filho da dona da casa, Maximiliano, que parece reconhecer nela a imagem de um grande amor do seu passado.

COMENTÁRIOS: Telly Savalas interpreta uma espécie de Kojak do mal, nessa extravagante produção do mestre Mario Bava. Justamente o seu caráter excessivamente bizarro fez com que ela sofresse sérias modificações, contrariando as intenções do diretor. A versão espúria é entitulada "La casa dell'esorcismo".

AVALIAÇÃO: ***

A CIDADE MALDITA

DIRETOR: Greg Page

PAÍS: Nova Zelândia

COMPANHIA PRODUTORA: Rocket Pictures / Pictures in Paradise

ANO DE PRODUÇÃO: 2003

DURAÇÃO: 88'

IDIOMA ORIGINAL: Inglês

PRODUÇÃO: Steve Sachs

ARGUMENTO: Greg Page

ROTEIRO: Greg Page

FOTOGRAFIA: Bret Nichols [cor]

MONTAGEM: Wayne Cook

MÚSICA: Victoria Kelly

ELENCO: John Barker, Dwayne Cameron, Kate Elliot, Aidee Walker, Paul Glover, Dave Gibson, Glen Levy, Peter McCauley, Kayte Ferguson, Mark Kinghan, Max Auld, Bern Dell, Carl Goschmann, Rachael Niederer (foto)

GÊNERO: Horror

SINOPSE: Dois rapazes estão viajando de carro para o litoral, onde pretendem surfar. Porém, no meio do caminho, eles encontram duas garotas promissoras e resolvem segui-las, já que elas dizem estar indo para uma grande festa. No entanto, os dois acabam se perdendo e indo parar em um local remoto, onde presenciam um crime e passam a ser perseguidos pelo criminoso e por seus capangas. Porém, aos poucos, a dupla de brôs vai descobrir que está envolvida em algo muito mais complicado que um simples assassinato.

COMENTÁRIOS: História interessante e bem-desenvolvida.

AVALIAÇÃO: ***

LOCUSTS: THE 8TH PLAGUE

LOCUSTS – O DIA DA DESTRUIÇÃO

DIRETOR: Ian Gilmour

PAÍS: Estados Unidos

COMPANHIA PRODUTORA: Sci Fi Pictures

ANO DE PRODUÇÃO: 2005

DURAÇÃO: 87'

IDIOMA ORIGINAL: Inglês

PRODUÇÃO: Jeffery Beach, Phillip Roth

ARGUMENTO: D. R. Rosen

ROTEIRO: D. R. Rosen

FOTOGRAFIA: Lorenzo Senatore [cor]

MONTAGEM: John Quinn, William Daniels

MÚSICA: Pierpaolo Tiano

ELENCO: Dan Cortese, Julie Benz, David Keith, Kirk B. R. Woller, Jeff Fahey, Nasko Srebrev, Naum Shopov, Hristo Mitzkov, Mariana Stanisheva, Jeff Rank, Paraskeva Djukelova, Julian Vergov, Natasha Roth, Paul Joshua Reuben, Ryan Spike Dauner, Vlado Mihailov, Vlado Kolev, Zahari Baharov, Harry Anichkin, Niki Iliev, Velislav Pavlov, María Stancheva, Jim Clark, Ivo Simeonov, Mark Vatkins

GÊNERO: Horror catastrófico

SINOPSE: O dr. Russ Snow é um cientista dedicado e trabalha no laboratório químico de Gary, um inescrupuloso empresário envolvido em pesquisas genéticas semi-clandestinas para combater pragas da lavoura. Russ desenvolve um novo tipo de gafanhoto – gigante e carnívoro – que deverá dizimar todos os insetos que atravessem o seu caminho, sem causar danos às plantas. Porém, antes que o super-inseto passe por todos os testes, um acidente faz com que um enorme enxame seja libertado, passando a atacar vorazmente pessoas e animais.

COMENTÁRIOS: Telefilme que segue uma fórmula mais do que esgotada: "Cientistas irresponsáveis criam – intencionalmente ou por acaso – formas de vida aberrantes que logo põem em risco a existência da humanidade. Cientista responsável descobre tudo e começa a lutar desesperadamente para consertar os erros de seus colegas, com a ajuda de alguma médica ou jornalista bem bonitinha."

AVALIAÇÃO: **

LONDON AFTER MIDNIGHT

Vampiros da meia-noite

DIRETOR: Tod Browning

PAÍS: Estados Unidos

COMPANHIA PRODUTORA: Metro Goldwyn Mayer

ANO DE PRODUÇÃO: 1927

DURAÇÃO: 69'/47'

IDIOMA ORIGINAL: Mudo

PRODUÇÃO: Tod Browning

ARGUMENTO: Tod Browning

ROTEIRO: Waldemar Young (cartelas: Joe Farnham)

FOTOGRAFIA: Merrott B. Gerstad [p&b]

MONTAGEM: Harry Reynolds

ELENCO: Lon Chaney, Marceline Day, Henry B. Walthall, Percy Williams, Conrad Nagel, Polly Moran, Edna Tichenor, Claude King, Andy MacLennan

GÊNERO: Horror criminal

SINOPSE: Cinco anos depois da misteriosa morte de um magnata, um inspetor da Scotland Yard elabora um complicado plano para desmascarar o assassino.

COMENTÁRIOS: O filme original desapareceu e o que existe no mercado é uma reconstituição (efetuada em 2002) composta de fotos extáticas e textos explicativos. Refilmado pelo mesmo diretor, em 1935, como "Mark of the vampire". Nossa avaliação se refere, logicamente, à reconstrução.

AVALIAÇÃO: **

LONG TIME DEAD

O JOGO DOS ESPÍRITOS

DIRETOR: Marcus Adams

PAÍS: Inglaterra

COMPANHIA PRODUTORA: WT2 Productions [Working Title]

ANO DE PRODUÇÃO: 2001

DURAÇÃO: 95'

IDIOMA ORIGINAL: Inglês

PRODUÇÃO: James Gay-Rees (coprodução: Jon Finn, Natascha Wharton)

ARGUMENTO: Daniel Bronzite, Marcus Adams, James Gay-Rees

ROTEIRO: Eitan Arrusi, Daniel Bronzite, Chris Baker, Andy Day

FOTOGRAFIA: Nic Morris [cor]

MONTAGEM: Lucia Zucchetti

MÚSICA: Don Davis

ELENCO: Joe Absolom, Lara Belmont, Melanie Gutteridge, Lukas Haas, James Hillier, Alec Newman, Mel Raido, Marsha Thomason, Tom Bell, Michael Feast, Cyril Nri, Tameka Empson, Peter Gevisser, Derek Lea, Joel Pitts, Pete Valente, Virginia Fanshawe, Anita Kelsey, Olivia Caffrey, Rodney Hart, Mark Barratt

GÊNERO: Horror satânico

SINOPSE: Grupo de jovens desavisados decide matar o tédio com uma sessão mediúnica, utilizando uma tábua ouija para invocar algum espírito igualmente desavisado e ocioso. Porém, sem que possam ter consciência disso, eles invocam um maligno djin, demônio da mitologia árabe, que se apodera do corpo de um deles e começa a matá-los um a um. O principal suspeito de estar possuído é um dos jovens que, na sua infância, teve a mãe assassinada e o pai trancafiado num manicômio após uma sessão semelhante – realizada no Marrocos.

COMENTÁRIOS: Embora um pouco mais "adulto" que os seus similares norte-americanos, este filme tem efeitos modestos e apela para os clichês mais desgastados: a matança em série realizada por alguma criatura super-poderosa e indestrutível.

AVALIAÇÃO: ***

THE LOST SKELETON OF CADAVRA

DIRETOR: Larry Blamire

PAÍS: Estados Unidos

COMPANHIA PRODUTORA: Transom Films / Fragmighty Productions / Valenti Entertainment

ANO DE PRODUÇÃO: 2003

DURAÇÃO: 90'

IDIOMA ORIGINAL: Inglês

PRODUÇÃO: F. Miguel Valenti

ARGUMENTO: Larry Blamire

ROTEIRO: Larry Blamire

FOTOGRAFIA: Kevin Jones [p&b]

MONTAGEM: Bill Bryn Russell

MÚSICA: "Valentino Production Music"

ELENCO: Fay Masterson, Andrew Parks, Susan McConnell, Brian Howe, Jennifer Blaire, Larry Blamire, Dan Conroy, Robert Deveau

GÊNERO: Comédia satírica de ficção científica

SINOPSE: O dr. Armstrong, um reputado cientista, vai com sua esposa Betty para uma região remota, em busca de um meteoro que pode conter um raro e poderoso mineral radioativo, o atmosferium. Ao mesmo tempo, um outro cientista procura o esqueleto perdido de Cadavra, que pode lhe dar um imenso poder. Ele encontra o esqueleto, mas este só pode ser ressuscitado justamente com a força do atmosferium. Ao mesmo tempo, um casal de alienígenas chega à Terra com avarias em sua nave. Enquanto procuram combustível para voltar para casa – justamente o atmosferium – eles deixam que um monstro mutante assassino, seu bichinho de estimação, fuja para a floresta. Quando o dr. Armstrong encontra o atmosferium, seu colega ambicioso e os ETs elaboram um plano para roubá-lo.

COMENTÁRIOS: Paródia dos antigos filmes B de ficção científica, tão presentes nos drive-ins dos anos 50 e 60. De fato, a paródia é muito bem-feita e bastante engraçada, utilizando sabiamente os clichês do gênero. O elenco está bastante acima da média, compondo perfeitamente os seus personagens. Em suma, uma comédia divertida, especialmente para os apreciadores dos velhos filmes de *sci-fi*.

AVALIAÇÃO: ***

THE LOST WORLD

O MUNDO PERDIDO

DIRETOR: Irwin Allen

PAÍS: Estados Unidos

COMPANHIA PRODUTORA: Saratoga Productions

ANO DE PRODUÇÃO: 1960

DURAÇÃO: 98'

IDIOMA ORIGINAL: Inglês

PRODUÇÃO: Irwin Allen

ARGUMENTO: Arthur Conan Doyle

ROTEIRO: Charles Bennett, Irwin Allen

FOTOGRAFIA: Winton Hoch [cor]

MONTAGEM: Hugh S. Fowler

MÚSICA: Paul Sawtell, Bert Shefter

ELENCO: Michael Rennie, Jill St. John, David Hedison, Claude Rains, Fernando Lamas, Richard Haydn, Ray Stricklyn, Jay Novello, Vitina Marcus, Ian Wolfe

GÊNERO: Aventura de ficção científica

SINOPSE: Convidado a fazer uma palestra sobre sua última expedição científica, o professor Challenger revela ter descoberto, em pleno coração da Amazônia, um vale habitado por dinossauros. Ridicularizado por seus próprios colegas, Challenger propõe uma nova expedição, que será patrocinada pelo dono de um grande jornal. Junto com Challenger, seguem Summerslee – um cientista rival – o jornalista Ed Malone e o aventureiro lorde Roxton, além de Jennifer, a filha do proprietário do jornal. Chegando ao local mencionado por Challenger, a expedição é atacada por dinossauros, ficando sem o helicóptero de transporte. Presos no vale, eles encontram um povo primitivo, que os captura com propósitos bem pouco amistosos.

COMENTÁRIOS: Misturando clichês de filmes de safari com monstros pré-históricos (na verdade, lagartos maquiados), Allen realizou um filme capaz de satisfazer às modestas plateias dos anos 60, mas que hoje só consegue despertar uma mistura de tédio e simpatia. Baseado em um dos livros não sherlockholmesianos de Conan Doyle.

AVALIAÇÃO: ***

THE LOST WORLD – JURASSIC PARK

O MUNDO PERDIDO – JURASSIC PARK

DIRETOR: Steven Spielberg

PAÍS: Estados Unidos

COMPANHIA PRODUTORA: Amblin Entertainment

ANO DE PRODUÇÃO: 1997

DURAÇÃO: 129'

IDIOMA ORIGINAL: Inglês

PRODUÇÃO: Gerald R. Molen, Colin Wilson

ARGUMENTO: Michael Crichton

ROTEIRO: David Koepp

FOTOGRAFIA: Janusz Kaminski [cor]

MONTAGEM: Michael Kahn

MÚSICA: John Williams

ELENCO: Jeff Goldblum, Julianne Moore, Pete Postlethwaite, Arliss Howard, Richard Attenborough,

Vince Vaughn, Vanessa Lee Chester, Peter Stormare, Harvey Jason, Richard Schiff, Thomas F. Duffy, Joseph Mazzello, Ariana Richards, Thomas Rosales, Camilla Belle, Cyd Strittmatter, Robin Sachs, Ross Partridge, Ian Abercrombie, David Sawyer, Geno Silva, Alex Miranda, Robert 'Bobby Z' Zajonc, Bob Boehm, Bradley Jensen, Alan Purwin, Ben Skorstad, Rick Wheeler, Kenyon Williams, Christopher Caso, Gordon Michaels, J. Scott Shonka, Harry Hutchinson, Bill Brown, Brian Turk, Jim Harley, Colton James, Carey Eidel, Katy Boyer, David Koepp, Eugene Bass Jr., Bari Buckner, P. B. Hutton [Patricia Bethune], David St. James, Mark Brady, Marjean Holden, Jaqueline Schultz, Domini Hofmann de Saldago, Thomas Stuart, Ransom Walrod, David Gene Gibbs, Michael N. Fujimoto, Paul Fujimoto, Darryl A. Imai, Darryl Oumi, Vincent Dee Miles, Bernard Shaw, Steven Spielberg

GÊNERO: Ficção científica e aventura

SINOPSE: O cientista caótico do filme anterior é novamente convocado pelo milionário senil do filme anterior, que lhe anuncia a existência de uma ilha repleta de dinossauros e o seu desejo de explorá-la cientificamente. O cientista não quer repetir suas desagradáveis experiências do Parque dos Dinossauros, mas é convencido a partir após ser o último a saber que a sua namorada está trabalhando sozinha na tal ilha. Ele segue viagem, junto com dois fotógrafos e a sua filha adotiva (que foi como clandestina). Porém, quando o grupo se reúne na ilha, eles assistem à chegada de uma outra equipe — esta composta por caçadores profissionais — a mando do filho do milionário (que assumiu seus negócios e quer montar um zoológico jurássico nos Estados Unidos). Os caçadores começam a apanhar os animais, mas os cientistas resolvem sabotar o plano e conseguem soltar todos. Porém, na fuga, os animais destroem os equipamentos e todo mundo fica preso na ilha, correndo um sério risco de vida (ou de morte, talvez).

COMENTÁRIOS: Continuação do megasucesso "Jurassic Park", com mais qualidade técnica e menos sucesso que o original. De fato, sem a novidade dos efeitos especiais revolucionários, esta sequência esteve longe de provocar o mesmo impacto, embora seja muito mais movimentada e tenha um roteiro bem mais consistente.

AVALIAÇÃO: ***

LAS LUCHADORAS VS EL ROBOT ASESINO

As lutadoras contra o robô assassino

DIRETOR: René Cardona

PAÍS: México

COMPANHIA PRODUTORA: Cinematográfica Calderón

ANO DE PRODUÇÃO: 1968

DURAÇÃO: 79'

IDIOMA ORIGINAL: Espanhol

PRODUÇÃO: Guillermo Calderón Stell

ARGUMENTO: Alfredo Salazar

ROTEIRO: Alfredo Salazar

FOTOGRAFIA: Raul Martinez [cor]

MONTAGEM: Jorge Bustos

MÚSICA: Antonio Diaz Conde

ELENCO: Joaquin Cordero, Regina Torné, Hector Lechuga, Malu Reyes, Carlos Agosti, Genaro Moreno, Pascual Garcia P., Gloria Chavez, Gerardo Zepeda, Leo Herrera, Eduardo McGregor, Sally Winters, Rene Barrera

GÊNERO: Horror e ficção científica

SINOPSE: O dr. Orlak é um cientista louco que criou um robô super-poderoso que obedece a todos os seus comandos. Porém, louco que é, Orlak ignora solenemente a fama e a fortuna que sua invenção poderia lhe dar, mantendo-a escondida e só usando o robô para raptar seres humanos para servirem de cobaias para as suas experiências macabras – já que o seu grande projeto é transformar pessoas em robôs totalmente submissos à sua vontade. Como suas experiências sempre falham, Orlak decide sequestrar outros cientistas, menos loucos e mais competentes do que ele, para forçá-los a ajudá-lo. A primeira de suas vítimas é o professor Reyna, para quem Orlak trabalhava como assistente a fim de manter segredo sobre as suas reais atividades. Como o professor se recusa a colaborar, é assassinado pelo robô. Porém, para azar de Orlak, Reyna era o amado tio de Gaby, uma grande campeã de luta livre que resolve vingar sua morte com a ajuda de uma amiga lutadora e de dois policiais um tanto inúteis.

COMENTÁRIOS: Ao lado do Santo, de Mil Máscaras e de Blue Demon, o cinema mexicano de luta-livre também contava com um esquadrão feminino, cujas integrantes variavam de filme para filme. Este exemplar segue rigorosamente o padrão deste subgênero, com vilões bizarros, heróis de eficiência discutível e um roteiro cheio de furos e contrassensos.

AVALIAÇÃO: ***

LUNCHMEAT

CANIBAL

DIRETOR: Kirk Alex

PAÍS: Estados Unidos

COMPANHIA PRODUTORA: Camarillo Productions

ANO DE PRODUÇÃO: 1986

DURAÇÃO: 88'

IDIOMA ORIGINAL: Inglês

PRODUÇÃO: Mark Flynn

ARGUMENTO: Kirk Alex

ROTEIRO: Kirk Alex

FOTOGRAFIA: Al Goodrum [cor]

MONTAGEM: H. E. Chambers

MÚSICA: Rick Neigher

ELENCO: Kim McKamy [Ashlyn Gere], Chuck Ellis, Elroy Wiese, Joseph Ricciardella [Joe Ricciardella], Robert Oland, Mitch Rogers, Rick Lorentz, Bob Joseph, Patricia Christie, Marie Ruzicka, Ann McBride, Danny Cohen, Lynda Gonzales, Shannon Sims

GÊNERO: Drama de horror

SINOPSE: Seis jovens – três rapazes e três moças – vão passar alguns dias na casa de campo de um deles, numa remota região florestal. Porém, ao pararem para reabastecer o carro num posto da beira da estrada, eles chamam a atenção de dois caipiras, que fornecem carne para a lanchonete do posto. Esse acontecimento não teria maior importância se os dois não fossem psicopatas que trabalham para um açougueiro avarento, que gosta de economizar trabalhando apenas com a carne humana dos desavisados que caem nas suas mãos. De olho nas suculentas carnes dos turistas, os malucos colocam um aviso de desvio na estrada e fazem com que os jovens se percam no seu território de caça.

COMENTÁRIOS: Mais um horror B sobre caipiras psicopatas canibais perseguindo jovens descerebrados, saído diretamente do cult "O massacre da serra elétrica". O único ponto de interesse deste filme é a presença da legendária pornstar Ashlyn Gere, alguns anos antes de entrar para o cinema pornô e ainda atuando com o nome de Kim McKamy.

AVALIAÇÃO: **

LUST FOR A VAMPIRE

Luxúria de vampiros

DIRETOR: Jimmy Sangster

PAÍS: Inglaterra

COMPANHIA PRODUTORA: Hammer Film

ANO DE PRODUÇÃO: 1970

DURAÇÃO: 95'

IDIOMA ORIGINAL: Inglês

PRODUÇÃO: Harry Fine, Michael Style

ARGUMENTO: J. Sheridan Le Fanu

ROTEIRO: Tudor Gates

FOTOGRAFIA: David Muir [cor]

MONTAGEM: Spencer Reeve

MÚSICA: Harry Robinson (supervisor: Philip Martell)

ELENCO: Ralph Bates, Barbara Jefford, Suzanna Leigh, Michael Johnson, Yutte Stensgaard, Helen Christie, Pippa Steel, Harvey Hall, David Healy, Mike Raven, Michael Brennan, Judy Matheson, Jack Melford, Christopher Neame, Christopher Cunningham, Eric Chitty, Caryl Little, Jonathan Cecil, Kirsten Lindholm, Luan Peters, Nick Brimble, David Richardson, Vivienne Chandler, Erica Beale, Melinda Churcher, Melita Clarke, Jackie Leapman, Sue Longhurst, Patricia Warner

GÊNERO: Horror e erotismo

SINOPSE: A linda vampira lésbica Carmilla Karnstein é ressuscitada por seus parentes e ingressa em um colégio só para moças bonitas da alta sociedade, onde começa a fazer suas vítimas.

COMENTÁRIOS: A beleza nórdica da canastrona Yutte

Stensgaard e algumas cenas de nudez são os grandes atrati-
vos deste filme, que faz parte da "trilogia Karnstein" (inspirada na *Carmilla* de Sheridan Le Fanu).

AVALIAÇÃO: ***

LYCANTHROPUS / WEREWOLF IN A GIRLS' DORMITORY

O LOBISOMEM NO DORMITÓRIO DAS GAROTAS

DIRETOR: Richard Benson [Paolo Heusch]

PAÍS: Itália / Áustria

COMPANHIA PRODUTORA: Royal Film

ANO DE PRODUÇÃO: 1961

DURAÇÃO: 83'

IDIOMA ORIGINAL: Italiano / Inglês (dub)

PRODUÇÃO: Guido Giambartolomei

ROTEIRO: Ernesto Gastaldi

FOTOGRAFIA: George Patrick [p&b]

MONTAGEM: Julian Attenborough

MÚSICA: Francis Berman [Armando Trovajoli]

ELENCO: Barbara Lass, Carl Schell, Curt Lowens, Maurice

Marsac, Mary McNeeran, Grace Neame

GÊNERO: Horror

SINOPSE: Julian, um ex-médico e cientista que teve problemas com a justiça, vai trabalhar como professor de ciências em um internato destinado a moças infratoras, descobrindo que um lobisomem pode estar vivendo nas imediações do estabelecimento. Investigando o caso, ele chega à conclusão de que um aristocrata com tendências pedofílicas e o próprio zelador do colégio podem estar envolvidos nos ataques a várias estudantes.

COMENTÁRIOS: Produção medíocre e tediosa, na qual o único ponto de interesse é a presença da linda atriz polonesa Barbara Lass.

AVALIAÇÃO: *

MACUMBA LOVE / O MISTÉRIO DA ILHA DE VÊNUS

O MISTÉRIO DA ILHA DE VÊNUS

DIRETOR: Douglas V. Fowley

PAÍS: Estados Unidos / Brasil

COMPANHIA PRODUTORA: Allied Enterprises / Brinter-Brasil Internacional Filmes

ANO DE PRODUÇÃO: 1959

DURAÇÃO: 86'

IDIOMA ORIGINAL: Inglês

PRODUÇÃO: Douglas V. Fowley

ARGUMENTO: Norman Graham

ROTEIRO: Norman Graham

FOTOGRAFIA: Rudolfo Icsey [Rudolf Icsey] [cor]

MONTAGEM: Mauro Alice (supervisão: Herbert R. Hoffman)

MÚSICA: Enrico Simonetti

ELENCO: Walter Reed, Ziva Rodann, William Wellmann Jr., June Wilkinson, Pedro Paulo Hatheyer, Ruth de Souza, Cléa Simões, Jean Thuret, Ricardo Campos, "Teatro Popular Brasileiro" (dir: Solano Trindade), "The conjunto afro-brasileiro" (d: madame Leo Tigre)

GÊNERO: Drama de aventura com elementos horroríficos

SINOPSE: Peter é um escritor norte-americano especialista em desmascarar médiuns e outras farsas sobrenaturais. Para investigar o que existe de verdade nos mistérios da macumba, do vudu e do catimbó, Peter vai para uma ilha tropical atulhada de feiticeiros. Obviamente, a chegada do escritor desagrada bastante a manda-chuva local, Mama Rata-loi, que está disposta a coser o nome de Wells na boca de um sapo cururu. Para complicar ainda mais o lado do escritor, sua filha recém-casada chega à ilha com seu marido, para uma lua de mel que promete ser bastante animada.

COMENTÁRIOS: Filme B hollywoodiano rodado no Brasil, totalmente falado em inglês e com a participação de um grande número de atores e técnicos brasileiros. Porém, não existe propriamente nenhum caráter nacional, já que a trama mais parece ambientada no Haiti.

AVALIAÇÃO: ***

MACUMBA SEXUAL

Macumba sexual

DIRETOR: Jess Franco [Jesus Franco]

PAÍS: Espanha

COMPANHIA PRODUTORA: Golden Films International

ANO DE PRODUÇÃO: 1981

DURAÇÃO: 80'

IDIOMA ORIGINAL: Espanhol

ARGUMENTO: Jess Franco [Jesus Franco]

ROTEIRO: Jess Franco [Jesus Franco]

FOTOGRAFIA: Joan Almirall [Jesus Franco] [cor]

MONTAGEM: Jesus Franco (?)

MÚSICA: Pablo Villa [Jesus Franco]

ELENCO: Ajita Wilson, Candy Coster [Lina Romay], Robert Foster [Antonio Mayans], Lorna Green, José Ferro, Juan G. Cabral [Jesus Franco]

GÊNERO: Horror erótico

SINOPSE: Alice, uma opulenta corretora de imóveis norte-americana, está passando férias nas ilhas Canárias com seu namorado. Porém, seu descanso está sendo perturbado por frequentes sonhos eróticos, nos quais Alice encontra uma estranha princesa negra chamada Tara. Quando seu chefe telefona, pedindo que Alice encontre uma cliente em uma ilha próxima, a moça não fica nada satisfeita, até descobrir que a tal cliente é a própria princesa. Deixando o namorado no hotel, Alice parte para o encontro, sem saber quais são as intenções de Tara e que estranhos perigos a aguardam.

COMENTÁRIOS: Podemos deixar de lado o aspecto do horror, que raramente aparece neste filme, e nos concentrar no erotismo, que se divide entre a generosa Lina Romay e o célebre transexual Ajita Wilson, que marcou época no cinema B europeu. Mais uma vez, Franco desperdiça as belas paisagens das ilhas Canárias, embora aproveite bem as curvas radicais de sua eterna musa.

AVALIAÇÃO: ***

THE MAD GHOUL

O ABUTRE HUMANO

DIRETOR: James Hogan

PAÍS: Estados Unidos

COMPANHIA PRODUTORA: Universal Pictures

ANO DE PRODUÇÃO: 1943

DURAÇÃO: 65'

IDIOMA ORIGINAL: Inglês

PRODUÇÃO: Benjamin Pivar (associado)

ARGUMENTO: Hans Kraly

ROTEIRO: Brenda Weisberg, Paul Gangelin

FOTOGRAFIA: Milton Krasner [p&b]

MONTAGEM: Milton Carruth

MÚSICA: H. J. Salter

ELENCO: David Bruce, Evelyn Ankers, George Zucco, Robert Armstrong, Turhan Bey, Milburn Stone, Andrew Tombes, Rose Hobart, Addison Richards, Charles McGraw, Gus Glassmire

GÊNERO: Drama de horror

SINOPSE: Ted Allison, um estudante de medicina talentoso mas um tanto relapso, pensa ter tirado a sorte grande quando é convidado para ser assistente de laboratório do seu professor de química, o dr. Alfred Morris – que está fazendo pesquisas com um perigoso gás inventado pelos nativos da América pré-colombiana. O convite de Alfred está ligado ao fato de que ele realizou uma descoberta fantástica: o tal gás causa uma completa paralisia naqueles que o aspiram, mas um preparado misturando algumas ervas e um coração fresco pode anular este efeito. Como Ted é um habilidoso cirurgião, revela-se o auxiliar ideal nas experiências – já que os corações precisam ser extraídos com total precisão. Porém, Alfred é um cientista louco, que deseja fazer experiências com cobaias humanas. Sabendo que Ted não aceitará participar desse horror, o professor resolve unir dois interesses, já que está secretamente apaixonado pela noiva do rapaz, a cantora lírica Isabel Lewis. Assim, ele envenena Ted com o gás e o transforma em um zumbi, que obedece cegamente a todas as suas ordens. Com a ajuda do rapaz, ele viola um túmulo e obtém o coração que restituirá Ted à vida normal. Mas tudo se complica quando Morris descobre que o efeito do seu antídoto dura apenas um dia. Para manter Ted com vida, ele precisa de um grande suprimento de corações frescos, o que logo despertará a atenção da polícia.

COMENTÁRIOS: Horror reunindo dois dos maiores astros do cinema B dos anos 40: George Zucco (ator especializado em interpretar cientistas loucos) e Turhan Bey (praticamente em uma figuração). A trama – no estilo rápido e rasteiro dos filmes para programas duplos – apela para o velho clichê do gênio da ciência que se considera acima dos princípios da moral e não hesita em manipular a vida e a morte, somando a isso uma história de obsessão amorosa pouquíssimo convincente. Além de não conferir qualquer substância aos personagens e de não ter nenhum efeito especial, o filma exagera bastante na caracterização de Ted como zumbi – já que, ao sofrer seus ataques, o rapaz fica parecendo uma múmia.

AVALIAÇÃO: ***

THE MAD LOVE LIFE OF A HOT VAMPIRE

DIRETOR: Sven Christian [Ray Dennis Steckler]

PAÍS: Estados Unidos

COMPANHIA PRODUTORA: ?

ANO DE PRODUÇÃO: 1971

DURAÇÃO: 50'

IDIOMA ORIGINAL: Inglês

FOTOGRAFIA: [cor]

ELENCO: Jim Parker, Jane Bond [Carolyn Brandt], Rock Heinrich, Will Long, Greta Smith, Fritz King, Kim Kim, Ken Moore, Sam

GÊNERO: Pornoterror

SINOPSE: Passando uma temporada nos Estados Unidos, juntamente com sua esposa e seu assistente corcunda, o Conde Drácula resolve apelar para a cafetinagem e passa a usar três garotas gostosas para obterem sangue para alimentá-lo. Seduzindo rapazes desavisados, as beldades irão cobrar caro pelos prazeres que vão lhes oferecer.

COMENTÁRIOS: Pornô de média metragem do prolífico diretor e produtor Steckler, responsável por algumas das maiores barbaridades do cinema norte-americano. O arremedo de história serve apenas para "justificar" as duas longas cenas de sexo explícito, com uma estética típica dos tempos da pornografia underground.

AVALIAÇÃO: *

THE MADMEN OF MANDORAS

DIRETOR: David Bradley

PAÍS: Estados Unidos

COMPANHIA PRODUTORA: Sans Productions

ANO DE PRODUÇÃO: 1963

DURAÇÃO: 74'

IDIOMA ORIGINAL: Inglês

PRODUÇÃO: Carl Edwards

ROTEIRO: Richard Miles

FOTOGRAFIA: Stanley Cortez [p&b]

MONTAGEM: Alan Marks (supervisão: Leon Selditz)

MÚSICA: Peter Zinner

ELENCO: Audrey Caire, Walter Stocker, Carlos Rivas, John Holland, Marshall Reed, Scott Peters, Keith Dahle, Dani Lynn, Nestor Paiva, Pedro Regas, Bill Freed, Jerry Riggio

GÊNERO: Inação e ficção científica

SINOPSE: Cientista norte-americano que inventou um gás extremamente letal é sequestrado e levado para uma pequena ilha do Caribe, comandada por ex-soldados nazistas que planejam dominar o mundo – com o auxílio do tal gás – e que recebem ordens diretamente da cabeça de Adolf Hitler, que eles conservam em uma redoma de vidro. Advertido por elementos que lutam contra os nazis, o genro do cientista também viaja para a ilha junto com sua esposa, procurando descobrir o que está acontecendo.

COMENTÁRIOS: Um dos enredos mais tresloucados da história do cinema, partindo de uma ideia curiosa para chegar a um resultado absolutamente desastroso. Alguns anos depois, em 1968, esse filme receberia cerca de 20 minutos de enxertos, que nada acrescentam à trama, sendo relançado como "They saved Hitler's brain" e exibido apenas na TV.

AVALIAÇÃO: *

THE MAGNETIC MONSTER

O MONSTRO MAGNÉTICO

DIRETOR: Curt Siodmak

PAÍS: Estados Unidos

COMPANHIA PRODUTORA: "A-Men" Productions

ANO DE PRODUÇÃO: 1953

DURAÇÃO: 76'

IDIOMA ORIGINAL: Inglês

PRODUÇÃO: Ivan Tors

ROTEIRO: Curt Siodmak, Ivan Tors

FOTOGRAFIA: Charles Van Enger [p&b]

MONTAGEM: Herbert L. Strock

MÚSICA: Blaine Sanford

ELENCO: Richard Carlson, King Donovan, Jean Byron, Harry Ellerbe, Leo Britt, Leonard Mudie, Byron Foulger, Michael Fox, John Zarimba, Lee Phelps, Watson Downs, Roy Engle, Frank Gerstle, John Vosper, John Dodsworth, Charlie Williams, Michael Granger, Bill Benedict, Kathleen Freeman, Douglas Evans, Strother Martin, Jarma Lewis, Elizabeth Root, Juney Ellis

GÊNERO: Ficção científica

SINOPSE: A fim de combater as crescentes ameaças das novas tecnologias do pós-guerra, o governo norte-americano criou a OSI (Office of Scientific Investigation), composta por cientistas que recebem a alcunha de "A-Men" (homens atômicos). Quando o dono de uma loja comunica à polícia que seus produtos estão estranhamente magnetizados, o dr. Jeffrey Stewart, um dos A-Men, corre para o local, constatando que a fonte do magnetismo vem do 2º andar do prédio onde fica a loja, que era usado como laboratório por um cientista independente. Como o lugar está contaminado por radioatividade, além de ter um cadáver, o cientista – o dr. Serny – passa a ser procurado pelas autoridades. Encontrado em um avião, moribundo por causa da contaminação, Serny revela que a substância radioativa que carrega consigo é um novo elemento, resultado de uma ousada experiência. Este elemento tem como característica alimentar-se periodicamente de energia elétrica, o que faz com que sua massa cresça, tal como se fosse um ser vivo. Examinando o elemento, Jeffrey descobre que Serny estava certo, e que o crescimento geométrico da substância pode pôr em risco todo o planeta.

COMENTÁRIOS: Mais um pequeno clássico dos primórdios da era atômica, quando o poderio nuclear soviético fez com que os americanos percebessem o lado "negro" da sua nova força. De resto, o filme segue um modelo que continuaria sempre presente neste gênero: uma ameaça à toda humanidade, oriunda do "mau" uso da tecnologia científica, combatida e derrotada pelo "bom" uso da tecnologia científica. Apesar das evidentes limitações orçamentárias e de alguns exageros cabeludos (como a facilidade com que Stewart manipula um equipamento sofisticadíssimo que ele nunca havia visto antes), trata-se de uma obra bastante interessante.

AVALIAÇÃO: ***

MAHALAI SAYONGKWAN / HAUNTED UNIVERSITIES

DIRETOR: Banjong Sintanamonkolgul, Suthiporn Tabtim

PAÍS: Tailândia

COMPANHIA PRODUTORA: Baa-Ram-Ewe

ANO DE PRODUÇÃO: 2008

DURAÇÃO: 100'

IDIOMA ORIGINAL: Tailandês

PRODUÇÃO: Prachya Pinkaew, Sukanya Vongsthapat, Bandit Thongdee

ARGUMENTO: Banjong Sintanamonkolgul, Suthiporn Tabtim

ROTEIRO: Banjong Sintanamonkolgul, Suthiporn Tabtim

FOTOGRAFIA: Pramett Chankrasae [cor]

MONTAGEM: Kongsak Ngampornchaj

MÚSICA: Kanisorn Phaungjin

ELENCO: Chalad Na Songkhla, Atht Amornvej, Phantila Pocklin, Marut Chunchomboon, Archiraya Peeraphatkunchaya, Anupong Sakulmongkollap, Pongsit Phisitthakarn, Prinya Ngamwongwarn, Panward Hemmanee, Anna Hambouris, Phutarit Yingnansuk, Pleo Sirisuwan

GÊNERO: Horror fantasmagórico

SINOPSE: Em quatro episódios: 1) THE TOILET – Jovem traficante e sua namorada são forçados a pagar uma dívida e levam seus credores para a universidade onde eles estudam.

Porém, como já é madrugada, o local está deserto e repleto de fantasmas mal-humorados; 2) THE ELEVATOR – Neta de um militar que promoveu um massacre de estudantes, nos anos 70, é confrontada por alguns colegas. Para aliviar sua culpa ancestral, ela decide auxiliar os fantasmas das vítimas do vovô; 3) THE MORGUE – Para melhorar seus resultados acadêmicos, um jovem estudante de medicina se oferece para substituir o zelador noturno do necrotério do hospital universitário. Porém, as coisas vão se complicar pelo fato de que o rapaz tem um verdadeiro pavor de cadáveres; 4) STAIRWAY – Ao sair para buscar um lanche para uma amiga doente, uma jovem é capturada por uma dupla de psicopatas sádicos, que acabam por torturá-la e assassiná-la. Porém, nem a morte consegue fazer com que a garota falte aos seus deveres de amizade.

COMENTÁRIOS: O filme tem como tema central as assombrações ligadas à vida universitária tailandesa e como elo de ligação as atividades de uma equipe de socorristas. Apesar de alguns bons efeitos, as histórias são bastante desiguais e nem sempre se enquadram no tema.

AVALIAÇÃO: ***

A MÃO DO DIABO

DIRETOR: Maurice Tourneur

PAÍS: França

COMPANHIA PRODUTORA: Continental Films

ANO DE PRODUÇÃO: 1943

DURAÇÃO: 78'/90'

IDIOMA ORIGINAL: Francês

PRODUÇÃO: Maurice Tourneur (?)

ARGUMENTO: Gérard de Nerval

ROTEIRO: Jean-Paul Le Chanois

FOTOGRAFIA: Armand Thirard [p&b]

MONTAGEM: Christian Gaudin (?)

MÚSICA: Roger Dumas

ELENCO: Pierre Fresnay, Josseline Gaël, Noël Roquevert, Guillaume de Sax, Palau, Pierre Larquey, Gabriello [André Gabriello], Antoine Balpêtré, Rexiane [Marcelle Rexiane], André Varennes, Georges Chamarat, Jean Davy, Jean Despeaux

GÊNERO: Drama de horror e fantasia

SINOPSE: Em uma hospedaria das montanhas, numa fria noite de tempestade, surge um misterioso viajante, que traz um embrulho ainda mais misterioso e desperta uma temerosa curiosidade nos outros hóspedes. No jantar, as luzes se apagam e o embrulho é roubado, levando o estranho ao desespero. Intimado por todos, o viajante resolve contar sua história. Ele, Roland Brissot, era um pintor fracassado que se apaixonara por Irene, uma mulher bastante ambiciosa. Ao ser rejeitado, por Irene achar que ele não tinha futuro, Roland aceita a proposta do dono de um restaurante, que se oferece para vender-lhe um amuleto poderosíssimo. O amuleto é uma mão mumificada e Roland o compra por uma ninharia. Já no dia seguinte, a vida do rapaz se modifica totalmente, quando Irene vê os novos quadros que surgiram no seu ateliê, trazendo a estranha assinatura Maximus Leo. A moça leva os quadros para um marchand e logo Brissot é promovido à celebridade no mercado da arte. Passa-se o tempo e Brissot curte a fama, ao lado de sua amada. Porém, ele é procurado pelo próprio Diabo, que o avisa de que sua alma está condenada ao Inferno caso ele não venda o amuleto antes de morrer. Seria um caso simples, mas a venda deve ser efetuada por um preço menor que o da compra e Brissot pagou apenas um centavo por ele. Diante disso, o Diabo se oferece para ficar com o amuleto se Brissot pagar-lhe apenas um centavo, mas avisa ao rapaz que ele perderá todos os poderes que conquistou.

COMENTÁRIOS: Mais uma das surpreendentes produções francesas do período de ocupação nazista, que constituem um verdadeiro milagre do cinema. Com um roteiro primoroso e uma história das mais interessantes, trata-se de um filme que pode ser apreciado pelo seu clima ao mesmo tempo soturno e sutil. A versão mais longa foi realizada para o mercado alemão, ainda durante a 2ª Guerra.

AVALIAÇÃO: ****

LE MAÎTRE DU TEMPS / O HOMEM DAS ESTRELAS

O HOMEM DAS ESTRELAS

DIRETOR: Jean-Daniel Pollet

PAÍS: França / Brasil

COMPANHIA PRODUTORA: Les Films 13 / Les Productions Artistes Associés / Produções Cinematográficas L. C. Barreto

ANO DE PRODUÇÃO: 1970

DURAÇÃO: 90'

IDIOMA ORIGINAL: Francês

PRODUÇÃO: Luiz Carlos Barreto

ARGUMENTO: Pierre Kast (?)

ROTEIRO: Jean-Daniel Pollet, Pierre Kast

FOTOGRAFIA: Affonso Beato, Jean Collomb [cor]

MONTAGEM: Annie Baronnet

MÚSICA: Guy Pedersen

ELENCO: Jean-Pierre Kalfon, Duda Cavalcanti, Ruy Guerra, Nildo Parente, Milton Sousa, Montgomery Manuel da Silva, Sérgio Panta, Milton Rodrigues, Clementino Kelé, Eliezer Gomes, Renato Coutinho, Martinho da Vila

GÊNERO: Drama com elementos de ficção científica

SINOPSE: Vindo de uma estrela distante, o extraterrestre Odara chega ao planeta Terra e vai parar justamente no Brasil, que ainda nem era habitado. Dispondo de um anel que lhe dá a capacidade de viajar no tempo, Odara percorre diversos períodos da história brasileira, sempre apoiando os oprimidos e presenciando acontecimentos trágicos, nos quais tenta inutilmente interferir.

COMENTÁRIOS: Um dos primeiros exemplares do cinema de ficção científica brasileiro, embora se trate de uma coprodução majoritariamente francesa. Trata-se, obviamente, de um filme sem efeitos especiais e sem intenção de espetáculo, sendo fundamentalmente uma metáfora política. Único filme realizado no Brasil pelo francês Jean-Daniel Pollet (1936-2004).

AVALIAÇÃO: ***

A MALDIÇÃO DA MÚMIA ASTECA

DIRETOR: Rafael Portillo

PAÍS: México

COMPANHIA PRODUTORA: Cinematográfica Calderon

ANO DE PRODUÇÃO: 1957

DURAÇÃO: 65'

IDIOMA ORIGINAL: Espanhol

PRODUÇÃO: Guillermo Calderon S.

ARGUMENTO: Guillermo Calderon S., Alfredo Salazar

ROTEIRO: Alfredo Salazar

FOTOGRAFIA: Enrique Wallace [p&b]

MONTAGEM: Jorge Bustos

MÚSICA: Antonio Diaz Conde

ELENCO: Ramon Gay, Rosita Arenas, Crox Alvarado, Luis Aceves Castañeda, Jorge Mondragon, Arturo Martinez, Emma Roldan, Julien de Meriche, Salvador Lozano, Jaime Quiñones, Angelo de Steffani, Murcielago Velazquez, Enrique Yañez, Lobo Negro, Alberto Yañez, Firpo Segura, Sergio Yañez, "Stela Inda y su Conjunto"

GÊNERO: Aventura horrorífica

SINOPSE: O Morcego, um cientista louco que aderiu ao gangsterismo, consegue fugir da cadeia e sequestra Flor, a amada e opulenta noiva do dr. Almada (também um cientista louco, mas muito honesto). O objetivo do maluco é obter o segredo da localização de algumas peças de ourivesaria astecas, que revelam o esconderijo de um fabuloso tesouro. Como a moça é a reencarnação de uma sacerdotisa asteca, ela tem uma memória atávica, que foi revelada pelos experimentos psicomotivacionais de Almada. Para impedir as ações do Morcego, surge El Angel, um lutador mascarado que ataca os bandidos, sempre com o mais absoluto insucesso. O Morcego consegue descobrir onde estão as peças, sem saber que, ao se apoderar delas, provocará a ressurreição de uma poderosa múmia, que só não é mais lenta que a justiça brasileira.

COMENTÁRIOS: Segundo exemplar de uma picaretíssima trilogia, que começou com "La momia azteca" e terminou com "La momia azteca contra el robot humano". Trata-se de uma bobagem oportunista, que não consegue nem ao menos desenvolver uma trama minimamente digerível.

AVALIAÇÃO: **

Tubarão de Malibu

DIRETOR: David Lister

PAÍS: Austrália / Canadá

COMPANHIA PRODUTORA: Insight Film Studios / Limelight International

ANO DE PRODUÇÃO: 2009

DURAÇÃO: 87'

IDIOMA ORIGINAL: Inglês

PRODUÇÃO: Grant Bradley, Dale Bradley, Richard Stewart, Brian Trenchard Smith

ROTEIRO: Lindsay James [Keith Shaw]

FOTOGRAFIA: Brian Breheny [cor]

MONTAGEM: Asim Nuraney

MÚSICA: Michael Neilson

ELENCO: Peta Wilson, Warren Christie, Chelan Simmons, Sonya Salomaa, Renée Bowen, Remi Broadway, Joel Burns, Nicholas Cooper, Jeffery Gannon, Mungo McKay, Evert McQueen, Daniel West, Simon Buckley, Brooke Cullen, Alex Dias, Chris Kemp, Matt Knevitt, Jody Waters, Aaron Weir, Nathan

GÊNERO: Horror catastrófico

SINOPSE: Um forte tremor no fundo do oceano provoca um tsunami que atinge a famosa praia de Malibu, deixando alguns salva-vidas ilhados em seu posto de observação. Porém, esse não é o mais grave problema do grupo, já que o terremoto também libertou meia dúzia de tubarões pré-históricos – que estavam presos sei lá onde. Imensos, superpoderosos e com uma fome de milhões de anos, eles se põem a caçar, decididos a comer justamente os pobres salva-vidas, que vão ter que fazer jus ao nome em seu próprio benefício.

COMENTÁRIOS: Paupérrima coprodução feita para a TV, com uma história ao mesmo tempo sem originalidade e repleta de absurdos. Para completar a desgraça, o elenco medíocre parece incapaz de manifestar qualquer reação emocional que não pareça ridícula.

AVALIAÇÃO: *

THE MAN FROM PLANET X

O homem do planeta X

DIRETOR: Edgar G. Ulmer

PAÍS: Estados Unidos

COMPANHIA PRODUTORA: Mid Century Films

ANO DE PRODUÇÃO: 1951

DURAÇÃO: 71'

IDIOMA ORIGINAL: Inglês

PRODUÇÃO: Aubrey Wisberg, Jack Pollexfen

ARGUMENTO: Aubrey Wisberg, Jack Pollexfen

ROTEIRO: Aubrey Wisberg, Jack Pollexfen

FOTOGRAFIA: John L. Russell [p&b]

MONTAGEM: Fred R. Feitshans Jr.

MÚSICA: Charles Koff

ELENCO: Robert Clarke, Margaret Field, Raymond Bond, William Schallert, Roy Engel, David Ormont, Gilbert Fallman, Tom Daly, June Jeffery

GÊNERO: Ficção científica

SINOPSE: O jornalista John Lawrence recebe de um antigo amigo dos tempos da guerra, o cientista prof. Elliot, a dica de um incrível furo: um estranho planeta, denominado planeta X, está rumando para a Terra e deve passar a pouca distância do nosso planeta, dentro de poucos dias. A convite de Elliot, John vai para uma pequena ilha no litoral da Inglaterra, onde o cientista, sua filha Enid e seu assistente Mears estão esperando a passagem (já que ali será o ponto de contato mais próximo com o planeta X). Quando faltam apenas dois dias para a passagem, Enid encontra uma estranha nave nas proximidades da casa de Elliot e vê no seu interior um ET. Quando Elliot e John vão examinar o local, encontram o ET e salvam a sua vida, já que ele estava morrendo sufocado. Grato aos seus salvadores, o ET acompanha os dois até à casa de Elliot, onde o cientista e seu assistente tentam se comunicar com ele. Porém, louco de ambição, já que pensa que os segredos extraterrestres podem torná-lo rico, Mears ataca violentamente o visitante, pondo em risco o destino de nosso planeta.

COMENTÁRIOS: Um dos filmes pioneiros da moderna ficção científica, já apelando para o clichê básico da invasão alienígena. Infelizmente, o orçamento ínfimo e o roteiro medíocre comprometem bastante os seus resultados, especialmente pela necessidade de manter um elenco mínimo. Não dá para entender, por exemplo, como a observação da aproximação de um novo planeta fica restrita a um cientista e alguns agregados, sem a participação de militares, outros cientistas e jornalistas (Lawrence é certamente a vergonha de sua classe, já que nunca passa qualquer informação para os seus editores, se é que ele tem algum).

AVALIAÇÃO: ***

O HOMEM-COISA – A NATUREZA DO MEDO

DIRETOR: Brett Leonard

PAÍS: Estados Unidos / Alemanha

COMPANHIA PRODUTORA: Marvel Enterprises / Fierce Entertainment / Screenland Movieworld

ANO DE PRODUÇÃO: 2004

DURAÇÃO: 97'

IDIOMA ORIGINAL: Inglês

PRODUÇÃO: Avi Arad, Christopher Petzel, Scott Karol, Gimel Everett

ARGUMENTO: "Marvel"

ROTEIRO: Hans Rodionoff

FOTOGRAFIA: Steve Arnold [cor]

MONTAGEM: Martin Connor

MÚSICA: Roger Mason

ELENCO: Matthew Le Nevez, Rachael Taylor, Rawiri Paratene, Steve Bastoni, Robert Mammone, Alex O'Lachlan, Jack Thompson, Pat Thompson, William Zappa, John Batchelor, Ian Bliss, Brett Leonard, Imogen Bailey, James

Coyne, Cheryl Craig, Gary Waddell, Xoqui Pesce, Mark Stevens, Shannon Leonard

GÊNERO: Horror ecológico

SINOPSE: Um ricaço inescrupuloso monta uma plataforma para exploração de petróleo em um pântano, bem no meio do território sagrado de uma nação indígena. Cansado de tantos abusos, o espírito protetor do pântano se materializa e começa a espalhar mortes. Chegando à cidade, para assumir o cargo de xerife, o jovem Kyle se vê às voltas com esse horror e é obrigado a agir para deter a emeaça do monstro.

COMENTÁRIOS: Com locações na Austrália, esta produção de baixo orçamento — baseada em um personagem de segunda linha dos quadrinhos da Marvel — tem uma história idiota e repleta de clichês.

AVALIAÇÃO: **

THE MAN WHO COULD CHEAT DEATH

O HOMEM QUE ENGANOU A MORTE

DIRETOR: Terence Fisher

PAÍS: Inglaterra

COMPANHIA PRODUTORA: Hammer

ANO DE PRODUÇÃO: 1959

DURAÇÃO: 83'

IDIOMA ORIGINAL: Inglês

PRODUÇÃO: Michael Carreras

ARGUMENTO: Barre Lyndon

ROTEIRO: Jimmy Sangster

FOTOGRAFIA: Jack Asher [cor]

MONTAGEM: John Dunsford (supervisão: James Needs)

MÚSICA: Richard Bennett (supervisão: John Hollingsworth)

ELENCO: Anton Diffring, Hazel Court, Christopher Lee, Arnold Marle, Delphi Lawrence, Francis De Wolff

GÊNERO: Horror

SINOPSE: Na Paris da belle-époque, Georges Bonner é um famoso médico que tem como hobby a escultura. Porém, por trás de sua aparência jovem e vigorosa, Georges esconde um terrível segredo: juntamente com seu colega, o célebre cirurgião Ludwig Weiss, ele descobrira como ter vida e saúde eternas, estando com mais de cem anos. Porém, o caráter terrível desse segredo é que, a fim de manter-se neste estado, Georges necessita – a cada período de dez anos – submeter-se a um transplante glandular, sempre realizado por Weiss. Chegada a época do transplante, Weiss não aparece e Georges é obrigado a sobreviver com a ajuda de um soro, feito com as glândulas frescas de pessoas que ele vai assassinando. Quando Weiss finalmente chega, revela a Georges que teve um derrame, estando incapacitado para operar, o que leva o médico ao desespero.

COMENTÁRIOS: Com uma história interessante, mas mal desenvolvida, este filme de cientista louco se vale sobretudo da direção competente de Terence Fisher.

AVALIAÇÃO: ***

THE MANGLER

MANGLER – O GRITO DO TERROR

DIRETOR: Tobe Hooper

PAÍS: Estados Unidos

COMPANHIA PRODUTORA: Distant Horizon / Filmex / Allied Film Productions

ANO DE PRODUÇÃO: 1994

DURAÇÃO: 106'

IDIOMA ORIGINAL: Inglês

PRODUÇÃO: Anant Singh

ARGUMENTO: Stephen King

ROTEIRO: Tobe Hooper, Stephen Brooks, Peter Welbeck

FOTOGRAFIA: Amnon Salomon [cor]

MONTAGEM: David Heitner

MÚSICA: Barrington Pheloung

ELENCO: Robert Englund, Ted Levine, Daniel Matmor, Jeremy Crutchley, Vanessa Pike, Demetre Phillips, Lisa Morris, Vera Blacker, Ashley Hayden, Danny Keogh, Ted LePlat, Todd Jensen, Sean Taylor, Gerrit Schoonhoven, Nan Hamilton, Adrian Waldron, Norman Coombes, Larry Taylor, Irene Frangs, Megan Wilson, Odile Rault, Ron Smerczak

GÊNERO: Horror satânico

SINOPSE: Uma pequena cidade do interior norte-americano sobrevive à custa do trabalho de uma gigantesca lavanderia industrial, que funciona sob princípios bastante tradicionais (dentro da tradição do capitalismo selvagem). Quando uma série de acidentes e mortes misteriosas começa a atingir a lavanderia, o policial Hunton passa a investigar o caso. Aos poucos, com a ajuda de seu ex-cunhado Mark, o cético Hunton chega à conclusão de que a principal máquina da lavanderia está simplesmente possuída pelo Diabo. Prosseguindo suas investigações, Hunton descobre que o dono da lavanderia, Bill Gartley, fez um pacto com o demônio, em troca de riqueza e poder. Hunton verifica, estarrecido, que todos os poderosos da cidade estão incluídos neste pacto, tendo que sacrificar suas filhas adolescentes à máquina satânica (como o próprio Gartley já fizera). Além disso, a máquina também os mutilava, passando a controlar suas mentes.

COMENTÁRIOS: Curiosamente, o filme se aproxima bastante de outra adaptação da obra de King – "A criatura do cemitério" – embora esta realização tenha um nível bem mais tolerável. Na verdade, até que a trama funciona bem, apesar de seu ponto de partida um tanto esdrúxulo (a tal lavanderia não parece um lugar muito adequado para fornecer dinheiro e poder a ninguém). King é um legítimo representante do estilo norte-americano de horror, inserindo seus elementos aberrantes em contextos absolutamente burgueses e cotidianos.

AVALIAÇÃO: ***

MANHUNTER

O DRAGÃO VERMELHO

DIRETOR: Michael Mann

PAÍS: Estados Unidos

COMPANHIA PRODUTORA: Red Dragon Productions / DEG – De Laurentiis Entertainment Group

ANO DE PRODUÇÃO: 1986

DURAÇÃO: 119'

IDIOMA ORIGINAL: Inglês

PRODUÇÃO: Richard Roth

ARGUMENTO: Thomas Harris

ROTEIRO: Michael Mann

FOTOGRAFIA: Dante Spinotti [cor]

MONTAGEM: Dov Hoenig

MÚSICA: "The Reds", Michel Rubini

ELENCO: William Petersen, Kim Greist, Dennis Farina, Joan Allen, Brian Cox, Stephen Lang, Tom Noonan, David Seaman, Benjamin Hendrickson, Michael Talbott, Dan E. Butler, Michele Shay, Robin Moseley, Paul Perri, Patricia Charbonneau, Bill Cwikowski, Alex Neil, Norman Snow, Jim Zubiena, Frankie Faison, Garcelle Beauvais, Joanne Camp, David A. Brooks, Lisa Ryall, Chris Elliot, Gary Chavaras, Chris Cianciolo, Ken Colquitt, Ron Fitzgerald, Dennis Quick, David Meeks, Sherman Michaels, Robin Trapp, Lisa Winters, Daniel T. Snow, Cynthia Chvatal, King White, Mickey Lloyd, Dawn Carmen, David Fitzsimmons, Robert A. Burton, Steve Hogan, Mickey Pugh, Kin Shriner,

John Posey, Kristin Holby, Greg Kelly, Brian Kelly, Ryan Langhorne, Hannah Caggiano, Lindsey Fonora, Jason Frair, Bryant Arrants, Christopher Arrants, Melvin Clark, Renée Ayala, Dana Dewey, Stephen Hawkins, Leonard Johnson, Keith Pyles, Michael Russell, Michael Vitug, Pat Williams, Charles Yarbaugh, Bill Smitrovich, Peter Maloney, Michael D. Roberts

GÊNERO: Drama de horror e suspense

SINOPSE: Will Graham é um agente do FBI especializado na interpretação de provas, que resolveu se licenciar após sofrer um grave distúrbio psicológico ao investigar o caso do psicopata canibal Hannibal Lecter. Porém, seus colegas buscam sua ajuda para encontrar um novo *serial killer*, que está assassinando famílias inteiras. Em desespero de causa, Graham vai pedir auxílio ao próprio Lecter, a fim de levantar um perfil psicológico do louco. No entanto, como é dotado de uma inteligência quase sobrenatural e deseja vingar-se, Lecter consegue descobrir o endereço de Graham e entregá-lo ao maníaco. Por sorte, o agente consegue colocar sua família em segurança, mas fica ainda mais seriamente perturbado. Ao mesmo tempo, o assassino – um dos funcionários de um laboratório de revelação de filmes em super-8 (através dos quais ele seleciona suas vítimas) – envolve-se afetivamente com uma colega cega.

COMENTÁRIOS: Estreia cinematográfica do personagem

Hannibal Lecter, que só atingiria o sucesso com o filme "O silêncio dos inocentes" (Jonathan Demme, 1991), mas que aqui tem apenas uma participação bastante secundária. A história seria refilmada ("Red Dragon", 2002), para compor a trilogia na qual Lecter é interpretado por Anthony Hopkins.

AVALIAÇÃO: ***

MANIAC

DIRETOR: Dwain Esper

PAÍS: Estados Unidos

COMPANHIA PRODUTORA: Hollywood Producers and Distributors

ANO DE PRODUÇÃO: 1934

DURAÇÃO: 51'

IDIOMA ORIGINAL: Inglês

PRODUÇÃO: Dwain Esper

ARGUMENTO: Hildagarde Stadie

FOTOGRAFIA: William Thompson [p&b]

MONTAGEM: William Austin

ELENCO: Bill Woods, Horace Carpenter, Ted Edwards,

Phyllis Diller, Theo Ramsey, Jenny Dark, Marvel André, Celia McCann, J. P. Wade, Marion Blackton

GÊNERO: Drama psicológico de horror

SINOPSE: Don Maxwell, um ator especialista em imitações, está fugindo da polícia e vai trabalhar como assistente do dr. Meirschultz, um cientista louco que pesquisa secretamente a ressurreição de cadáveres. Porém, embora se ache devedor de Meirschultz, Maxwell abomina as experiências de seu patrão. Querendo um cadáver para implantar nele um coração que ele reviveu, Meirschultz manda Maxwell roubar um. Quando ele fracassa, o cientista sugere que Maxwell se suicide para ser sua cobaia. No entanto, como ainda não está totalmente maluco, Maxwell prefere assassinar seu patrão e, utilizando seus conhecimentos de maquiagem, assumir o seu lugar.

COMENTÁRIOS: Dwain Esper foi um dos pioneiros do cinema *exploitation*, realizando este filme com pretensas finalidades científicas. Na verdade, o que temos aqui é uma produção medíocre, com uma história capenga, valendo-se de sugestões eróticas (com algumas cenas de nudez parcial) e de violência contra animais.

AVALIAÇÃO: **

MANIAC COP – O EXTERMINADOR

DIRETOR: William Lustig

PAÍS: Estados Unidos

COMPANHIA PRODUTORA: Shapiro Glickenhaus Entertainment

ANO DE PRODUÇÃO: 1988

DURAÇÃO: 90'

IDIOMA ORIGINAL: Inglês

PRODUÇÃO: Larry Cohen, Jef Richard

ARGUMENTO: Larry Cohen

ROTEIRO: Larry Cohen

FOTOGRAFIA: Vincent J. Rabe [cor]

MONTAGEM: David Kern

MÚSICA: Jay Chattaway

ELENCO: Tom Atkins, Bruce Campbell, Laurene Landon, Richard Roundtree, William Smith, Robert Z'Dar, Sheree North, Nina Aversen, Nick Barbaro, Lou Bonacki, Barry Brenner, Victoria Catlin, Jim Dixon, Corey Eubanks, Jill Gastby, Rocky Giordani, John Goff, William J. Gorman,

Jon Greene, Teddy M. Haggarty, Danny Hicks, Erik Holland, Dennis Junt, Marcia Karr, Judy Kerr, Jake LaMotta, Judy Levitt, Jason Lustig, William Lustig, Vic Manni, Tito Nuñez, Daniel Ortiz, Louis Pastore, Frankie Pesce, Bernie Pock, Ed Polgardy, Sam Raimi, Carla Y. Reynolds, Jef Richard, Adele Sparks, Tom Taylor, Ingrid Van Dorn, Luke Walter, Patrick Wright, Nicholas Yee, Ken Lerner, Leo Rossi

GÊNERO: Horror e ação

SINOPSE: Nas ruas de Nova York, pessoas inocentes estão sendo brutalmente assassinadas e o suspeito parece ser um policial. Encarregado do caso, o detetive Frank McCrae tenta identificar o maníaco – que é dotado de uma força e de uma resistência sobre-humanas – e ainda livrar a cara de um colega que está sendo acusado dos crimes.

COMENTÁRIOS: Mistureba dos enredos de diversos outros filmes com mais um psicopata assassino imortal e indestrutível. Porém, este exemplar padece de dois sérios defeitos, já que não explica a motivação dos crimes e nem o modo como o biruta se tornou um super-homem. Além da versão original, existe outra com uma sequência final adicional.

AVALIAÇÃO: **

THE MARSUPIALS – THE HOWLING III

(Cf. Howling III)

O MISTÉRIO DA ILHA DE VÊNUS

(Cf. Macumba love)

MONSTER

(Cf. Humanoids from the deep)

MONSTER SHARK

(Cf. Shark: rosso nell'oceano)

THE NIGHT OF THE SEA GULLS

(Cf. La noche de las gaviotas)

NIGHTMARE CITY

(Cf. Incubo sulla città contaminata)

THE NIGHTS OF TERROR

(Cf. Le notti del terrore)

NO PROFANAR EL SUEÑO DE LOS MUERTOS

(Cf. Non si deve profanare il sonno dei morti)

LA NOCHE DE LAS GAVIOTAS / THE NIGHT OF THE SEA GULLS

DIRETOR: Amando de Ossorio

PAÍS: Espanha

COMPANHIA PRODUTORA: Profilmes / Ancla Century Films

ANO DE PRODUÇÃO: 1975

DURAÇÃO: 89'

IDIOMA ORIGINAL: Espanhol / Inglês (dub)

ARGUMENTO: Amando de Ossorio

ROTEIRO: Amando de Ossorio

FOTOGRAFIA: Francisco Sanchez [cor]

MONTAGEM: Pedro Del Rey

MÚSICA: Anton Garcia Abril

ELENCO: Víctor Petit, María Kosti, Sandra Mozarosky [Sandra Mozarowsky], Jan Antonio Castro, Julie James [Julia Saly], Javier de Rivera, Pilar Vela, Fernando Villena, María Vidal, Oscar Phens, Susana Estrada

GÊNERO: Horror

SINOPSE: Henry, um jovem médico, é designado para trabalhar em uma remota aldeia de pescadores, para onde se muda com sua esposa Joan. Para sua surpresa, os dois são extremamente mal recebidos pelo povo local, que parece ter medo dos recém-chegados. Porém, o que Henry e Joan ignoram é que o medo da população se deve à presença, em uma abadia em ruínas da região, de um grupo de templários zumbis cegos que periodicamente ressuscitam, e que só podem ser satisfeitos com o sacrifício de jovens donzelas – produto cada vez mais raro.

COMENTÁRIOS: Última parte da tetralogia dos zumbis templários cegos, que já estava esgotada no primeiro exemplar. Com um roteiro idiota (afinal, o que justifica que os habitantes da aldeia entreguem suas filhas para a morte, quando bastaria pegarem a mala e partirem para outra região?) e pouquíssimo suspense, este filme é um total desperdício de tempo.

AVALIAÇÃO: **

A NOITE DO TERROR CEGO

DIRETOR: Amando de Ossorio

PAÍS: Espanha / Portugal

COMPANHIA PRODUTORA: Plata Films / Interfilme

ANO DE PRODUÇÃO: 1971

DURAÇÃO: 97'

IDIOMA ORIGINAL: Espanhol

ARGUMENTO: Amando de Ossorio

ROTEIRO: Amando de Ossorio

FOTOGRAFIA: Pablo Ripoll [cor]

MONTAGEM: José Antonio Rojo

MÚSICA: Anton Garcia Abril

ELENCO: Lone Fleming, Cesar Burner, Helen Harp [Maria Elena Arpón], Joseph Thelman, Rufino Ingles, Veronica Llimera, Simon Arriaga [Garibaldi], Francisco Sanz, Juan Cortes, Andres Speizer, Antonio Orengo, José Camoiras, Maria Silva

GÊNERO: Horror

SINOPSE: Em Lisboa, a espanhola Beth encontra sua conterrânea Virginia, que foi sua colega em um colégio interno. Para comemorar o fato, Roger, um amigo de Virginia, convida Beth a acompanhá-los em um fim de semana no interior. Durante a viagem de trem, Virginia demonstra aborrecimento com a atenção que Roger dá a Beth, o que aumenta de gravidade pelo fato de que ela e a amiga tiveram um caso amoroso na escola. Achando que está sobrando, Virginia decide abandonar o trem e visitar um estranho povoado há alguma distância da via férrea. Porém, o que Virginia jamais poderia desconfiar é que o tal povoado são as ruínas de uma abadia medieval, que parecem completamente abandonadas. Para azar da moça, o abandono é apenas aparente, já que o local é habitado pelas múmias de um grupo de cavaleiros templários, executados sob a acusação de serem adoradores do Diabo. Atraídas pela presença da visitante, as múmias ressuscitam e saem de suas sepulturas, devorando Virginia. No dia seguinte, preocupados com a falta de notícias da garota, Roger e Beth visitam a abadia e ficam sabendo da sua morte. Intrigados, eles decidem investigar o caso por conta própria, o que pode não ser uma boa ideia.

COMENTÁRIOS: Primeiro filme da tetralogia dos zumbis templários cegos, realizada pelo diretor Ossorio. O começo é promissor, mas o terço final é um amontoado de absurdos que beiram o ridículo.

AVALIAÇÃO: **

INSÔNIA

DIRETOR: Dario Argento

PAÍS: Itália

COMPANHIA PRODUTORA: Medusa Film / Opera Film

ANO DE PRODUÇÃO: 2000

DURAÇÃO: 118'

IDIOMA ORIGINAL: Inglês

PRODUÇÃO: Dario Argento, Claudio Argento

ARGUMENTO: Dario Argento, Franco Ferrini

ROTEIRO: Dario Argento, Franco Ferrini (colaboração: Carlo Lucarelli)

FOTOGRAFIA: Ronnie Taylor [cor]

MONTAGEM: Anna Napoli

MÚSICA: "Goblin"

ELENCO: Max von Sydow, Stefano Dionisi, Chiara Caselli, Gabriele Lavia, Paolo Maria Scalondro, Roberto Zibetti,

Roberto Accornero, Barbara Lerici, Barbara Mautino, Conchita Puglisi, Massimo Sarchielli, Elena Marchesini, Guido Morbello, Aldo Massasso, Rossella Falk, Diego Casale, Alessandra Comerio, Brian Ayres, Daniele Angius, Robert Camero, Luca Fagioli, Daniela Fazzolari, Aldo Delaude, John Pedeferri, Francesco Benedetto, Renato Liprandi, Elisabetta Rocchetti, Antonio Sarasso, Piero Marcelli, Rossella Luca, Giuseppe Minutillo, Giancarlo Colia, Francesca Vettori

GÊNERO: Horror e suspense

SINOPSE: Uma súbita onda de crimes bárbaros evoca o trabalho de um *serial killer* que atuou na mesma região 17 anos antes. Porém, o tal assassino – um anão escritor – matou-se há muito tempo, deixando a polícia às voltas com um mistério. Avisado por um amigo, o filho de uma das vítimas da primeira fase dos crimes volta à cidade e começa a investigar, passando a colaborar com o policial aposentado que fôra responsável pela identificação do anão assassino.

COMENTÁRIOS: Apesar de alguns absurdos e exageros, o filme traz a marca do suspense e da escatologia estetizante de Argento, uma das personalidades mais criativas do cinema de horror contemporâneo.

AVALIAÇÃO: ***

ZUMBI 3

DIRETOR: Jorge Grau

PAÍS: Itália / Espanha

COMPANHIA PRODUTORA: Flaminia Produzioni Cine-
matografiche

ANO DE PRODUÇÃO: 1974

DURAÇÃO: 93'

IDIOMA ORIGINAL: Inglês

PRODUÇÃO: Edmondo Amati

ROTEIRO: Sandro Continenza, Marcello Coscia

FOTOGRAFIA: Francisco Sempere [cor]

MONTAGEM: Vincenzo Tomassi

MÚSICA: Giuliano Sorgini

ELENCO: Ray Lovelock, Christine Galbo [Cristina Galbó],
Arthur Kennedy, Aldo Massasso, Giorgio Trestini, Roberto
Posse, José Ruiz Lifante, Jeannine Mestre, Gengher Gatti,
Fernando Hilbeck, Vera Drudi, Vicente Vega, Paco Sanz,

Paul Benson, Anita Colby, Joaquín Hinjosa, Vito Salier, Isabel Mestre

GÊNERO: Horror ecológico

SINOPSE: George, um jovem e pouco convincente antiquário londrino, está indo passar o fim de semana no interior da Grã-Bretanha quando sua moto é danificada por um carro, enquanto estava parada em um posto de gasolina. A dona do carro, Edna, oferece-lhe seu veículo emprestado para prosseguir a viagem, mas pede que antes eles passem pela casa de sua irmã, que ela está indo visitar. No caminho, durante uma parada, Edna é atacada por um homem muito estranho e, ao chegarem à casa da irmã da moça, eles descobrem que o marido dela acabou de ser morto pelo mesmo sujeito. Enquanto a polícia investiga o caso, colocando a irmã de Edna como principal suspeita do crime, George passa a desconfiar que uma máquina experimental, que pretende eliminar pragas de lavoura através da radiação, pode estar devolvendo a vida aos cadáveres da região.

COMENTÁRIOS: Pouca ação, pouca criatividade e poucos zumbis. O título nacional é uma picaretagem, que pretende induzir à crença de que este filme tem alguma ligação com o clássico "Zumbi 2" (Lucio Fulci, 1979).

AVALIAÇÃO: ***

NOROI

DIRETOR: Koji Shiraishi

PAÍS: Japão

COMPANHIA PRODUTORA: EF / Geneon / Oz / Xanadeux / PPM

ANO DE PRODUÇÃO: 2005

DURAÇÃO: 115'

IDIOMA ORIGINAL: Japonês

PRODUÇÃO: Takashige Ichise (executivo)

ROTEIRO: Koji Shiraishi, Naoyuki Yokota

FOTOGRAFIA: Shozo Morishita [cor]

MONTAGEM: Nobuyuki Takahashi

ELENCO: Jin Muraki, Rio Kanno, Tomono Kuga, Marika Matsumoto, Angaruzu, Hiroshi Aramata, Yoko Chosokabe, Dankan, Tomomi Eguchi, Gokyu, Miyoko Hanai, Ai Iijima, Makoto Inamori, Ryunosuke Iriyama, Satoru Jitsunashi, Takashi Kakizawa, Shuta Kambayashi, Kei Matsubara, Kenichiro Matsui, Hisashi Miyajima, Mana Okada, Yoichi Okamura, Mikako Okui, Ryoko Okui, Kazuhide Shioya, Hajime Suzuki, Hitomi Takashima, Toshinori Tanimura, Yoshiki Tano, Toshimaru Yasuno, Takaaki Yuhara

GÊNERO: Horror found footage

SINOPSE: Masafumi Kobayashi é um jornalista e escritor especializado em documentar fatos insólitos e fenômenos sobrenaturais. O desaparecimento de Kana, uma criança com grandes poderes mediúnicos, coloca Kobayashi na pista de um poderoso demônio, o Kagutaba, que pode estar sendo invocado por feiticeiros. Com a ajuda de um médium com problemas mentais e de uma jovem atriz com poderes psíquicos, ele tenta decifrar a história e saber o que realmente está acontecendo.

COMENTÁRIOS: O filme se desenvolve a partir das imagens de um documentário do jornalista Kobayashi, concluído pouco antes do seu misterioso desaparecimento – ocorrido ao mesmo tempo que um incêndio que destruiu sua casa e matou sua esposa. Inserindo-se na linha do *found footage*, este filme consegue sucesso pela sua grande sobriedade, evitando as sempre presentes bobagens e pirotecnias dos similares norte-americanos. Apesar de um tema bastante desgastado – especialmente para o cinema ocidental – estamos diante de uma obra sólida, que envolve o espectador e cria um clima opressivo bastante adequado aos seus objetivos. Cenas de violência contra animais.

AVALIAÇÃO: ***

O EMISSÁRIO DE OUTRO MUNDO

DIRETOR: Roger Corman

PAÍS: Estados Unidos

COMPANHIA PRODUTORA: Allied Artists Pictures

ANO DE PRODUÇÃO: 1956

DURAÇÃO: 67'

IDIOMA ORIGINAL: Inglês

PRODUÇÃO: Roger Corman

ROTEIRO: Charles Griffith, Mark Hanna

FOTOGRAFIA: John Mescall [p&b]

MONTAGEM: Charles Gross Jr.

MÚSICA: Ronald Stein

ELENCO: Paul Birch, Beverly Garland, Morgan Jones, William Roerick, Jonathan Haze, Richard Miller [Dick Miller], Anne Carroll [Anna Lee Carroll], Pat Flynn, Barbara Bohrer, Roy Engel, Tamar Cooper, Harold Fong, Lyle Latell, Gail Ganley, Ralph Reed

GÊNERO: Drama de horror e ficção científica

SINOPSE: Alienígena é enviado à Terra a fim de estudar as condições de vida em nosso planeta, já que o dele está com os seus dias contados. Porém, para viver aqui, o ET precisa de um constante suprimento de sangue humano, o que faz com que ele assassine diversas pessoas. Como sua saúde é frágil, ele contrata uma enfermeira, que vai viver em sua casa e começa a desconfiar de suas atividades.

COMENTÁRIOS: Um dos primeiros trabalhos de Roger Corman, com um nível de realização bem superior à sua média. Como provaria diversas vezes, ao longo de sua extensa carreira, a falta de recursos não é obstáculo para que Corman realize um filme bastante interessante, com uma história inteligente e bem estruturada.

AVALIAÇÃO: ***

LE NOTTI DEL TERRORE / THE NIGHTS OF TERROR

A NOITE DO TERROR

DIRETOR: Andrea Bianchi

PAÍS: Itália

COMPANHIA PRODUTORA: Esteban Cinematografica

ANO DE PRODUÇÃO: 1981

DURAÇÃO: 85'

IDIOMA ORIGINAL: Inglês (dub)

PRODUÇÃO: Gabriele Crisanti

ROTEIRO: Piero Regnoli

FOTOGRAFIA: Gianfranco Maioletti [cor]

MÚSICA: Elsio Mancuso, Burt Rexon [Berto Pisano]

ELENCO: Karin Well, Gian Luigi Chirizzi, Simone Mattioli, Antonietta Antinori, Roberto Caporali, Peter Bark, Claudio Zucchet, Anna Valente, Renato Barbieri, Maria Angela Giordan

GÊNERO: Horror

SINOPSE: Arqueólogo não muito sério e não muito competente abre uma velha cripta e acidentalmente devolve a vida a um bando de zumbis, que atacam um grupo de grã-finos que está passando uma temporada num castelo daquela região.

COMENTÁRIOS: Este filme tem um dos roteiros mais toscos e imbecis já apresentados pelo cinema universal.

AVALIAÇÃO: *

LE NOTTI EROTICHE DEI MORTI VIVENTI / SEXY NIGHTS OF THE LIVING DEAD

NOITES ERÓTICAS DOS MORTOS-VIVOS

DIRETOR: Joe D'Amato

PAÍS: Itália

COMPANHIA PRODUTORA: Stefano Film

ANO DE PRODUÇÃO: 1980

DURAÇÃO: 112'

IDIOMA ORIGINAL: Inglês (dub)

ARGUMENTO: Tom Salina [George Eastman]

ROTEIRO: Tom Salina [George Eastman]

FOTOGRAFIA: Aristide Massaccesi [Joe D'Amato] [cor]

MONTAGEM: Ornella Micheli

MÚSICA: Pluto Kennedy [Marcello Giombini]

ELENCO: Laura Gemser, George Eastman, Dirce Funari, Mark Shannon

GÊNERO: Pornoterror

SINOPSE: Larry, proprietário de um barco no Caribe, é contratado pelo norte-americano John, que deseja ser levado à Ilha do Gato, adquirida por sua empresa para a construção de um complexo turístico. Junto com os dois segue Fiona, uma garota de programa de luxo que atende às insaciáveis necessidades de John, adepto do sexo capitalista selvagem. Porém, a ilha tem uma péssima reputação junto à população local, já que seus habitantes foram dizimados por uma misteriosa epidemia. Ao chegarem à ilha, que deveria estar desabitada, os três encontram um velho e sua neta, que os advertem de um sério perigo. Acreditando que é tudo um golpe do velho, para lesá-lo, John insiste em ficar e levantar dados para o seu empreendimento. No entanto, os recém-chegados logo vão descobrir que a ilha é povoada até demais, embora quase toda a população não esteja mais entre os vivos.

COMENTÁRIOS: Mistura de erotismo (com algumas poucas cenas de sexo explícito, na versão *uncut*) e zumbinismo, com sérias deficiências em ambos os aspectos. Quanto ao terror, a precariedade é total, com uma trama banal e efeitos de quinta categoria. Quanto ao erotismo, algumas cenas mais ousadas, no início, dão lugar à atuação exclusiva da pouco interessante Dirce Funari, em cenas bastante recatadas. Uma obra menor de D'Amato, que nunca teve mesmo obras que pudessem ser consideradas "maiores".

AVALIAÇÃO: *

DIRETOR: Anthony Brooks [Doris Wishman, Raymond Pheelan]

PAÍS: Estados Unidos

COMPANHIA PRODUTORA: Moon Production

ANO DE PRODUÇÃO: 1961

DURAÇÃO: 70'

IDIOMA ORIGINAL: Inglês

PRODUÇÃO: Doris Wishman, Martin Caplan

ARGUMENTO: Jack Caplan

ROTEIRO: O. O. Miller [Doris Wishman, Raymond Pheelan]

FOTOGRAFIA: Raymond Pheelan [cor]

MONTAGEM: Ivan McDowell

MÚSICA: Daniel Hart (tema: Judith J. Kushner)

ELENCO: Marietta, William Mayer, Lester Brown, Pat Reilly, Ira Magee, Lacey Kelly, Shelby Livingston, Robert W. Kyorimee, Joyce M. Geary, Charles Allen, Evelyn Burke, Joyce Brooks, Hugh Brooks, Mary Lassey, R. C. Lassey, Robert B. Lassey

GÊNERO: Ficção científica erótica

SINOPSE: Dois cientistas muito sacanas constroem um foguete e voam para a Lua, onde – usando seus discretos uniformes de astronauta – encontram uma bizarra civilização na qual os homens andam de calção e todas as mulheres fazem topless.

COMENTÁRIOS: Exemplar do cinema de exploração apelando para a nudez (também denominado *nuddie*), que representava o máximo de ousadia admitido no mercado cinematográfico norte-americano antes da liberação das produções propriamente pornográficas. Como elemento característico desses filmes (primos mais ricos das nossas pornochanchadas), a opulência física das mulheres (embora, em muitos casos, necessitando de uma urgente recauchutagem).

AVALIAÇÃO: **

THE NUMBER 23

NÚMERO 23

DIRETOR: Joel Schumacher

PAÍS: Estados Unidos

COMPANHIA PRODUTORA: Contrafilm / Firm Films

ANO DE PRODUÇÃO: 2007

DURAÇÃO: 101'/98'

IDIOMA ORIGINAL: Inglês

PRODUÇÃO: Beau Flynn, Tripp Vinson, Fernley Phillips

ARGUMENTO: Fernley Phillips

ROTEIRO: Fernley Phillips

FOTOGRAFIA: Matthew Libatique [cor]

MONTAGEM: Mark Stevens

MÚSICA: Harry Gregson-Williams

ELENCO: Jim Carrey, Virginia Madsen, Logan Lerman, Danny Huston, Rhona Mitra, Lynn Collins, Mark Pellegrino, Patricia Belcher, Ed Lauter, Michelle Arthur, Paul Butcher, David Stifel, Corey Stoll, Troy Kotsur, Walter Soo Hoo, Rudolph Willrich, John Fink, Julie Remala, Tara Karsian, Kerry Hoyt, Jennifer Lee Grafton, Tom Lenk, Ka'ramuu Kush, Helen Jordan, Eddie Rouse, Lesli Margherita, Maile Flanagan, Bob Zmuda, Susan Kitchen, Coier Amerson, Michael Hurley, Donna G. Earley, Shannon Gayle

GÊNERO: Drama de horror

SINOPSE: Walter é um apanhador de cachorros que recebe de sua esposa, como presente de aniversário, um estranho livro que narra a história de um homem paranoico que enlouqueceu graças à sua fixação pelo número 23, achando que ele é a grande força que está por trás de tudo o que acontece neste mundo. Ao ler o livro, Walter se identifica patologicamente com o personagem e passa a sofrer do mesmo problema.

COMENTÁRIOS: Surpreendente trabalho dramático de Jim Carrey, em uma trama bastante complexa e bem desenvolvida.

AVALIAÇÃO: ***

OASIS OF THE ZOMBIES

(Cf. L'abîme des morts vivants)

OASIS OF THE ZOMBIES

(Cf. La tumba de los muertos vivientes)

OGON BATTO / GOLDEN BAT

DIRETOR: Hajime Sato

PAÍS: Japão

COMPANHIA PRODUTORA: Toei

ANO DE PRODUÇÃO: 1966

DURAÇÃO: 73'

IDIOMA ORIGINAL: Japonês

ARGUMENTO: Ichirto Suzuki, Takeo Nagamatsu

ROTEIRO: Susumu Takaku

FOTOGRAFIA: Yoshikazu Yamasawa [p&b]

MÚSICA: Shunsuke Kikuchi

ELENCO: Sonny Chiba, Wataru Yamagawa, Hisako Tsukuba, Emily Takami, Andrew Hughes, Hirohisa Nakata, Kosaku Okano, Koji Sekiyama, Yoichi Numata, Keiichi Kitagawa, Keiko Kuni, Yukio Aoshima, Osamu Kobayashi (voz)

GÊNERO: Aventura e ficção científica

SINOPSE: Nosso planeta está ameaçado de extinção por causa da chegada de um imenso meteoro, lançado em nossa direção pelo perverso Nazo, que se julga o dono do universo (tal como alguns políticos brasileiros que tão bem conhecemos) e não gosta de dividir o seu espaço com ninguém. Um grupo de cientistas está desenvolvendo um canhão de raios para destruir o meteoro, mas Nazo manda que seus capangas os exterminem. Por sorte, os cientistas encontram as ruínas da legendária Atlântida e, em seu interior, uma urna contendo o corpo de Golden Bat, um herói muito esquisitão que esperou 10.000 anos para ressuscitar com a missão de salvar a Terra.

COMENTÁRIOS: Produção bastante pobre (o que pode ser comprovado pelo simples fato de ter sido rodada em preto-e-branco), com um roteiro pouco inspirado e um herói – bastante popular no Japão – que passa a maior parte do filme sem dar as caras, parecendo estar realmente se recuperando de dez mil anos de hibernação.

AVALIAÇÃO: **

THE OLD DARK HOUSE

A VELHA CASA SOMBRIA

DIRETOR: James Whale

PAÍS: Estados Unidos

COMPANHIA PRODUTORA: Universal Pictures

ANO DE PRODUÇÃO: 1932

DURAÇÃO: 72'

IDIOMA ORIGINAL: Inglês

PRODUÇÃO: Carl Laemmle Jr.

ARGUMENTO: J. B. Priestly

ROTEIRO: Benn W. Levy

FOTOGRAFIA: Arthur Edeson [p&b]

MONTAGEM: Clarence Kolster

MÚSICA: "diversos"

ELENCO: Boris Karloff, Melvyn Douglas, Charles Laughton, Lillian Bond, Ernest Thesiger, Eva Moore, Raymond Massey, Gloria Stuart, John Dudgeon, Brember Wills

GÊNERO: Horror em tom de comédia

SINOPSE: Para fugir de uma violenta tempestade, cinco viajantes buscam abrigo em uma velha e isolada mansão do País de Gales, onde vivem os últimos sobreviventes da aristocrática família Femm. Porém, talvez tivesse sido mais seguro ficar na chuva, já que a casa está cheia de perigos e seus moradores estão longe de terem uma perfeita saúde mental.

COMENTÁRIOS: Elenco brilhante em uma trama bastante movimentada.

AVALIAÇÃO: ****

OLTRE LA MORTE / AFTER DEATH / ZOMBIE 4: AFTER DEATH

A TERCEIRA PORTA DO INFERNO

DIRETOR: Clyde Anderson [Claudio Fragasso]

PAÍS: Itália

COMPANHIA PRODUTORA: Flora Film

ANO DE PRODUÇÃO: 1988

DURAÇÃO: 84'

IDIOMA ORIGINAL: Inglês

PRODUÇÃO: Franco Gaudenzi

ARGUMENTO: Rossella Drudi

ROTEIRO: Rossella Drudi

FOTOGRAFIA: Luigi Ciccarese [cor]

MONTAGEM: Maurizio Baglivo

MÚSICA: Al Festa

ELENCO: Chuck Peyton [Jeff Stryker], Candice Daly, Alex McBride [Massimo Vanni], Don Wilson, Jim Gaines, Adrianne Joseph, Jim Moss, Nick Nicholson

GÊNERO: Horror zumbinífero

SINOPSE: Um grupo de pesquisadores vai para uma ilha remota, onde realiza experiências bizarras usando os nativos como cobaias. Achando que os cientistas são responsáveis pela morte de sua filha, um sacerdote vuduzeiro da ilha faz um feitiço e abre as portas do inferno, soltando um bando de mortos-vivos cheios de fome de carne humana. Os zumbis liquidam com os pesquisadores e só uma criancinha consegue escapar, sabe-se lá como. Anos depois, a sobrevivente – que tem uma memória pior que a minha e não se lembra de nada do que aconteceu – volta acidentalmente à ilha com um bando de aventureiros, reencontrando os zumbis e o seu tenebroso passado.

COMENTÁRIOS: Filme de zumbis imbecil e sem nenhuma originalidade, cujo roteiro parece ter sido escrito pelos próprios zumbis. Como curiosidade, o protagonista – Jeff Stryker – é uma das lendas do pornô gay norte-americano. Locações nas Filipinas.

AVALIAÇÃO: *

A PROFECIA

DIRETOR: Richard Donner

PAÍS: Inglaterra

COMPANHIA PRODUTORA: Twentieth Century-Fox

ANO DE PRODUÇÃO: 1976

DURAÇÃO: 111'

IDIOMA ORIGINAL: Inglês

PRODUÇÃO: Harvey Bernhard, Mace Neufeld

ARGUMENTO: David Seltzer

ROTEIRO: David Seltzer

FOTOGRAFIA: Gilbert Taylor [cor]

MONTAGEM: Stuart Baird

MÚSICA: Jerry Goldsmith

ELENCO: Gregory Peck, Lee Remick, David Warner, Billie Whitelaw, Patrick Troughton, Martin Benson, Harvey Stephens, Robert Rietty, Tommy Duggan, John Stride, Anthony Nicholls, Holly Palance, Roy Boyd, Freda Dowie, Sheila Raynor, Robert MacLeod, Bruce Boa, Don Fellows, Patrick McAlinney, Dawn Perllman, Nancy Manningham, Miki Iveria, Betty McDowall, Nicholas Campbell, Burnell Tucker, Ronald Leigh-Hunt, Guglielmo Spoletini, Yakov Banai, "The officers and men of U. S. Marine Barracks, London, England"

GÊNERO: Drama de horror satânico

SINOPSE: Já passando da idade mais adequada, Kathy Thorn prepara-se para dar à luz o seu primeiro filho, para gáudio de seu marido Robert, embaixador norte-americano em Roma. Porém, o parto é problemático e a criança morre. Sabendo que sua esposa sofrerá muito com isso, Robert acaba aceitando a sugestão do padre do hospital, que lhe oferece um recém-nascido órfão para adoção. Tudo é feito em segredo e nem Kathy fica sabendo de nada, aceitando como filho o pequeno Damien. Passam-se os anos e a família vive em plena felicidade, agora em Londres – para onde Robert foi transferido. Porém, estranhos fatos começam a ocorrer e

Robert passa a ser perseguido por um padre bizarro, que insiste em lhe dizer que Damien é o anti-Cristo. Robert não leva a sério as palavras do padre, até que este lhe revela que Kathy está novamente grávida e que Damien fará de tudo para evitar o nascimento da criança.

COMENTÁRIOS: Realizado na esteira do sucesso de "O exorcista" (que transformou o Diabo em um superastro do cinema), este filme é interessante e bem realizado, com efeitos surpreendentes e um clima bastante envolvente.

AVALIAÇÃO: ***

THE ORDER

O DEVORADOR DE PECADOS

DIRETOR: Brian Helgeland

PAÍS: Estados Unidos / Alemanha

COMPANHIA PRODUTORA: Twentieth Century Fox / Baumgarten Merims / N1 European Film Produktions

ANO DE PRODUÇÃO: 2003

DURAÇÃO: 103'

IDIOMA ORIGINAL: Inglês

PRODUÇÃO: Craig Baumgarten, Brian Helgeland (coprodutor: Giovanni Lovatelli)

ARGUMENTO: Brian Helgeland

ROTEIRO: Brian Helgeland

FOTOGRAFIA: Nicola Pecorini [cor]

MONTAGEM: Kevin Stitt

MÚSICA: David Torn

ELENCO: Heath Ledger, Shannyn Sossamon, Mark Addy, Benno Fürmann, Peter Weller, Francesco Carnelutti, Mattia Sbragia, Mirko Casaburo, Giulia Lombardi, Richard Bremmer, Cristina Maccà, Paola Emilia Villa, Rosalinda Celentano, Alessandra Costanzo, Paolo Lorimer, Davide Odore, John Karlsen, Fabrizio Lozzi, David Ambrosi, Adam Levy, Bruno Bilotta, Leagh Conwell, John Schwab, Jon Laurimore, Steve Toussaint, James Greene, Luigi Basagaluppi, Michele Melega, Emanuele Carucci Viterbi, Richard Leaf, Clive Riche, Alex Van Damme, Barbara Pastrovich

GÊNERO: Horror teológico

SINOPSE: Padreco norte-americano um tanto profano (mas que, ao menos, não se mete com as criancinhas da sua paróquia), pertencente a uma seita católica um tanto herética, é convocado por um poderoso bispo para investigar a misteriosa morte de seu mentor espiritual, ocorrida em Roma. O rapaz descobre que seu mestre — excomungado pela Igreja retrógrada e careta – se suicidou, após conseguir os serviços de um "devorador de pecados" (um ser sobrenatural que, com a sua ação, consegue purificar qualquer alma e fazê-la entrar direto no céu sem o auxílio da Igreja). O objetivo do padre é matar o devorador, já que este está tirando o seu ganha-pão. Porém, ao encontrar-se com ele, o padre descobre que foi escolhido para ser o seu sucessor, já que o devorador quer se aposentar depois de alguns séculos de serviço.

COMENTÁRIOS: Mais uma amostra da velha interpretação norte-americana do catolicismo (que é visto – pelo cinema hollywoodiano – como uma tenebrosa mistura de perversões sexuais e satanismo). O filme parte de uma ideia interessante, mas logo se perde em excessos, com o protagonista interpretando um padre que não pode ser distinto de qualquer leigo.

AVALIAÇÃO: ***

LA ORGÍA NOCTURNA DE LOS VAMPIROS

A ORGIA NOTURNA DOS VAMPIROS

DIRETOR: León Klimovsky

PAÍS: Espanha

COMPANHIA PRODUTORA: José Frade Producciones Cinematográficas

ANO DE PRODUÇÃO: 1972

DURAÇÃO: 79'

IDIOMA ORIGINAL: Espanhol / Inglês (dub)

PRODUÇÃO: José Frade

ARGUMENTO: Gabriel Burgos, Antonio Fos

ROTEIRO: Gabriel Burgos, Antonio Fos

FOTOGRAFIA: Antonio López Ballesteros [cor]

MONTAGEM: Antonio Ramirez de Loaysa

MÚSICA: "Ediciones Phonorecord"

ELENCO: Jack Taylor, Dyanik Zurakowska, Charo Soriano, Helga Liné, José Guardiola, Manuel de Blas, David Aller, Gaspar 'Indio' González, Luis Ciges, Antonio Páramo, María Vidal, Sandalio Hernandez, Fernando Bilbao, Alfonso de la Vega, Rafael Albaicín, L. Villena, Fernando Romero, Sarita Gil

GÊNERO: Horror

SINOPSE: Algumas pessoas, contratadas para exercerem diversas funções na mansão de uma família aristocrática, empreendem uma viagem de ônibus até o remoto lugarejo onde trabalharão. Porém, no caminho, o motorista tem um ataque e morre, fazendo com que o grupo busque refúgio numa aldeia das proximidades. A aldeia parece abandonada, mas no dia seguinte todos são acolhidos por um grupo de solícitos cidadãos. No entanto, todos os moradores da aldeia são vampiros, submetidos à vontade de uma cruel condessa.

COMENTÁRIOS: Horror B espanhol dirigido pelo veterano artesão Klimovsky (Argentina, 1906-1996). O filme em nada difere de tantos outros do seu gênero – realizados na Espanha, na Itália ou no México – normalmente feitos para consumo internacional (com dublagem e pseudônimos ingleses). Poderia ser um passatempo interessante – apesar da precariedade generalizada e da falta de cenas de impacto – se não fosse a abominável trilha sonora, quase sempre totalmente inadequada ao seu contexto.

AVALIAÇÃO: **

THE OTHERS / LOS OTROS

OS OUTROS

DIRETOR: Alejandro Amenábar

PAÍS: Estados Unidos / Espanha

COMPANHIA PRODUTORA: Cruise-Wagner Productions / Sogecine / Las Producciones del Escorpión

ANO DE PRODUÇÃO: 2001

DURAÇÃO: 101'

IDIOMA ORIGINAL: Inglês

PRODUÇÃO: Fernando Bovaira, José Luis Cuerda, Sunmin Park

ARGUMENTO: Alejandro Amenábar

ROTEIRO: Alejandro Amenábar

FOTOGRAFIA: Javier Aguirresarobe [cor]

MONTAGEM: Nacho Ruiz Capillas

MÚSICA: Christopher Eccleston

ELENCO: Nicole Kidman, Fionnula Flanagan, Christopher Eccleston, Alakina Mann, James Bentley, Eric Sykes, Elaine Cassidy, Keith Allen, Renée Asherson, Michelle Fairley, Gordon Reid, Alexander Vince, Ricardo López, Aldo Grilo

GÊNERO: Horror

SINOPSE: Ilha de Jersey, 1945: Sozinha em uma velha mansão, junto com seus dois filhos pequenos, Anne e Nicholas (vítimas de uma doença que os impede de se expor à luz do sol), Grace Stewart espera o retorno de seu marido Charles, que foi para a guerra, e de sua família, que fugiu para a Inglaterra temendo uma invasão alemã. Com o longo período de solidão, Grace atravessa um momento psicológico difícil, principalmente devido ao fato de que, apesar de acabada a guerra, Charles ainda não voltou e está sendo dado como morto. Precisando de novos empregados, já que os antigos desapareceram e a casa é imensa, Grace contrata três pessoas do local, que aparecem subitamente em sua porta. Porém, ela logo passa a ser vítima de estranhos fenômenos, acreditando que sua casa pode estar assombrada.

COMENTÁRIOS: Com uma concepção visual instigante, uma história inteligentíssima e muito bem desenvolvida e um elenco afinado, este filme é certamente um espetáculo imperdível, renovando um gênero que se desgasta com tanta facilidade.

AVALIAÇÃO: *****

LOS OTROS

(Cf. The others)

OUTBREAK

EPIDEMIA

DIRETOR: Wolfgang Petersen

PAÍS: Estados Unidos

COMPANHIA PRODUTORA: Arnold Kopelson Productions

ANO DE PRODUÇÃO: 1995

DURAÇÃO: 127'

IDIOMA ORIGINAL: Inglês

PRODUÇÃO: Arnold Kopelson, Wolfgang Petersen, Gail Katz (coprodução: Stephen Brown, Nana Greenwald, Sanford Panitch)

ROTEIRO: Laurence Dworet, Robert Roy Pool

FOTOGRAFIA: Michael Ballhaus [cor]

MONTAGEM: Neil Travis, Lynzee Klingman, William Hoy

MÚSICA: James Newton Howard

ELENCO: Dustin Hoffman, Rene Russo, Morgan Freeman, Cuba Gooding Jr., Patrick Dempsey, Donald Sutherland, Kevin Spacey, Malick Bowens, Zakes Mokae, Susan Lee Hoffman, Benito Martinez, Bruce Jarchow, Leland Hayward III, Daniel Chodos, Dale Dye, Cara Keough, Gina Menza, Per Didrik Fasmer, Michelle Joyner, Donald Forrest, Julie Pierce, Tim Ransom, Michelle M. Miller, Maury Sterling, Michael Emanuel, Lucas Dudley, Robert Alan Joseph, Joseph Latimore, Michael Sottile, Ed Beechner, Matthew

Saks, Diana Bellamy, Lance Kerwin, Brett Oliver, Eric Mungai Nguku, Larry Hine, Nickolas H. Marshall, Douglas Hebron, Jae Woo Lee, Derek Kim, Bill Stevenson, Kellie Overbey, Dana Andersen, Patricia Place, Nicholas Pappone, Traci Odom, Herbert Jefferson Jr., Thomas Crawford, Buzz Barbee, Jenna Byrne, Brian Reddy, Ina Romeo, Teresa Velarde, J. J. Chaback [Jane Jenkins Chaback], Carmela Rappazzo, Kurt Boesen, Jack Rader, Robert Rigamonte, Mimi Doyka, C. Jack Robinson, Robert Alan Beuth, Gordon Michaels, Peter Looney, Conrad Bachmann, Cary J. Pitts, Cynthia Harrison, Marcus Hennessy, Albert Owens, David Silverbrand, Julie Araskog, Frank Rositani, George Christy, Bruce Isacson, Marilyn Brandt, Philip Handy, Tim Frazee, Moses Williams, Roland Tsui, Keith Butler, Davi Lee Phillips, Ralph Miller, Mark Drown, Jim Antonio

GÊNERO: Drama de ação e ficção científica

SINOPSE: Sam Daniel, gênio da microbiologia e coronel do exército americano, é o pesquisador-chefe de um laboratório militar encarregado do combate a pragas viróticas extremamente graves. Enviado ao Zaire, Sam isola um vírus com uma potência mortal nunca vista, que recebe o nome de Motaba (a aldeia que ele dizimou, com uma febre hemorrágica fatal). Porém, o que Sam ignora é que o vírus já havia sido identificado há quase 30 anos, na mesma região, sendo mantido em sigilo pelo governo ianque para ser eventualmente utilizado como arma bacteriológica. O chefe de Sam – o general Billy Ford – é um dos membros deste complô, comandado pelo psicótico general McClintock. Assim, Sam é retirado do caso e as pesquisas interrompidas. Porém, um macaco da região afetada – hospedeiro do Motaba – é trazido para os Estados Unidos e acaba solto numa floresta do interior. Logo começam a surgir os casos da febre, principalmente numa pequena cidade, para onde vai uma equipe do serviço de saúde, comandada pela doutora Robby Keough (ex-esposa de Sam). Contrariando as ordens de seus superiores, Sam também vai para lá, realizando pesquisas para criar um antídoto. Porém, McClintock deseja esconder seu segredo a qualquer custo e vai usar a sua influência para convencer o governo a destruir a cidade, já que o contágio acelerado pode destruir o país em poucos dias.

COMENTÁRIOS: Mais uma história sobre conspirações nos bastidores do governo americano, interessado em conservar importantes segredos para uso militar (trata-se, por exemplo, do mesmo ponto de partida dos ufólogos que abordam o caso Roswell). Fundamentalmente, este filme é um grande apanhado de clichês sobre temas de interesse atual (como as epidemias "exóticas" que ameaçam o homem, vindas de obscuros ecossistemas perturbados pelo progresso, e a paranoia militarista que leva às pesquisas científicas sobre armas biológicas). Apesar do jeitão de superprodução e da presença de alguns astros, este filme nada acrescenta ao gênero, embora seja um passatempo interessante.

AVALIAÇÃO: ***

PAINTBALL

DIRETOR: Daniel Benmayor

PAÍS: Espanha

COMPANHIA PRODUTORA: Castelao Productions

ANO DE PRODUÇÃO: 2008

DURAÇÃO: 86'

IDIOMA ORIGINAL: Inglês

PRODUÇÃO: Julio Fernández

ARGUMENTO: Mario Schoendorff

ROTEIRO: Mario Schoendorff

FOTOGRAFIA: Juanmi Azpiroz [cor]

MONTAGEM: Marc Soria

MÚSICA: Xavier Capellas, Maikmayer

ELENCO: Brendan Mackey, Jennifer Matter, Patrick Regis, Iaione Pérez, Neil Maskell, Anna Casas, Peter Vives, Claudia

Bassols, Felix Pring, Josep Segui, Lucy Tillet, Lada Ruba-
kova, Joshua Zamrycki, Joyce Müller, James Phillips, Reg
Wilson, Luci Lenox, Vera Cunningham

GÊNERO: Ação e horror

SINOPSE: Yuppies entediados de diversas partes do mundo
participam de um grande jogo realista de paintball, realizado clandestinamente em uma região remota da Europa
oriental. Porém, eles logo descobrem que estão sendo caçados com armas de verdade, por desconhecidos com propósitos bastante tenebrosos.

COMENTÁRIOS: Mais uma história na qual milionários
em busca de emoções "diferentes" se divertem com o sofri-
mento de cidadãos comuns. A ideia até que é interessante,
mas o desenvolvimento deixa muito a desejar. Locações na
Catalunha.

AVALIAÇÃO: **

PARANOIAC

PARANOICO

DIRETOR: Freddie Francis

PAÍS: Inglaterra

COMPANHIA PRODUTORA: Hammer Films

ANO DE PRODUÇÃO: 1962

DURAÇÃO: 80'

IDIOMA ORIGINAL: Inglês

PRODUÇÃO: Anthony Hinds

ARGUMENTO: Josephine Tey

ROTEIRO: Jimmy Sangster

FOTOGRAFIA: Arthur Grant [p&b]

MONTAGEM: James Needs

MÚSICA: Elisabeth Lutyens (supervisão: John Hollingsworth)

ELENCO: Janette Scott, Oliver Reed, Sheila Burrell, Maurice Denham, Alexander Davion, Liliane Brousse, Harold Lang, Arnold Diamond, John Bonney, John Stuart

GÊNERO: Horror

SINOPSE: Os Ashby são uma família aristocrática decadente do interior da Inglaterra, da qual restam apenas os irmãos Simon e Eleanor e sua velha tia Harriet. Simon, um homem mentalmente instável e cheio de vícios, aguarda com ansiedade a sua maioridade legal, a fim de tomar posse de sua gorda herança – que está sendo administrada por uma firma de advocacia. Já Eleanor, também instável mentalmente (após a morte de seus pais e de seu irmão Tony, a quem ela era muito ligada), vive imersa em devaneios. Porém, tudo muda com a súbita aparição de um homem que diz ser Tony – e que é imediatamente reconhecido por Eleanor. A chegada do rapaz, que alega ter forjado a sua morte para fugir de casa, perturba Simon, que não se conforma em ter que repartir a herança com mais alguém.

COMENTÁRIOS: Apesar de ser bastante forçada e previsível, a trama consegue criar um clima envolvente, especialmente pela presença do jovem Oliver Reed.

AVALIAÇÃO: ***

PARANOID

A CASA DO MAL

DIRETOR: John Duigan

PAÍS: Inglaterra

COMPANHIA PRODUTORA: Trijbits Productions

ANO DE PRODUÇÃO: 1999

DURAÇÃO: 94'

IDIOMA ORIGINAL: Inglês

PRODUÇÃO: Paul Trijbits (coprodução: Jo Human)

ARGUMENTO: John Duigan

ROTEIRO: John Duigan

FOTOGRAFIA: Slawomir Idziak [cor]

MONTAGEM: Humphrey Dixon

MÚSICA: Charlie Mole

ELENCO: Jessica Alba, Iain Glen, Jeanne Tripplehorn, Ewen Bremner, Kevin Whately, Mischa Barton, Gary Love, Gina Bellman, Oliver Milburn, Amy Phillips, David Fahm, Peter Hugo Daly, James Bannon, Helena Hamilton, Aleksandra Turjak, Shelley Dale, Tilly Vosburgh, John Danks, Susannah Harrison

GÊNERO: Drama de suspense e horror

SINOPSE: Chloe, uma famosa top model internacional, é convidada para uma festa na casa de um antigo astro do rock. Porém, quando a festa termina, ela acaba prisioneira do seu anfitrião – um tarado que gosta de se aproveitar de mulheres indefesas. Sem ter dito a ninguém para onde ia, a única esperança da garota é um vizinho tarado, que costuma fazer ligações anônimas para o seu celular.

COMENTÁRIOS: Com uma abordagem excessivamente pudica, para a natureza da trama, o filme nunca consegue ser convincente. Locações na Ilha de Man.

AVALIAÇÃO: ***

PAVOR NA CIDADE DOS ZUMBIS

DIRETOR: Lucio Fulci

PAÍS: Itália

COMPANHIA PRODUTORA: Dania Film / Medusa Distribuzione / National Cinematografica

ANO DE PRODUÇÃO: 1980

DURAÇÃO: 93'

IDIOMA ORIGINAL: Inglês

ARGUMENTO: Lucio Fulci, Dardano Sacchetti

ROTEIRO: Lucio Fulci, Dardano Sacchetti

FOTOGRAFIA: Sergio Salvati [cor]

MONTAGEM: Vincenzo Tomassi

MÚSICA: Fabio Frizzi

ELENCO: Christopher George, Katriona MacColl, Carlo De Mejo, Antonella Interlenghi, Giovanni Lombardo Radice, Daniela Doria, Fabrizio Jovine, Luca Paisner [Luca Venantini], Michele Soavi, Venantino Venantini, Enzo D'Ausilio, Adelaide Aste, Luciano Rossi, Robert Sampson, Janet Agren

GÊNERO: Horror satânico

SINOPSE: Durante uma sessão espírita, em Nova Iorque, a medium Mary tem a visão de um padre cometendo o suicídio por enforcamento. Impressionada, ela tem um ataque e é dada como morta. Porém, logo depois do seu enterro, Mary recobra os sentidos e é salva pelo jornalista Peter Bell, que estava bundeando pelo cemitério em busca de um furo. Investigando os fatos, Mary descobre que a sua visão está ligada a uma velha profecia, que anuncia a abertura das portas do inferno e a invasão do mundo por espíritos malignos. Então, com a ajuda de Peter, a moça tenta encontrar a cidade onde o padre se matou, a fim de fechar novamente a passagem e evitar que o nosso mundo fique ainda pior do que é.

COMENTÁRIOS: Mais uma obra com a marca do saudoso Fulci, um dos mestres do horror nos anos 70 e 80. Repetem-se aqui as situações convencionais dos filmes de satanismo, com direito a alguma escatologia.

AVALIAÇÃO: ***

PEMBALASAN RATU PANTAI SELATAN / LADY TERMINATOR

A CAÇADORA DE ALMAS

DIRETOR: Jalil Jackson [H. Tjut Djalil]

PAÍS: Indonésia

COMPANHIA PRODUTORA: P. T. Soraya Intercine Films

ANO DE PRODUÇÃO: 1989

DURAÇÃO: 82'

IDIOMA ORIGINAL: Inglês

PRODUÇÃO: Ram Soraya

ARGUMENTO: "lenda da Rainha dos Mares do Sul"

ROTEIRO: Karr Kruinowz

FOTOGRAFIA: Chuchu Suteja [cor]

MÚSICA: "Ricky Brothers"

ELENCO: Barbara Anne Constable, Christopher J. Hart, Claudia Angelique Rademaker, Joseph P. McGlynn, Adam Stardust, Ikang Fawzi

GÊNERO: Ação e terror

SINOPSE: Há cem anos, na costa da Indonésia, a perversa

Rainha dos Mares ceifava as vidas de inúmeros homens, arrancando o pênis dos seus parceiros sexuais. Porém, um aventureiro descobriu o segredo da Rainha: uma serpente que vivia dentro de sua vagina. Furiosa, a Rainha volta para o mar, prometendo retornar em cem anos para se vingar. De fato, cem anos depois, ela possui o corpo de uma jovem antropóloga, que está pesquisando o seu mito. Tornando-se indestrutível e sedenta de sangue, a antropóloga sai em busca de uma cantora, única descendente do homem que a subjugou.

COMENTÁRIOS: Um dos maiores clássicos do *trash* mundial, esta produção indonésia é, em boa parte, um plágio descarado do "Terminator" de James Cameron, transformado em uma história de terror folclórico protagonizada por uma mulher. Se as atuações e a parte técnica são sofríveis (com exceção da bela Barbara Anne Constable), os produtores não pouparam o orçamento para os tiros e explosões, com mortes às pencas e bizarrices difíceis de imaginar. Em suma, uma boa diversão.

AVALIAÇÃO: ***

TERROR SOBRE RODAS

DIRETOR: Dean Francis

PAÍS: Austrália

COMPANHIA PRODUTORA: Prodigy Movies / The South Australian Film Corporation

ANO DE PRODUÇÃO: 2009

DURAÇÃO: 90'

IDIOMA ORIGINAL: Inglês

PRODUÇÃO: Michael Robertson

ARGUMENTO: Clive Hopkins

ROTEIRO: Clive Hopkins

FOTOGRAFIA: Carl Robertson [cor]

MONTAGEM: Rodrigo Balart

MÚSICA: Rafael May

ELENCO: Xavier Samuel, Bob Morley, Georgina Haig, Sophie Lowe, David Argue

GÊNERO: Drama de horror

SINOPSE: Dois casais de namorados viajam pelos infindáveis desertos australianos quando são atacados por um gigantesco caminhão, que faz o seu carro capotar. Todos sobrevivem ao acidente, mas não veem qualquer perspectiva de ajuda, já que a estrada é tão deserta quanto toda a região. Quando eles percebem que o tal caminhão está parado nas proximidades, decidem abordar o motorista, em busca de uma carona. Ao chegarem ao caminhão, eles percebem que o veículo está vazio. Quando o motorista aparece, armado e aparentemente insano, eles decidem fugir no próprio veículo. Porém, todos adormecem e vão parar em um local remoto, fora da estrada e sem espaço para uma manobra de retorno. Para piorar a situação, o quarteto logo vai descobrir que o caminhão no qual viajam está bem longe de ser uma simples máquina caríssima, pacífica e subserviente.

COMENTÁRIOS: Produção australiana que consegue a proeza de reunir uma história absurda a um elenco de rara mediocridade. De fato, é surpreendente a insistência do cinema australiano neste gênero, para o qual seus cineastas não demonstram o mínimo talento. Trata-se de mais um filme no qual o diminuto elenco passa boa parte do tempo suando, babando, chorando, sangrando ou tendo ataques de histeria, a fim de compensar a falta de enredo, de ação e de efeitos especiais.

AVALIAÇÃO: *

ROBINSON CRUSOÉ EM MARTE

DIRETOR: Byron Haskin

PAÍS: Estados Unidos

COMPANHIA PRODUTORA: Paramount Pictures / Devonshire Pictures

ANO DE PRODUÇÃO: 1964

DURAÇÃO: 109'

IDIOMA ORIGINAL: Inglês

PRODUÇÃO: Aubrey Schenck, Edwin F. Zabel

ARGUMENTO: Daniel Defoe

ROTEIRO: Ib Melchior, John Higgins

FOTOGRAFIA: Winton C. Hoch [cor]

MONTAGEM: Terry Morse

MÚSICA: Van Cleave

ELENCO: Paul Mantee, Victor Lundin, Adam West, macaco Woolly

GÊNERO: Ficção científica

SINOPSE: Nave de exploração terráquea chega a Marte, mas um acidente faz com que os dois astronautas sejam obrigados a descer no planeta, e em locais diferentes. Ao descobrir que seu companheiro está morto, o único sobrevivente luta para encontrar comida, água e oxigênio, tendo como única companhia uma pequena macaca que fazia parte da expedição.

COMENTÁRIOS: A célebre história de Daniel Defoe adaptada à corrida espacial, expressando com extrema perfeição todo o tédio dos vácuos interestelares.

AVALIAÇÃO: **

ROBOT HOLOCAUST

Mutantes carnívoros

DIRETOR: Tim Kincaid

PAÍS: Estados Unidos / Itália

COMPANHIA PRODUTORA: Tycin Entertainment / Taryn Productions

ANO DE PRODUÇÃO: 1986

DURAÇÃO: 79'

IDIOMA ORIGINAL: Inglês

PRODUÇÃO: Cynthia DePaula

ARGUMENTO: Tim Kincaid

ROTEIRO: Tim Kincaid

FOTOGRAFIA: Arthur D. Marks [cor]

MONTAGEM: Barry Zetlin

MÚSICA: "diversos"

ELENCO: Norris Culf, Nadine Hart, Joel von Ornsteiner, Jennifer Delora, Andrew Howarth, Angelika Jager, Michael Downend, Rick Gianasi, George Gray, Nicholas Reiner, Michael Azzolina, John Blaylock, Michael Zezima, Edward Mallia, Amy Brentano, Dave Martin, Keith Schwabinger

GÊNERO: Horror e ficção científica

SINOPSE: Num futuro incerto e duvidoso, os robôs assumiram o controle de nosso planeta, devastado por uma guerra. Comandados pelo perverso Dark One, os robôs obrigam – através do controle do suprimento de ar puro – seus escravos humanos a trabalharem nas minas, a fim de fornecerem combustível para sua usina de força. Quando Dark One descobre que um dos humanos, Jorn, não precisa de seu ar, manda capturá-lo e levá-lo para interrogatório em seu quartel-general, na própria usina. Deeja, a filha de Jorn, fica desesperada e aceita a oferta do recém-chegado Neo, que se oferece para salvar o prisioneiro. Neo, que vem de uma região livre, também procura por seu pai, capturado por Dark One. Com Deeja, o robô bom Klyton e um grupo de amigos,

Neo inicia a jornada para a usina, enfrentando inúmeros perigos – já que existem mutantes espalhados por todo o caminho e Dark One mantém o grupo sob vigilância, através de seu braço-direito Valeria.

COMENTÁRIOS: Paupérrimo filme *trash* rodado no fundo de algum quintal, com um roteiro composto por clichês pessimamente alivanhados, um elenco de última categoria e efeitos especiais simplesmente ridículos.

AVALIAÇÃO: *

ROBOT MONSTER

Robô Monstro

DIRETOR: Phil Tucker

PAÍS: Estados Unidos

COMPANHIA PRODUTORA: Three Dimension Pictures

ANO DE PRODUÇÃO: 1953

DURAÇÃO: 66'

IDIOMA ORIGINAL: Inglês

PRODUÇÃO: Phil Tucker

ARGUMENTO: Wyott Ordung

ROTEIRO: Wyott Ordung

FOTOGRAFIA: Jack Greenhalgh [p&b]

MONTAGEM: Merrill White

MÚSICA: Elmer Bernstein

ELENCO: George Nader, Claudia Barrett, Selena Royale, John Mylong, Gregory Moffett, Pamela Paulson, George Barrows, John Brown (voz)

GÊNERO: Ficção científica

SINOPSE: Ro-Man, um robô alienígena com corpo de gorila, capacete de escafandrista e antenas de TV na cabeça, chega ao planeta Terra e rapidamente dizima toda a sua população. Porém, como o seu povo é muito perfeccionista, o trabalho de Ro-Man só pode estar completo quando ele acabar com uma última família humana, que insiste em resistir e precisa lutar com todas as suas forças contra essa ameaça ridícula.

COMENTÁRIOS: A quintessência do *trash* em um dos filmes mais toscos da história do cinema.

AVALIAÇÃO: *

ROCKETSHIP X-M

Da Terra à Lua

DIRETOR: Kurt Neumann

PAÍS: Estados Unidos

COMPANHIA PRODUTORA: Lippert Productions

ANO DE PRODUÇÃO: 1950

DURAÇÃO: 77'

IDIOMA ORIGINAL: Inglês

PRODUÇÃO: Kurt Neumann

ARGUMENTO: Kurt Neumann

ROTEIRO: Kurt Neumann

FOTOGRAFIA: Karl Struss [p&b]

MONTAGEM: Harry Gerstad

MÚSICA: Ferde Grofé (direção: Albert Glasser)

ELENCO: Lloyd Bridges, Osa Massen, John Emery, Noah Beery Jr., Hugh O'Brian, Morris Ankrum, Patrick Ahern, Sherry Moreland, John Dutra, Katherine Marlowe

GÊNERO: Ficção científica

SINOPSE: O governo americano envia um foguete com cinco astronautas (quatro homens e uma mulher) para a Lua. A missão, chefiada pelo cientista Karl Eckstrom, está sendo muito bem-sucedida, até que um problema técnico não identificado deixa a nave vagando à deriva pelo espaço. Ao tentarem corrigir o problema, os astronautas fazem com que a nave acelere exageradamente e, com a pressão, todos

ficam desacordados. Ao voltarem a si, nossos heróis descobrem que saíram (e muito) da rota e estão indo para um lugar totalmente inesperado: o planeta Marte!

COMENTÁRIOS: Um dos clássicos pioneiros da ficção científica moderna, este filme se ressente do seu baixíssimo orçamento e, consequentemente, da ausência de efeitos especiais.

AVALIAÇÃO: ***

THE ROCKY HORROR PICTURE SHOW

THE ROCKY HORROR PICTURE SHOW

DIRETOR: Jim Sharman

PAÍS: Inglaterra

COMPANHIA PRODUTORA: Twentieth Century Fox /
Michael White – Lou Adler

ANO DE PRODUÇÃO: 1975

DURAÇÃO: 100'

IDIOMA ORIGINAL: Inglês

PRODUÇÃO: Michael White

ROTEIRO: Jim Sharman, Richard O'Brien

FOTOGRAFIA: Peter Suschitzky [cor]

MONTAGEM: Graeme Clifford

MÚSICA: Richard O'Brien (direção: Richard Hartley)

ELENCO: Tim Curry, Susan Sarandon, Barry Bostwick, Richard O'Brien, Patricia Queen, Little Nell, Jonathan Adams, Peter Hinwood, Meatloaf, Charles Gray, Jeremy Newson, Hilary Labow, Perry Bedden, Christopher Biggins, Gaye Brown, Ishaq Bux, Stephen Calcutt, Hugh Cecil, Imogen Claire, Tony Cowan, Sadie Corre, Fran Fullenwider, Lindsay Ingram, Peggy Ledger, Annabelle Leventon, Anthony Milner, Pamela Obermeyer, Tony Then, Kimi Wong, Henry Woolf

GÊNERO: Comédia músical de horror

SINOPSE: Dois namorados vão visitar um estudioso e, no caminho, enfrentam problemas com o seu carro. Eles pedem ajuda em um estranho castelo, onde acabam se tornando prisioneiros do pérfido Frank'N'Furter, um travesti cientista louco alienígena que se prepara para dar vida à sua grande criação: o monstro Rocky Horror.

COMENTÁRIOS: A história, aqui, é apenas um pretexto para elaborados números de canto e dança, nos quais se destaca o trabalho de Tim Curry. Durante décadas, este filme foi objeto de culto de uma legião de fãs, que costumavam reunir-se para revê-lo caracterizados como os personagens.

AVALIAÇÃO: ***

ROLLERBALL, OS GLADIADORES DO FUTURO

DIRETOR: Norman Jewison

PAÍS: Estados Unidos

COMPANHIA PRODUTORA: United Artists Corporation

ANO DE PRODUÇÃO: 1975

DURAÇÃO: 128'

IDIOMA ORIGINAL: Inglês

PRODUÇÃO: Norman Jewison

ARGUMENTO: William Harrison

ROTEIRO: William Harrison

FOTOGRAFIA: Douglas Slocombe [cor]

MONTAGEM: Antony Gibbs

MÚSICA: André Previn

ELENCO: James Caan, John Houseman, Maud Adams, John Beck, Moses Gunn, Pamela Hensley, Barbara Trentham, John Normington, Shane Rimmer, Burt Kwouk, Nancy Bleier, Rick Le Parmentier, Robert Ito, Ralph Richardson

GÊNERO: Drama futurista

SINOPSE: Numa sociedade do futuro, o poder é controlado pelas corporações, que comandam as diferentes cidades do planeta. Para manter a ralé sob controle, o governo criou um jogo violento, o rollerball, que entretém as massas obtusas e os grã-finos ociosos. Mistura de hóquei e futebol americano, o rollerball é disputado por duas equipes, que patinam numa arena circular e tentam marcar gols. Dentre todos os jogadores de rollerball, destaca-se o veterano Jonathan, que há dez anos comanda a mais poderosa de todas as equipes. Porém, apesar de sua popularidade, Jonathan é um conformista, tendo inclusive perdido sua esposa para um executivo, que a requisitou. Tudo muda quando o dirigente de sua equipe manda chamá-lo e comunica o desejo da corporação de que ele se aposente. Sem entender o que está acontecendo, já que ainda está em plena forma, Jonathan passa a questionar a ordem da sociedade, cuja origem ele desconhece. Como ele se recusa a deixar o esporte, os dirigentes mudam as regras e tornam o jogo cada vez mais violento, a fim de eliminar Jonathan e seu vitorioso individualismo, já que o objetivo maior do rollerball era demonstrar a superioridade do esforço coletivo.

COMENTÁRIOS: Obra extremamente instigante, que denuncia ao mesmo tempo a ameaça de despersonalização dos seres humanos, o uso do esporte como forma de controle social e a exploração da violência pelos meios de comunicação.

AVALIAÇÃO: ****

ROSSO SANGUE / ABSURD

DIRETOR: Peter Newton [Joe D'Amato]

PAÍS: Itália

COMPANHIA PRODUTORA: Metaxa Corp.

ANO DE PRODUÇÃO: 1981

DURAÇÃO: 94'

IDIOMA ORIGINAL: Inglês (dub)

ARGUMENTO: John Cart [George Eastman]

ROTEIRO: John Cart [George Eastman]

FOTOGRAFIA: Richard Haller [Joe D'Amato] [cor]

MONTAGEM: George Morley

MÚSICA: Carlo Maria Cordio

ELENCO: George Eastman, Annie Belle, Charles Borromel, Katya Berger, Kasimir Berger, Hanja Kochansky, Ian Danby, Ted Rusoff, Edmund Purdom

GÊNERO: Horror

SINOPSE: Em uma pequena cidade norte-americana, um estranho padre grego busca um compatriota mutante, que tem a incrível capacidade de regenerar suas células. Porém, como esse quase imortal é também um psicopata assassino dos mais sanguinários, o padre terá que contar com a ajuda de um veterano policial em sua caçada, enquanto o maluco espalha suas vítimas pelas redondezas.

COMENTÁRIOS: Mais uma das inesgotáveis imitações italianas do cinema de Hollywood, com a costumeira dublagem "the book is on the table" e o desfile de pseudônimos em inglês. A vontade de assimilar seu modelo é tanta que até mesmo a trama se passa nos Estados Unidos.

AVALIAÇÃO: **

RUBBER

Rubber – O pneu assassino

DIRETOR: Quentin Dupieux

PAÍS: França

COMPANHIA PRODUTORA: Realitism Films

ANO DE PRODUÇÃO: 2010

DURAÇÃO: 82'

IDIOMA ORIGINAL: Inglês

PRODUÇÃO: Julien Berlan, Gregory Bernard

ARGUMENTO: Quentin Dupieux

ROTEIRO: Quentin Dupieux

FOTOGRAFIA: Quentin Dupieux [cor]

MONTAGEM: Quentin Dupieux

MÚSICA: Gaspard Augé, Mr. Oizo

ELENCO: Stephen Spinella, Jack Plotnick, Wings Hauser, Roxane Mesquida, David Bowe, Devin Brochu, Daniel Quinn, Hayley Holmes, Charley Koontz, Ethan Cohn, Haley Ramm, Cecilia Antoinette, Remi Thorne, Tara O'Brien, Pete di Cecco, Thomas F. Duffy, Blake Robbins, Courtenay K. Taylor, James Parks, Michael Ross, pneu Robert, Gaspard Augé, Pedro Winter

GÊNERO: Terror em tom de comédia com elementos surrealistas

SINOPSE: Subitamente, em pleno deserto, um pneu adquire consciência e descobre que tem o poder de destruir seres vivos com a força de seu pensamento. Logo, o pneu começa a rolar em busca de vítimas, chacinando vários seres humanos e se apaixonando por uma linda jovem. Ao mesmo tempo, os produtores do filme fazem de tudo para eliminar todos os espectadores, para com isso poderem interromper a exibição antes do final – já que não dispõem de uma conclusão para a trama.

COMENTÁRIOS: Tentativa um tanto frustrada de fazer

humor non sense apelando para uma história absurda. Porém, o resultado não consegue ser engraçado e nem tampouco satírico. No fim das contas, o único ponto de interesse deste filme é a bela Roxane Mesquida.

AVALIAÇÃO: ***

THE RUINS

AS RUÍNAS

DIRETOR: Carter Smith

PAÍS: Estados Unidos / Alemanha / Austrália

COMPANHIA PRODUTORA: Red Hour Films / Internationale Filmproduktion Prometheus / Dreamworks / Spyglass Entertainment

ANO DE PRODUÇÃO: 2008

DURAÇÃO: 93'

IDIOMA ORIGINAL: Inglês

PRODUÇÃO: Stuart Cornfeld, Jeremy Kramer, Chris Bender

ARGUMENTO: Scott B. Smith

ROTEIRO: Scott B. Smith

FOTOGRAFIA: Darius Khondji [cor]

MONTAGEM: Jeff Betancourt

MÚSICA: Graeme Revell

ELENCO: Jonathan Tucker, Jena Malone, Shawn Ashmore, Laura Ramsey, Joe Anderson, Sergio Calderon, Jesse Ramirez, Balder Moreno, Dimitri Baveas, Patricio Almeida Rodriguez, Mario Jurado, Luis Ramos, Walter Quispe, Pauline Whyman, Nathan Vega, Tanisha Marquez-Munduate, Chris Argirousis, Alexander Gregory, Michelle Atkinson, Bar Paly, Jordan Patrick Smith, Jovina Riveros Padilla, Lucia Caballero, Rufino Hernandez, Carlos Enrique Delgado, Mario Freire Rivera, Elmer Alaya, Jesus Tugumbango

GÊNERO: Horror

SINOPSE: Em férias no México, dois casais de turistas norte-americanos recebem um convite de um turista alemão para visitarem as ruínas de um templo maia, recentemente descoberto em uma região de selva pelo irmão dele, que é arqueólogo. Todos vão até lá, mas são violentamente atacados por descendentes dos maias e forçados a buscar refúgio no topo do templo. A reação dos nativos deixa os turistas perplexos, até que eles descobrem que seus agressores estão, na verdade, lutando para se preservar de uma terrível ameaça oculta nas ruínas.

COMENTÁRIOS: Uma ideia muito interessante com um aproveitamento razoável.

AVALIAÇÃO: ***

THE RUNNING MAN

O SOBREVIVENTE

DIRETOR: Paul Michael Glaser

PAÍS: Estados Unidos

COMPANHIA PRODUTORA: Taft Entertainment Pictures / Keith Barish Productions

ANO DE PRODUÇÃO: 1987

DURAÇÃO: 101'

IDIOMA ORIGINAL: Inglês

PRODUÇÃO: George Linder, Tim Zinnemann

ARGUMENTO: Richard Bachman

ROTEIRO: Steven E. de Souza

FOTOGRAFIA: Thomas Del Ruth [cor]

MONTAGEM: Mark Roy Warner, Edward A. Warschilka, John Wright

MÚSICA: Harold Faltermeyer

ELENCO: Arnold Schwarzenegger, Maria Conchita Alonso, Yaphet Kotto, Jim Brown, Jesse Ventura, Erland van

Lidth, Marvin J. McIntyre, Bernard Gus Rethwisch [Gus Rethwisch], Professor Toru Tanaka, Mick Fleetwood, Dweezil Zappa, Richard Dawson, Karen Leigh Hopkins, Sven Thorsen, Eddie Bunker, Bryan Kestner, Anthony Penya, Kurt Fuller, Kenneth Lerner, Dey Young, Roger Bumpass, Dona Hardy, Lynne Stewart, Bill Margolin, Anthony Brubaker, Joel Kramer, Billy Lucas, George P. Wilbur, Tom Rosales Jr., Sondra Holt, Daniel Celario, Mario Celario, Sidney Chankin, Kim Pawlik, Roger Kern, Barbara Lux, Franco Columbu, Lin Shaye, Boyd R. Kestner, Wayne Grace, Charlie Phillips, Greg Lewis, John William James, Jon Cutler, Kerry Brennan, Paula Brown, Megan Gallivan, Suzie Hardy, Debby Harris, Melissa Hurley, Marlene Lange, Morgan Lawley, Cindy Millican, Andrea Moen, Mary Ann Oedy, Karen Owens, Sharon Owens, Pamela Rossi, Mia Togo

GÊNERO: Ação e ficção científica

SINOPSE: No ano de 2017, o planeta Terra está dominado por uma poderosa ditadura, que mantém a população numa alegre alienação, entretida por programas de TV. Desses o de maior audiência é o show *The Running Man*, um jogo de caçada humana no qual os prisioneiros do regime são eliminados. Ben Richards, comandante de um grupo militar, recusa-se a promover um massacre de manifestantes indefesos e é preso, acusado pelo próprio massacre. Após uma longa temporada num presídio de segurança máxima, Ben consegue escapar com alguns colegas da resistência clandestina à ditadura. Querendo manter-se distante de questões políticas, Ben tenta fugir e vai procurar seu irmão, sendo informado de que ele foi levado para "reeducação". Ben resolve forçar a nova moradora da casa de seu irmão, Amber, a ajudá-lo na fuga, mas a moça acaba entregando-o à polícia. Como ele é excepcionalmente parrudo, é convocado para participar do Running Man, passando a ser implacavelmente perseguido pelos bizarros caçadores do programa.

COMENTÁRIOS: Mais um exercício de pessimismo futurista, mostrando mais uma vez o nosso planeta dominado por uma ditadura orwellkafkiana, que utiliza a tecnologia alienante da TV para controlar a população (numa abordagem semelhante à do clássico "Rollerball"). Em sua melhor forma, o velho Arnold dá conta do seu recado, com muita ação e pancadaria de alto nível.

AVALIAÇÃO: ***

SAN DAIKAIJU: CHIKYU SAIDAI NO KESSEN / BIG THREE MONSTERS – GREATEST DECISIVE BATTLE ON EARTH / GHIDORAH, THE THREE-HEADED MONSTER

GHIDRAH, O MONSTRO TRICÉFALO

DIRETOR: Ishiro Honda

PAÍS: Japão

COMPANHIA PRODUTORA: Toho

ANO DE PRODUÇÃO: 1964

DURAÇÃO: 93'

IDIOMA ORIGINAL: Japonês

PRODUÇÃO: Tomoyuki Tanaka

ROTEIRO: Shinichi Sekizawa

FOTOGRAFIA: Hajime Koizumi [cor]

MONTAGEM: Ryohei Fujii

MÚSICA: Akira Ifukube

ELENCO: Yosuke Natsuki, Yuriko Hoshi, Hiroshi Koizumi, Takashi Shimura, Emi Ito, Yumi Ito, Eiko Wakabayashi, Hisaya Ito, Susumu Kurobe, Akihiko Hirata, Kenji Sahara, Toru Ibuki, Kozo Nomura, Yoshifumi Tajima, Hideyo Amamoto, Yoshio Kosugi, Minoru Takada, Yuriko

Hanabusa, Haruya Kato, Ikio Sawamura, Nakajiro Tomita, Shigeki Ishida, Shin Otomo, Yutaka Nakayama, Senkichi Omura, Senshou Matsumoto, Kazuo Suzuki, Senya Aozora, Iohiya Aozora, Shoichi Hirose, Henry Okawa, Junichiro Mukai, Toshihiko Furuta, Shoji Ikeda, Hideo Shibuya, Keiichiro Katsumoto, Katsumi Tezuka, Koji Uno, Daisuke Inoue, Toshio Miura, Tamami Urayama, Takuzo Kumagai, Mitsuo Tsuda, Yoshio Katsube, Kamayuki Tsubono, Kazuo Imai, Saburo Kadowaki, Kenzo Echigo, Toku Ihara, Bin Furuya, Jun Kiroki, Yutaka Oka, Haruo Nakajima, Koji Urugi, Haruya Sakamoto

GÊNERO: Horror e ficção científica

SINOPSE: O monstro King Ghidorah chega à Terra com o objetivo de destruir completamente o nosso planeta, antes que seus próprios habitantes o façam. A única chance de detê-lo é convencer os monstros Godzilla e Rodan a se aliarem contra ele, o que talvez não seja uma tarefa fácil. Ao mesmo tempo, uma princesa perseguida por assassinos chega ao Japão, incorporando uma profetisa alienígena que anuncia o fim do mundo.

COMENTÁRIOS: Produto do período de decadência dos monstros japoneses — o que é atestado pela utilização de vários deles em uma mesma história — este filme não tem realmente nada de novo a oferecer, embora possa agradar os fãs do látex.

AVALIAÇÃO: ***

SANTA CLAUS CONQUERS THE MARTIANS

PAPAI NOEL CONQUISTA OS MARCIANOS

DIRETOR: Nicholas Webster

PAÍS: Estados Unidos

COMPANHIA PRODUTORA: JaLoR Production

ANO DE PRODUÇÃO: 1964

DURAÇÃO: 81'

IDIOMA ORIGINAL: Inglês

PRODUÇÃO: Paul L. Jacobson

ARGUMENTO: Paul L. Jacobson

ROTEIRO: Glenville Mareth

FOTOGRAFIA: David L. Quaid [cor]

MONTAGEM: Bill Henry (supervisão: Anthony Termini)

MÚSICA: Milton Delugg

ELENCO: John Call, Leonard Hicks, Vincent Beck, Bill McCutcheon, Victor Stiles, Donna Conforti, Chris Month, Pia Zadora, Leila Martin, Charles Renn, James Cahill, Ned

Wertimer, Doris Rich, Carl Don, Ivor Bodin, Al Nesor, Joe Elic, Jim Bishop, Lin Thurmond, Don Blair, Tony Ross, Scott Aronesty, Ronnie Rotholz, Glenn Schaffer

GÊNERO: Comédia de ficção científica infantil

SINOPSE: Vendo que as criancinhas de Marte estão no maior baixo astral, já que em seu planeta não existem brincadeiras e nem o Natal – que elas conheceram através dos programas de TV terráqueos – o líder do planeta, Kimar, resolve viajar até a Terra e sequestrar o Papai Noel. O plano é bem-sucedido e o Bom Velhinho, levado para Marte, é instalado em uma fábrica de brinquedos totalmente automatizada, juntamente com duas crianças terrenas que foram de contrapeso. Porém, Voldar, um dos assistentes de Kimar, revolta-se com a possibilidade do seu povo ser feliz e resolve sabotar os planos de seu chefe.

COMENTÁRIOS: Infalivelmente mencionada em qualquer lista dos "piores filmes de todos os tempos", esta produção é realmente muito pobre e ainda mais idiota. No entanto, devemos considerar que se trata claramente de um filme para crianças, o que ameniza bastante os seus inúmeros defeitos (já que criança engole qualquer coisa, desde que não seja remédio amargo).

AVALIAÇÃO: **

DIRETOR: Rafael Perez Grovas

PAÍS: México

COMPANHIA PRODUTORA: Producciones Geminis

ANO DE PRODUÇÃO: 1981

DURAÇÃO: 89'

IDIOMA ORIGINAL: Espanhol

PRODUÇÃO: Rafael Perez Grovas

ARGUMENTO: David Sergio, Carlos Suarez

ROTEIRO: Rafael Perez Grovas

FOTOGRAFIA: Alfredo Uribe [cor]

MONTAGEM: Fernando Uribe

MÚSICA: Rafael Carrion

ELENCO: Santo el Enmascarado de Plata, Gerardo Reyes, Rubi Re, Carlos Agostí, Rosalía Montero, Carlos Suárez, Jean Safont, Nelson Juarez, Coloso Colosetti, Fernando Yapur, Ismael Ramírez, Jesús Velázquez, Eleazar Garcia Jr., Julio Santos Salazar, Roy De La Serna, Carmen Cabrales, Baltazar Ramos, José Navarrete, Francisco Cortes, Francisco Leal, Oscar Arredondo Asuara, Jorge A. Garcia Zubieta, Carlos Suarez, Alejandro Suarez, Johnny Barahona,

Heriberto Ruiz, Cesar Valentino, El Polaco, El Vikingo, El Mago Yeo, Irina Areu

GÊNERO: Aventura de pancadaria infantojuvenil com elementos de ficção científica

SINOPSE: Um vilão mascarado que se autonomeia Magnus entra em rede nacional de televisão para exibir o sequestro de Marina Laval, uma célebre atriz e cantora. Além disso, ele promete para breve outra rede nacional, na qual mostrará o roubo de uma joalheria. Sem saber o que fazer, a polícia pede a ajuda do Santo, já que Marina é sua amiga. Porém, antes que o Santo entre em ação, a joalheria é mesmo roubada e Magnus promete sequestrar também a cantora Brenda Durán. Ao mesmo tempo em que se encarrega de proteger Brenda, o Santo tenta evitar que outra amiga, a jornalista Diana, corra perigo, já que a moça está investigando o caso e fará qualquer coisa para conseguir um furo (que talvez surja no seu crânio, caso ela não se cuide).

COMENTÁRIOS: Um dos últimos filmes do Santo, já sexagenário. Neste exemplar, só o que se vê é a repetição de velhas fórmulas, dentro de um roteiro absolutamente tosco (que dá mais espaço para músicas bregas do que para as lutas). Como grande destaque, a impressionante beleza da atriz Rubi Re.

AVALIAÇÃO: **

SANTO CONTRA O DR. MORTE

DIRETOR: Rafael R. Marchent [Rafael Romero Marchent]

PAÍS: Espanha / México

COMPANHIA PRODUTORA: Cinematográfica Pelimex

ANO DE PRODUÇÃO: 1973

DURAÇÃO: 96'

IDIOMA ORIGINAL: Espanhol

PRODUÇÃO: Manuel Torres

ARGUMENTO: Rafael Romero Marchent, José Luis Navarro Basso

ROTEIRO: Rafael Romero Marchent, José Luis Navarro Basso

FOTOGRAFIA: Godofredo Pacheco [cor]

MONTAGEM: Antonio Gimeno

MÚSICA: Gregorio Garcia Segura

ELENCO: Santo el Enmascarado de Plata, Carlos Romero Marchent, Helga Liné, Jorge Rigaud, Antonio Pica, Mirta Miller, Maribel Hidalgo, Frank Braña, Lorenzo Robledo, Eduardo Calvo, Eulália del Pino, Betsabé Ruiz, Mario Álex,

Beny Deus, Emilio Espinosa, Maria de la Casa, Pablo Blanco, José M. Portillo, Gregorio McGregor, Simón Arriaga, José L. Chinchilla

GÊNERO: Horror e aventura

SINOPSE: O dr. Mann, um famoso químico e restaurador de obras de arte, elabora um complicadíssimo plano para apoderar-se das maiores obras-primas da pintura universal, danificando-as dentro dos museus e trocando-as por falsificações perfeitas durante o processo de restauração. Quando a Interpol convoca o Santo para investigar o caso, o biruta faz de tudo para eliminá-lo.

COMENTÁRIOS: O trivial simples das aventuras do Santo, desta vez atuando na Espanha.

AVALIAÇÃO: **

SANTO EL ENMASCARADO DE PLATA VS. "LA INVASIÓN DE LOS MARCIANOS"

SANTO CONTRA A INVASÃO DOS MARCIANOS

DIRETOR: Alfredo B. Crevenna

PAÍS: México

COMPANHIA PRODUTORA: Producciones Cinematograficas S. A.

ANO DE PRODUÇÃO: 1967

DURAÇÃO: 92'

IDIOMA ORIGINAL: Espanhol

PRODUÇÃO: Alfonso Rosas Priego

ARGUMENTO: Rafael Garcia Travesi

ROTEIRO: Rafael Garcia Travesi

FOTOGRAFIA: Jorge Stahl Jr. [p&b]

MONTAGEM: Alfredo Rosas Priego

MÚSICA: Antonio Diaz Conde

ELENCO: Santo, Wolf Ruvinskis, El Nazi, Beni Galan, Ham Lee, Eduardo Bonada, Antonio Montoro, Maura Monti, Belinda Corell, Eva Norvind, Gilda Miros, Manuel Zozaya, Consuelo Frank, Alicia Montoya, Roy Fletcher, Mario Sevilla, Pepito Velazquez, Juan Antonio Edward, Yolanda Guzman

GÊNERO: Aventura e ficção científica

SINOPSE: Impressionados com as experiências humanas com a energia atômica, um grupo de marcianos chega à Terra exigindo que todas as nações do nosso planeta abandonem as guerras e se unam fraternalmente. Sabendo que não serão levados a sério, eles resolvem exibir os seus poderes desintegrando milhares de pessoas. Indignado com o modelo de pacifismo dos extraterrestres, o herói Santo vai usar muitas tesouras voadoras, chaves de perna e mata-leões para acabar com a marra dos marcianos esquisitões.

COMENTÁRIOS: Filme-padrão da longa série protagonizada pelo lutador mascarado El Santo.

AVALIAÇÃO: **

SANTO EN EL TESORO DE DRÁCULA / EL VAMPIRO Y EL SEXO

DIRETOR: René Cardona

PAÍS: México

COMPANHIA PRODUTORA: Cinematografica Calderón

ANO DE PRODUÇÃO: 1969

DURAÇÃO: 81'/87'

IDIOMA ORIGINAL: Espanhol

PRODUÇÃO: Guillermo Calderón Stell

ARGUMENTO: Alfredo Salazar

ROTEIRO: Alfredo Salazar

FOTOGRAFIA: Raul Martinez Solares [cor]

MONTAGEM: Jose W. Bustos

MÚSICA: Sergio Guerrero

ELENCO: Santo el Enmascarado de Plata, Aldo Monti, Noelia Noel, Roberto G. Rivera, Carlos Agosti, Alberto Rojas, Pili Gonzalez, Jorge Mondragon, Fernando Mendoza, Javier Rizo, Carlos Suarez, Victor Manuel Gonzalez, Guillermo Hernandez [Lobo Negro], Gina Moret, Jessica Rivano, Diana Arriaga, Magali, Sonia Aguilar, Paulette

GÊNERO: Horror, aventura e pancadaria

SINOPSE: Atuando como cientista louco, no intervalo entre suas lutas, o Santo inventa uma máquina do tempo e manda sua namorada para o passado, onde ela se vê às voltas com o próprio conde Drácula. Para provar o sucesso de sua invenção, o Santo vai à procura do tesouro do vampiro, que – sabe-se lá por que cargas dágua – está escondido em uma cripta no México. Porém, o tesouro também interessa a um misterioso bandido mascarado, que tem muitos capangas bons de briga.

COMENTÁRIOS: Mais um dos inúmeros filmes protagonizados pelo mais célebre campeão de luta-livre do México. O título "El vampiro y el sexo" corresponde a uma versão "para adultos", com algumas cenas de nudez (e que parece nunca ter sido lançada comercialmente).

AVALIAÇÃO: ***

SANTO VS. LAS MUJERES VAMPIRO

SANTO CONTRA AS MULHERES VAMPIRO

DIRETOR: Alfonso Corona Blake

PAÍS: México

COMPANHIA PRODUTORA: Filmadora Panamericana

ANO DE PRODUÇÃO: 1962

DURAÇÃO: 90'

IDIOMA ORIGINAL: Espanhol

PRODUÇÃO: Alberto Lopez

ARGUMENTO: Rafael Garcia Travesi (or: Antonio Orellana, Fernando Oses, Rafael Garcia Travesi)

ROTEIRO: Alfonso Corona Blake

FOTOGRAFIA: José Ortiz Ramos [p&b]

MONTAGEM: José W. Bustos

MÚSICA: Raul Lavista

ELENCO: Santo el Enmascarado de Plata, Lorena Velazquez, Maria Duval, Jaime Fernandez, Augusto Benedico, Javier Loya, Ofelia Montesco, Fernando Oses, Guillermo Hernandez, Leon Moreno, Ricardo Adalid, Rodolfo Galindo [Cavernario Galindo], Ray Mendoza [El Indio], Alejandro Cruz [Black Shadow], Bobby Bonales, Eduardo Bonada,

Laura Marquetti, Javier Samperio, Marco Antonio Arzate, Gonzalo Garcia, Margarito Luna, José Chavez Agundes, René Barrera, Jorge Casanova, Miguel Tejeda Santillana, Pedro de la Torre

GÊNERO: Horror e pancadaria

SINOPSE: Depois de breves 200 anos de hibernação, Tundra, a sacerdotisa das mulheres-vampiro, ressuscita, juntamente com muitas de suas irmãs, com a missão de providenciar uma sucessora para Zorina, a rainha vampira, que está se preparando para voltar para os infernos. A escolhida é a jovem Diana, que está prestes a completar 21 anos – idade exigida para o ritual de transmigração. O pai da moça, o gênio científico professor Orlof, conhece a ameaça, pois o destino de Diana é uma maldição familiar, mas não tem coragem de prevenir a moça, já que é um pai muitíssimo relapso. Porém, além de pedir proteção a um amigo policial, pois a festa de aniversário de Diana será em breve, Orlof também pede ajuda ao seu amigo Santo – que, além de lutador e justiceiro, também é cientista – já que Orlof descobriu que o herói é descendente de um poderoso inimigo dos vampiros.

COMENTÁRIOS: Um dos primeiros filmes do Santo, já investindo no filão do horror – que rendeu alguns dos seus maiores sucessos. A trama é bastante trivial e demora muito para realmente começar, mas as clássicas sequências de luta e a beleza exuberante de Ofelia Montesco (como Tundra) garantem algum interesse.

AVALIAÇÃO: ***

SAW

JOGOS MORTAIS

DIRETOR: James Wan

PAÍS: Estados Unidos

COMPANHIA PRODUTORA: Twisted Pictures

ANO DE PRODUÇÃO: 2004

DURAÇÃO: 103'

IDIOMA ORIGINAL: Inglês

PRODUÇÃO: Greg Hoffman, Oren Koules, Mark Burg (co-produção: Daniel Jason Heffner, Richard H. Prince)

ARGUMENTO: James Wan, Leigh Whannell

ROTEIRO: Leigh Whannell

FOTOGRAFIA: David A. Armstrong [cor]

MONTAGEM: Kevin Greutert

MÚSICA: Charlie Clouser

ELENCO: Cary Elwes, Danny Glover, Monica Potter, Michael Emerson, Tobin Bell, Ken Leung, Makenzie Vega, Shawnee Smith, Dina Meyer, Benito Martinez, Leigh Whannell, Mike Butters, Paul Gutrecht, Ned Bellamy, Alexandra Chun, Avner Garbi

GÊNERO: Horror

SINOPSE: Dois homens despertam subitamente em um lugar estranho e abandonado, onde estão acorrentados na companhia de um cadáver. Um dos prisioneiros, um médico bem-sucedido, percebe então que os dois estão sendo usados por um sádico serial killer, que submete suas vítimas a desafios macabros.

COMENTÁRIOS: Produção independente de baixo orçamento que consegue um resultado surpreendente, explorando um tema gasto com elementos bastante criativos. Infelizmente, o sucesso deste filme deu origem a uma longa série de continuações e imitações medíocres.

AVALIAÇÃO: ***

SAW II

JOGOS MORTAIS 2

DIRETOR: Darren Lynn Bousman

PAÍS: Estados Unidos

COMPANHIA PRODUTORA: Twisted Pictures / Burg –
Koules – Hoffman Productions

ANO DE PRODUÇÃO: 2005

DURAÇÃO: 95'

IDIOMA ORIGINAL: Inglês

PRODUÇÃO: Gregg Hoffman, Oren Koules, Mark Burg
(coprodução: Daniel Jason Heffner)

ROTEIRO: Leigh Whannell, Darren Lynn Bousman

FOTOGRAFIA: David A. Armstrong [cor]

MONTAGEM: Kevin Greutert

MÚSICA: Charlie Clouser

ELENCO: Donnie Wahlberg, Franky G, Glenn Plummer,
Beverley Mitchell, Dina Meyer, Emmanuelle Vaugier, Erik
Knudsen, Noam Jenkins, Timothy Burd, Shawnee Smith,
Tobin Bell, Lyriq Bent, Tony Nappo, Kelly Jones, Vincent
Rother, Linette Robinson, Gretchen Helbig, Kofi Payton,
John Fallon, Ho 'Oyster' Chow

GÊNERO: Horror

SINOPSE: O psicopata sádico do filme anterior volta a atacar, mas é capturado. Porém, ele sequestrou o filho de um
dos policiais que o prendeu, que está numa casa abandonada

juntamente com outros coitados, ameaçados de morte pelos jogos bizarros do biruta. Em desespero, o policial tenta arrancar informações do prisioneiro, que continua a fazer seus jogos.

COMENTÁRIOS: Esta segunda parte tem o mesmo defeito e a mesma qualidade das suas coirmãs: a qualidade é a de retomar quase totalmente o filme original – um clássico – modificando apenas algumas relações e pontos de vista. O defeito é o de sempre: moralizar a história para transformar um reles psicopata homicida em uma espécie de justiceiro sobrehumano.

AVALIAÇÃO: ***

SCANNERS

Scanners – Sua mente pode destruir

DIRETOR: David Cronenberg

PAÍS: Canadá

COMPANHIA PRODUTORA: Filmplan International

ANO DE PRODUÇÃO: 1981

DURAÇÃO: 102'

IDIOMA ORIGINAL: Inglês

PRODUÇÃO: Claude Heroux (executivos: Pierre David, Victor Solnicki)

ARGUMENTO: David Cronenberg

ROTEIRO: David Cronenberg

FOTOGRAFIA: Mark Irwin [cor]

MONTAGEM: Ronald Sanders

MÚSICA: Howard Shore

ELENCO: Jennifer O'Neill, Stephen Lack, Patrick McGoohan, Lawrence Dane, Michael Ironside, Robert Silverman, Lee Broker, Mavor Moore, Adam Ludwig, Lee Murray, Fred Doederlein, Geza Kovacs, Sony Forbes, Jerome Thibergien, Denis Lacroix, Elizabeth Mudry, Victor Desy, Louis Del Grande, Tony Sherwood, Ken Umland, Anne Anglin, Jock Brandis, Jack Messinger, Victor Knight, Karen Fullerton, Margaret Gadbois, Terry Coady, Steve Michaels, Malcolm Nelthorpe, Nickolas Kilbertus, Don Buchsbaum, Rolland Nincheri, Kimberly McKeever, Robert Boyd, Graham Batchelor, Dean Hagopian, Alex Stevens, Neil Affleck

GÊNERO: Horror e ficção científica

SINOPSE: O dr. Paul Ruth, célebre psico-farmacêutico, dirige um programa de pesquisas para a empresa ConSec, a fim de estudar o fenômeno dos scanners (indivíduos que possuem um incrível poder telepático, que os torna capazes até de matar com a mente). Ao perceber que todos os scanners estão sendo recrutados por Darryl Revok, um scanner psi-cótico que deseja dominar o mundo, o dr. Ruth busca a ajuda de um outro scanner, Cameron Vale, que está vivendo como um vagabundo (já que não consegue lidar com seus poderes). Ruth convence Vale a infiltrar-se no grupo de Re-vok, a fim de tomar conhecimento dos seus planos. Porém, Revok subornou o diretor de segurança da ConSec, que lhe fornece todas as informações sobre os planos de Ruth. As-sim, Vale passa a ser caçado até encontrar outra scanner, Kim Obrist, que também se dispõe a lutar contra Revok (que matou todos os seus companheiros).

COMENTÁRIOS: Este filme – que lançou a carreira inter-nacional de Cronenberg (que, até então, realizava produções baratas de terror no Canadá) – teve duas continuações bas-tante inferiores.

AVALIAÇÃO: ***

SCARECROW

A VINGANÇA DO ESPANTALHO

DIRETOR: Emmanuel Itier

PAÍS: Estados Unidos

COMPANHIA PRODUTORA: Urban Girl

ANO DE PRODUÇÃO: 2002

DURAÇÃO: 86'

IDIOMA ORIGINAL: Inglês

PRODUÇÃO: Tanya York, Emmanuel Itier, S. Lee Taylor, David Rimawi

ARGUMENTO: Jason White, Emmanuel Itier, Bill Cunningham

ROTEIRO: Jason White, Emmanuel Itier, Bill Cunningham

FOTOGRAFIA: Byron Werner [cor]

MONTAGEM: Karl Hirsch

MÚSICA: Vincent Gillioz

ELENCO: Tiffany Shepis, Roxanna Bina, Jen Richey, John Moore, Aristide Sumatra [Richard Elfman], Tim Young, Jason Simon, Mark Irvingsen, Belinda Gavin, Sonja Ecker, Armont Casale [Derrick Bishop], Anthony C. Ferrante, Skyler Caleb, Nicole Rayburn, Richard Devore, Anil De Mello, Stephen Wozniak, Guilford Adams, Todd Rex, Eli McFadden, Myles York, Brad Jurgens, Ruben Ridge, Clare Elfman, Emmanuel Itier, Brandon Harland, Rachel Harland, Simon Scot

GÊNERO: Horror

SINOPSE: Lester é um adolescente problemático que vive

numa pequena cidade do interior. Humilhado pelos colegas e sofrendo por causa da promiscuidade de sua mãe, ele acaba sendo assassinado por um dos amantes dela. Porém, seu espírito de porco penetra no corpo de um espantalho, que ganha vida e começa a cometer bárbaros assassinatos, vingando Lester de todos aqueles que abusaram dele e de outros que não têm nada com a história.

COMENTÁRIOS: Vídeo amadorístico e de péssima qualidade, com uma história fraca e pouco original e um elenco saído de alguma peça escolar.

AVALIAÇÃO: *

SCARECROWS

Espantalhos

DIRETOR: William Wesley

PAÍS: Estados Unidos

COMPANHIA PRODUTORA: Effigy Films

ANO DE PRODUÇÃO: 1988

DURAÇÃO: 83'

IDIOMA ORIGINAL: Inglês

PRODUÇÃO: Cami Winikoff, William Wesley

ARGUMENTO: William Wesley

ROTEIRO: Richard Jefferies, William Wesley

FOTOGRAFIA: Peter Deming [cor]

MONTAGEM: William Wesley

MÚSICA: Terry Plumeri

ELENCO: Ted Vernon, Victoria Christian, Richard Vidan, B. J. Turner, David Campbell, Michael Simms, Kristina Sanborn, cão Dax Vernon, Tony Santory, Phil Zenderland, Mike Balog, Don Herbert (voz), Howard E. Haller (voz), Dyanne Dirosario

GÊNERO: Horror e ação

SINOPSE: Quadrilha de ladrões com formação militar assaltam um posto de pagamento do exército americano, roubando 3,5 milhões de dólares e fugindo num avião cargueiro, após sequestrarem o piloto e sua filha adolescente Kelly. Perseguidos pelos militares, o grupo tenta voar para a fronteira, mas um de seus integrantes tcm concepções filosóficas mais individualistas e foge com todo o dinheiro, pulando de paraquedas num imenso milharal. Furiosos, os comparsas traídos apressam-se a pousar o avião e alguns deles seguem o fugitivo, dispostos a matá-lo e a recuperar a grana. Porém, a tal plantação é assombrada pelos seus três antigos donos, satanistas que não se conformaram com a morte e possuíram os corpos dos espantalhos que estão espalhados pelo terreno.

COMENTÁRIOS: Filme ridículo que mistura, com notável incompetência, satanismo e guerrilha na selva. Com uma produção paupérrima, a história já se inicia com a fuga da quadrilha (para poupar cenas de ação e coadjuvantes).

AVALIAÇÃO: *

SCARED STIFF

MORRENDO DE MEDO

DIRETOR: George Marshall

PAÍS: Estados Unidos

COMPANHIA PRODUTORA: Wallis-Hazen Incorporated

ANO DE PRODUÇÃO: 1952

DURAÇÃO: 108'

IDIOMA ORIGINAL: Inglês

PRODUÇÃO: Hal B. Wallis

ARGUMENTO: Paul Dickey, Charles W. Goddard

ROTEIRO: Herbert Baker, Walter DeLeon

FOTOGRAFIA: Ernest Laszlo [p&b]

MONTAGEM: Warren Low

MÚSICA: Joseph J. Lilley, Leith Stevens

ELENCO: Dean Martin, Jerry Lewis, Lizabeth Scott, Carmen Miranda, George Dolenz, Dorothy Malone, William Ching, Paul Marion, Jack Lambert, Tom Powers, Anthony Barr, Leonard Strong, Henry Brandon, Hugh Sanders, Bob Hope, Bing Crosby

GÊNERO: Comédia de terror

SINOPSE: Larry Todd é um cantor romântico metido a conquistador que se envolve com a bailarina Rosie. Porém, a moça é amante do gangster Shorty, um homem ciumento que tem o costume de mandar seus rivais comerem grama pela raiz. Shorty descobre o caso e chama Larry para visitá-lo em seu hotel. O atrapalhado garçom Myron Mertz, o melhor amigo de Larry, é encarregado de levar o recado, mas resolve ir conversar com o gangster, a fim de salvar o rapaz. Ao saber disso, Larry o segue, armado e disposto a tudo. Porém, no hotel de Shorty, ocorre um tiroteio e Larry pensa ter matado um homem, escondendo-se da polícia no quarto da jovem Mary Carroll, que se prepara para viajar. Mary, que é herdeira de uma ilha no Caribe, vai tomar posse de sua propriedade, indo de navio para Cuba. Porém, a moça vem sendo alvo de ameaças anônimas, vindas provavelmente do misterioso Cortega, o executor testamentário. Sem saber que a vítima fôra assassinada pelo próprio Cortega, Mary acolhe Larry e o esconde em seu quarto, que é revistado pela polícia. Myron chega, à procura de Larry, mas ele e Mary descobrem que o rapaz se escondeu na mala-baú da moça, sendo levado para o navio.

COMENTÁRIOS: Refilmagem de "The ghost breakers" (George Marshall, 1940), adaptada ao estilo da dupla Lewis & Martin. Como curiosidade, esta é a última aparição cinematográfica de Carmem Miranda.

AVALIAÇÃO: ***

SCARED TO DEATH / THE ABERDEEN EXPERIMENT

DIRETOR: William Malone

PAÍS: Estados Unidos

COMPANHIA PRODUTORA: Malone Productions / Lone Star Pictures International Film

ANO DE PRODUÇÃO: 1980

DURAÇÃO: 93'

IDIOMA ORIGINAL: Inglês

PRODUÇÃO: Rand Marlis, Gil Shilton

ARGUMENTO: Robert Short, William Malone

ROTEIRO: William Malone

FOTOGRAFIA: Patrick Prince [cor]

MONTAGEM: Warren Chadwick

MÚSICA: Tom Chase, Ardell Hake

ELENCO: John Stinson, Diana Davidson, Jonathan David Moses [David Moses], Toni Jannotta, Kermit Eller, Walker Edmiston, Pamela Bowman, Michael Muscat, Freddie Dawson, Tracy Weddle, Joleen Porcaro, Joseph Daniels, Stephen Fenning, Greer Justin, Johnny Creer, John Moskel Jr., Evan Cole, Michael Griswold, Robert Short, William Malone, Kermit Eller

GÊNERO: Horror

SINOPSE: Uma bizarra série de crimes vem abalando a cidade e um policial pede a ajuda de seu ex-colega Ted, agora convertido num autor de romances de mistério. Ted não está nem um pouco disposto a se dedicar ao caso, já que tomou nojo do trabalho policial. Porém, ele acaba aceitando participar das investigações e sua namorada Jennifer também é atacada, ficando em estado grave. Ted não tem nenhuma ideia do que está acontecendo, até receber a visita de uma jovem, que lhe revela algo surpreendente: o responsável pelos crimes pode ser um monstro, criado num laboratório por um cientista louco, falecido há alguns meses.

COMENTÁRIOS: Produção de fundo de quintal, caracterizada por sua extrema pobreza técnica e pelo amadorismo do elenco.

AVALIAÇÃO: *

SCARY MOVIE

TODO MUNDO EM PÂNICO

DIRETOR: Keenen Ivory Wayans

PAÍS: Estados Unidos

COMPANHIA PRODUTORA: Wayans Bros. Entertainment / Gold-Miller / Brad Grey Pictures

ANO DE PRODUÇÃO: 2000

DURAÇÃO: 88'

IDIOMA ORIGINAL: Inglês

PRODUÇÃO: Eric L. Gold, Lee R. Mayes, Lisa Suzanne Blum

ROTEIRO: Shawn Wayans, Marlon Wayans, Buddy Johnson, Phil Beauman, Jason Friedberg, Aaron Seltzer

FOTOGRAFIA: Francis Kenny [cor]

MONTAGEM: Mark Helfrich

MÚSICA: David Kitay (supervisor: Michael Dilbeck)

ELENCO: Jon Abrahams, Rick Ducommun, Carmen Electra, Shannon Elizabeth, Anna Faris, Kurt Fuller, Regina Hall, Lochlyn Munro, Cheri Oteri, Dave Sheridan, Marlon Wayans, Shawn Wayans, Kelly Coffield, David L. Lander, Marissa Jaret Winokur, Frank B. Moore, Giacomo Baessato, Kyle Graham, Leanne Santos, Mark McConchie, Karen Kruper, Lloyd Berry, Mathew Paxman, Chris Robinson, Susan Shears, Peter Bryant, Andrea Nemeth, Craig Brunanski, Dan Joffre, Reg Tupper, Tanja Reichert, Kendall Saunders, D. M. Babe Dolan, David Neale, Nels Lennarson, Nicola Crosbie, Ian Bliss, Chris Wilding, Trevor Roberts, Glynis Davies, Jayne Trcka, Peter Hanlon, Ted Cole, Doreen Ramus, Lee R. Mayes, Keenan Ivory Wayans, Mark Hoeppner, Jessica Van der Veen, Jim Shepard, Dexter Bell, Ted Gill

GÊNERO: Comédia satírica de terror

SINOPSE: Uma série de crimes apavora uma pequena comunidade do interior americano. A adolescente Buffy e seus amigos desconfiam de que pode se tratar de uma vingança, já que um ano antes eles haviam atropelado um homem na estrada e atirado seu corpo no mar. A polícia investiga, enquanto os amigos de Buffy vão sendo eliminados.

COMENTÁRIOS: Sátira aos filmes de terror para adolescentes do final dos anos 90, como "Pânico" e "Eu sei o que vocês fizeram no verão passado". Apesar de seus modelos já terem, por sua própria conta, algum humor involuntário, este filme consegue juntar de forma bastante divertida os clichês típicos do gênero. Apesar de estar bem distante dos clássicos da paródia (como "Apertem os cintos..." ou "Top gang"), trata-se de um passatempo divertido e – sob muitos aspectos – melhor que as produções originais.

AVALIAÇÃO: ***

SCARY MOVIE 2

Todo mundo em pânico 2

DIRETOR: Keenen Ivory Wayans

PAÍS: Estados Unidos

COMPANHIA PRODUTORA: Wayans Bros. Entertainment

ANO DE PRODUÇÃO: 2001

DURAÇÃO: 83'

IDIOMA ORIGINAL: Inglês

PRODUÇÃO: Eric L. Gold

ARGUMENTO: Shawn Wayans, Marlon Wayans, Buddy Johnson, Phil Beauman, Jason Friedberg, Aaron Seltzer

ROTEIRO: Shawn Wayans, Marlon Wayans, Alyson

Fouse, Greg Grabianski, Dave Polsky, Michael Anthony Snowden, Craig Wayans

FOTOGRAFIA: Steven Bernstein [cor]

MONTAGEM: Peter Teschner, Tom Nordberg, Richard Pearson

MÚSICA: Randy Spendlove

ELENCO: Shawn Wayans, Marlon Wayans, Anna Faris, Regina Hall, Chris Masterson, Kathleen Robertson, David Cross, James Woods, Tim Curry, Tori Spelling, Chris Elliott, Richard Moll, Andy Richter, Veronica Cartwright, James DeBello, Anthony Acker, Mark Barrett, Richard Bellos, Suzanne Bianqui, Natale Bosco, Joann Connor, Brad Fisher, Suzanne O'Donnell, Kristi Pearce, Donna Silverberg, Helene Strayer, Lee R. Mayes, Natasha Lyonne, Robert Schimmel, Cordelia Reinhard, Vitamin C [Colleen Fitzpatrick] (voz), Matthew Friedman (voz), Suli McCullough (voz), Jennifer Curran, Lester 'Beetlejuice' Green

GÊNERO: Comédia satírica de terror escatológico

SINOPSE: Para tentar encontrar uma prova científica de que existe vida após a morte, um bizarro pesquisador leva os jovens sobreviventes do massacre do filme anterior para uma mansão assombrada, na qual foi realizado um exorcismo bastante nojento. Na casa, eles se defrontam com muitos mistérios e perigos, que poderão provocar muitas risadas ou muito asco.

COMENTÁRIOS: Como o anterior, este exemplar satiriza os clichês dos inúmeros filmes de horror para adolescentes feitos nos Estados Unidos, explorando também os filmes de ação. As gags – cheias de escatologia – não são particularmente inteligentes, mas o público desse tipo de filme também não é.

AVALIAÇÃO: ***

SCARY MOVIE 3

TODO MUNDO EM PÂNICO 3

DIRETOR: David Zucker

PAÍS: Estados Unidos

COMPANHIA PRODUTORA: Bad Grey Pictures

ANO DE PRODUÇÃO: 2003

DURAÇÃO: 84'

IDIOMA ORIGINAL: Inglês

PRODUÇÃO: Robert K. Weiss (coprodutora: Grace Gilroy)

ARGUMENTO: Shawn Wayans, Marlon Wayans, Buddy Johnson, Phil Beauman, Jason Friedberg, Aaron Seltzer

ROTEIRO: Craig Mazin, Pat Proft

FOTOGRAFIA: Mark Irwin [cor]

MONTAGEM: Malcolm Campbell, Jon Poll

MÚSICA: James L. Venable

ELENCO: Anna Faris, Anthony Anderson, Leslie Nielsen, Camryn Manheim, Simon Rex, Pamela Anderson, Jenny McCarthy, Darrell Hammond, Kevin Hart, D. L. Hughley, Drew Mikuska, Ja Rule, Jeremy Piven, George Carlin, Queen Latifah, Eddie Griffin, Denise Richards, Regina Hall, Charlie Sheen, Ajay Naidu, Simon Cowell, Tim Stack, Diane Klimaszewski, Elaine Klimaszewski, Fat Joe, Master P, Dame Lee, Macy Gray, Method Man, Redman, Raekwon, The RZA, U-God, Marny Eng, Jianna Ballard, Dexter Bell, Doron Bell Jr., William Taylor, Patricia Idlette, David Edwards, Frank C. Turner, Monica Dillon, Lori Stewart, Jim Bremner, Edward Moss, Deejay Jackson, Troy Yorke, Marco Soriano, Cliff Solomon, Byron Chief-Moon, Dolly Madsen, John Hainsworth, Beverley Breuer, Jessie Young, Deanne Henry, Eric Breker, Naomi Lawson-Baird, Abigail Adams

GÊNERO: Comédia satírica de terror

SINOPSE: Agora adulta e trabalhando como jornalista na TV, Cindy está investigando os misteriosos círculos que apareceram na plantação de um ex-pastor protestante, que perdeu a fé junto com sua adorada esposa. Ao mesmo tempo, ela se vê às voltas com a terrível morte de sua amiga Brenda, que parece estar ligada à uma estranha fita de vídeo. Assistindo a fita, Cindy recebe um telefonema avisando que ela tem apenas sete dias de vida. Porém, para complicar a situação, o sobrinho de Cindy – o pequeno Cody – também assiste a fita e a moça terá que fazer de tudo para evitar que ele também seja morto dentro de sete dias.

COMENTÁRIOS: Desta vez, já sem a participação do clã Wayans, a base para as gags é o filme "The ring" (Gore Verbinski, 2002), cuja trama se mistura com extraterrestres e rap.

AVALIAÇÃO: ***

SCARY MOVIE 4

TODO MUNDO EM PÂNICO 4

DIRETOR: David Zucker

PAÍS: Estados Unidos

COMPANHIA PRODUTORA: Brad Grey Pictures

ANO DE PRODUÇÃO: 2006

DURAÇÃO: 83'/89'

IDIOMA ORIGINAL: Inglês

PRODUÇÃO: Robert K. Weiss, Craig Mazin (coprodutora: Grace Gilroy)

ARGUMENTO: Craig Mazin (or: Shawn Wayans, Marlon Wayans, Buddy Johnson, Phil Beauman, Jason Friedberg, Aaron Seltzer)

ROTEIRO: Craig Mazin, Jim Abrahams, Pat Proft

FOTOGRAFIA: Thomas E. Ackerman [cor]

MONTAGEM: Craig P. Herring, Tom Lewis

MÚSICA: James L. Venable

ELENCO: Anna Faris, Regina Hall, Craig Bierko, Bill Pullman, Anthony Anderson, Leslie Nielsen, Molly Shannon, Michael Madsen, Chris Elliott, Carmen Electra, Shaquille O'Neal, Phil McGraw, Cloris Leachman, Conchita Campbell, Beau Mirchoff, Kevin Hart, DeRay Davis, Simon Rex, Youngbloodz, Bryan Callen, Alonzo Bodden, Dave Attell, Holly Madison, Bridget Marquardt, Kendra Wilkinson, Drew Mikuska, Chingy, Fabolous, Lil Jon, Henry Mah, Garrett Masuda, John Reardon, Campbell Lane, Catherine Barroll, Anna Ferguson, Sean Allan, Ralph Alderman, Brad Sihvon, Dave Leach, Andrew McNee, Tomoko Sato, Edward Moss, Dru Williams, Debra Wilson, Laura Dash, David Mylrea, Craig Mazin (voz), David Zucker (voz), Michael McDonald, Champagne Powell, Steve Archer, Tim Henry,

Alex Bruhanski, Doug Abrahams, Blaine Anderson, Dale Wolfe, Ann Warn Pegg, Jessica McLeod, David MacKay, Tony Ali, Jana Mitsoula, Sharon Simms, Mark Burgess, Wes Taylor, Gwenda Lorenzetti, Brenda McDonald, Tim O'Halloran, Darren Rizzolo, Adam Cannel, Sadie Decoste, Michelle Grigor, Leandro Iddrisu, Justin Callan, Crystal Lowe, Christie Laing, Angelique Naude, Dexter Bell, Beverly Breuer, Scott Barratt, Barry Levy, Darryl Scheelar, Rorelee Tio, Steve Kiziak, Link Baker, Kimberley Buchanan, Kathryn Dobbs, Tony Morelli, Tina Hosford, Elisa King, Andrea Morrow, Monica Dillon, Sarah Edmondson, Kwesi Ameyaw, Ted Friend, Daniel Bruce, Chic Gibson, Robbie Segulam, Nimet Kanji, Gabriela Cerecero, Michael Ikeda, Mina E. Mina, Ahmad Sharmrou, Steadwick D'Penha, Gregory Bennett, Uget Ebony, George Grove, Charlie Sheen, James Earl Jones

GÊNERO: Comédia satírica

SINOPSE: Mais um exemplar da série que brinca com os grandes sucessos do cinema (e, eventualmente, com acontecimentos marcantes da vida norte-americana).

COMENTÁRIOS: Desta vez, a história começa como "O grito" (Takashi Shimizu), envereda por "Guerra dos mundos" (Steven Spielberg), faz uma pausa em "A vila" (M. Night Shyamalan) e termina como "Jogos mortais" (James Wan), além de uma enxurrada de outras citações. Apesar do excesso de escatologia, esta série continua bastante divertida e, de quebra, funciona como um registro de época. Como destaque, diversas participações especiais e um uso bastante satisfatório de sósias de celebridades (como Oprah Winfrey e Mike Tyson).

AVALIAÇÃO: ***

SCARY MOVIE 5

TODO MUNDO EM PÂNICO 5

DIRETOR: Malcolm D. Lee

PAÍS: Estados Unidos

COMPANHIA PRODUTORA: Dimension Films / DZE – Brad Grey Pictures

ANO DE PRODUÇÃO: 2013

DURAÇÃO: 86'

IDIOMA ORIGINAL: Inglês

PRODUÇÃO: David Zucker, Phil Dornfeld

ARGUMENTO: Shawn Wayans, Marlon Wayans, Buddy Johnson, Phil Beauman, Jason Friedberg, Aaron Seltzer

ROTEIRO: David Zucker, Pat Proft

FOTOGRAFIA: Steven Douglas Smith [cor]

MONTAGEM: Sam Seig

MÚSICA: James Venable

ELENCO: Ashley Tisdale, Simon Rex, Erica Ash, Katrina Bowden, Terry Crews, Jasmine Guy, Darrell Hammond, Sarah Hyland, Heather Locklear, J. P. Manoux, Mac Miller, Shad Moss [Bow Wow], Jerry O'Connell, Tyler Posey, Molly Shannon, Snoop Dogg, Mike Tyson, Usher, Kate Walsh, Katt Williams, Gracie Whitton, Ava Kolker, Dylan Morris, Ryan Morris, Lidia Porto, Josh Robert Thompson (voz), Marisa Saks, Marianne Hammock, Chris 'Critter' Antonucci, Scott Nery, Ben Cornish, Lewis Thompson, Charlie Sheen, Lindsay Lohan, Jamie Elizabeth Kelton, Macsen Lintz, John Boehnke-Atwood, Lane carlock, Sheree Whitfield, Angela Riaolo [Big Ang], Roland 'Lil Duvall' Powell, Angela Stone, Ashley Leconte Campbell, Clifton Guterman, Anna Skidanova, Clayton Landey, Scott Rousseau, cão Maui Tisdale

GÊNERO: Comédia satírica de horror

SINOPSE: Após a morte misteriosa de seu irmão Charlie, Dan e sua esposa Jody adotam seus três sobrinhos pequenos e vão viver em uma nova casa. Porém, as crianças são atormentadas por uma entidade sobrenatural e maligna, que logo começa a causar problemas.

COMENTÁRIOS: Mais uma continuação da mais bem-sucedida série de paródias do cinema norte-americano. Como sempre, o filme zomba de diversos sucessos do cinema contemporâneo (e especialmente dos filmes de terror). Apesar de alguns pontos bastante questionáveis (como a utilização de crianças em cenas de conteúdo sexual e as referências simpáticas às drogas), o filme consegue bons momentos de humor iconoclasta e escatológico.

AVALIAÇÃO: ***

SCI-FIGHTERS

Sci-fighters – A invasão

DIRETOR: Peter Svatek

PAÍS: Canadá

COMPANHIA PRODUTORA: Shostak-Rossner Productions

ANO DE PRODUÇÃO: 1996

DURAÇÃO: 94'

IDIOMA ORIGINAL: Inglês

PRODUÇÃO: Danny Rossner, Murray Shostak

ROTEIRO: Mark Sevi

FOTOGRAFIA: Barry Gravelle [cor]

MONTAGEM: Jean-Marie Drot

MÚSICA: Milan Kymlicka

ELENCO: Roddy Piper, Jayne Heitmeyer, Tyrone Benskin, Richard Raybourne, Donna Sarrasin, Karen Elkin, Billy Drago, Chip Chuipka, Ricky Mabe, Andy Bradshaw, Richard Zeman, Danielle Desormeaux, Howard Rosenstein, Philip Pretten, Carl Alacchi, Doris Milmore, Gaëtan Cusson, James Rae, John Keyworth, Alvin Tam, Alain Gabriel, Jesse Evans, Alan Fawcett, Bob Brewster, Richard Jutras, Marc Tison, Jim Bradford, Matt Holland, Kiet Ha Van Amh, Ron Voot, Larry Day

GÊNERO: Ficção científica

SINOPSE: Na Terra do futuro, um criminoso contaminado com uma forma de vida alienígena começa a estuprar mulheres, que irão gerar seres híbridos para ocupar nosso planeta. Porém, um policial heterodoxo e uma bióloga vão se unir para exorcizar a pérfida ameaça.

COMENTÁRIOS: Telefilme de quinta categoria, com uma série de clichês mal-alinhavados e um roteiro que parece ter sido escrito por uma criança de cinco anos.

AVALIAÇÃO: *

PÂNICO 2

DIRETOR: Wes Craven

PAÍS: Estados Unidos

COMPANHIA PRODUTORA: Konrad Pictures / Craven-Maddalena Films

ANO DE PRODUÇÃO: 1997

DURAÇÃO: 120'

IDIOMA ORIGINAL: Inglês

PRODUÇÃO: Cathy Conrad, Marianne Maddalena (coprodutor: Daniel Lupi)

ARGUMENTO: Kevin Williamson

ROTEIRO: Kevin Williamson

FOTOGRAFIA: Peter Deming [cor]

MONTAGEM: Patrick Lussier

MÚSICA: Marco Beltrami (supervisão: Ed Gerrard)

ELENCO: David Arquette, Neve Campbell, Courteney Cox, Sarah Michelle Gellar, Jamie Kennedy, Laurie Metcalf, Elise Neal, Jerry O'Connell, Timothy Olyphant, Jada Pinkett, Liev Schreiber, Lewis Arquette, Duane Martin, Rebecca Gayheart, Portia de Rossi, Omar Epps, Paulette Patterson, Rasila Schroeder, Heather Graham, Roger L. Jackson (voz), Peter Deming, Molly Gross, Rebecca McFarland, Kevin Williamson, Sandy Heddings-Katulka, Dave Allen Clark, Joe Washington, Angie Dillard, John Patrick, Craig Shoemaker, Josh Jackson, Walter Franks, Nina Petronzio, Stephanie Belt, Richard Doughty, David Arquette, Marisol Nichols, Cornelia Kiss, Lucy Lin, Philip Pavel, Timothy T. Hillman, Nancy O'Dell, Tori Spelling, Luke Wilson, David Warner, Greg Meiss, Adam Shankman, Jon Kristien Andersson, Carmen M. Chavez, Anne Fletcher, Erik Hyler, Sebastian Lacause, Lance MacDonald, Sarah Christine Smith, Laurie Sposit, Ryan Lee Swanson, Jack Baun, Corey Parker, Chris Doyle, Mark Oliver, Jason Horgan, D. K. Arredondo, John Embry, Jennifer Weston, Shelly Benedict, Wes Craven

GÊNERO: Horror para adolescentes

SINOPSE: Dois anos depois de quase ter sido vítima de seu namorado, um *serial killer* que assassinou diversos jovens, Sidney Prescott mudou-se da cidadezinha de Woodsboro e agora frequenta uma faculdade distante. Porém, sua história, escrita pela jornalista Gale Weathers, transformou-se num filme de terror, que está sendo lançado com grande estardalhaço. Logo na estréia, um casal de estudantes é assassinado dentro do cinema e Sidney volta a receber telefonemas anônimos de um louco que ameaça matá-la. Sem saber com quem está lidando, Sidney passa a desconfiar de seu novo namorado, pensando que ele pode estar querendo copiar o anterior. Novas mortes vão acontecendo em torno de garota, que se sente cada vez mais ameaçada.

COMENTÁRIOS: Sequência de um dos maiores sucessos do horror para adolescentes dos anos 90. Reunindo uma grande quantidade de clichês típicos de gênero (especialmente das séries "Sexta-feira 13" e "Halloween"), o filme nada lhes acrescenta, não passando da costumeira coletânea de sangue e tripas, temperada com sustinhos. Se o original nada tinha de original, muito menos existe algo de novo nesta continuação, que reúne boa parte do elenco anterior — e também dos clichês. É tipicamente um filme feito para adolescentes, para ser assistido em grupo e com uma overdose de pipoca (tal como mostra a própria sequência inicial, bastante autocrítica).

AVALIAÇÃO: **

SEA BEAST

(Cf. Troglodyte)

(Cf. Serpiente de mar)

SECRET BEYOND THE DOOR...

O SEGREDO DA PORTA FECHADA

DIRETOR: Fritz Lang

PAÍS: Estados Unidos

COMPANHIA PRODUTORA: Diana Productions

ANO DE PRODUÇÃO: 1947

DURAÇÃO: 99'

IDIOMA ORIGINAL: Inglês

PRODUÇÃO: Fritz Lang

ARGUMENTO: Rufus King

ROTEIRO: Silvia Richards

FOTOGRAFIA: Stanley Cortez [p&b]

MONTAGEM: Arthur Hilton

MÚSICA: Miklos Rozsa

ELENCO: Joan Bennett, Michael Redgrave, Anne Revere, Barbara O'Neil, Natalie Schafer, Paul Cavanagh, Anabel

Shaw, Rosa Rey, James Seay, Mark Dennis

GÊNERO: Drama de suspense com elementos horroríficos

SINOPSE: Celia é uma jovem rica e bonita que vive de romances passageiros e num profundo tédio existencial. Após a morte de seu pai, ela vai passar uma temporada no México, onde conhece o arquiteto Mark Lamphere. Logo surge entre os dois uma paixão avassaladora, seguida por um casamento relâmpago. Porém, já na lua de mel, Celia descobre que seu novo marido – do qual ela praticamente nada sabe – é um homem estranho, que sofre súbitas crises de apatia e alheamento, além de esconder um tenebroso segredo familiar. Alegando um compromisso de trabalho, Mark abandona sua nova esposa, pedindo que ela vá encontrá-lo em sua casa, uma vetusta propriedade rural. Logo ao chegar à sua nova casa, Celia descobre que Mark não somente é viúvo, mas que também tem um filho adolescente, o sensibilíssimo David. No reencontro, Mark novamente demonstra frieza e Celia chega a pensar em abandoná-lo, desistindo pela simples falta de alternativas. Aos poucos, ela descobre outras esquisitices do marido – que coleciona "ambientes" onde foram realizados assassinatos de mulheres – e passa a desconfiar de que Mark matou sua primeira esposa... e que pretende fazer o mesmo com ela, para ficar com o seu dinheiro.

COMENTÁRIOS: Reciclagem do tema de "Barba Azul",

visto sob uma ótica freudiana (ou, mais precisamente, "botecofreudiana").

AVALIAÇÃO: ***

SEDDOK, L'EREDE DI SATANA / ATOM AGE VAMPIRE

O herdeiro de Satanás

DIRETOR: Anton Giulio Majano

PAÍS: Itália

COMPANHIA PRODUTORA: Lion's Films

ANO DE PRODUÇÃO: 1960

DURAÇÃO: 103'/87'

IDIOMA ORIGINAL: Italiano / Inglês (dub)

PRODUÇÃO: Mario Fava [Mario Bava]

ARGUMENTO: Piero Monviso

ROTEIRO: Gino De Sanctis, Alberto Bevilacqua, Anton Giulio Majano

FOTOGRAFIA: Aldo Giordani [p&b]

MONTAGEM: Gabriele Varriale

MÚSICA: Armando Trovaioli

ELENCO: Alberto Lupo, Susanne Loret, Sergio Fantoni, Franca Parisi, Andrea Scotti, Rina Franchetti, Roberto Bertea, Ivo Garrani, Gianni Loti, Tullio Altamura, Gianna Piaz, Francesco Sormano, Nicoletta Varé, Cartei Appio, Bruno Benedetti, Silvano Marabotti, Alfredo Mariotti, Glamor Mora

GÊNERO: Horror e ficção científica

SINOPSE: Cientista louco que pesquisa a regeneração das células humanas consegue recuperar o rosto desfigurado de uma bela stripper. Porém, ele apaixona-se loucamente pela garota e resolve mantê-la em cárcere privado, para cobrar pelo tratamento em serviços. Mas não é só essa a façanha de nosso gênio da ciência, já que – devido ao seu contato íntimo com a radioatividade – ele costuma transformar-se em um horrendo monstro, que suga a vida de mulheres indefesas.

COMENTÁRIOS: Trata-se, no fundo, de uma versão disfarçada de *O médico e o monstro*, produzida pelo mestre italiano Mario Bava. A versão internacional, dublada em inglês, apresenta uma grande redução com relação à metragem original.

AVALIAÇÃO: **

Seduzidas pelo demônio

DIRETOR: Raffaele Rossi

PAÍS: Brasil

COMPANHIA PRODUTORA: E. C. Dist. Imp. Cinematográfica

ANO DE PRODUÇÃO: 1975

DURAÇÃO: 108'/90'

IDIOMA ORIGINAL: Português

PRODUÇÃO: Raffaele Rossi (?), Cassiano Esteves (?)

ARGUMENTO: R. Rossi [Raffaele Rossi], Mário Lúcio

ROTEIRO: R. Rossi [Raffaele Rossi], Mário Lúcio

FOTOGRAFIA: R. Rossi [Raffaele Rossi] [cor]

MONTAGEM: Raffaele Rossi

MÚSICA: Renata Candu

ELENCO: César Robertho, Shirley Stech, José C. Mesquita, Ivete Bonfá, Márcio Camargo, Lourênia Machado, Biagio Nigro, Jussara Bayer, Gildo Ortiz, Maria José, Carlos Spíndola, Eliana Rossi, Christine Maria, Márcia Maria, Alexandre Sandrini, Afonso Arrichiello, Meyre Anna, June Bernacchi, Eleu Salvador, José Velloni, Hilton Have, Manuel A.

Baixo, padre Oscar Quevedo, Cassiano Ricardo, Ovídio Bonato, Nabil Khouri, David Cabral, Álvaro D. Chaves, Vera Lúcia Chaves, Dalton Oliveira, Antonio Carlos, José L. Ortiz, Arlindo Bossac, Armando Abud, Marcos Vinicius, Sérgio Luís, F. Frota

GÊNERO: Drama de horror satânico

SINOPSE: Uma jovem estudante de medicina está sendo julgada pelo assassinato da esposa de um de seus professores, o dr. Fábio, por quem ela estaria apaixonada. Porém, ao longo do julgamento, as suspeitas sobre o crime passam a recair sobre Roberto, namorado da ré e filho adotivo de Fábio. Este último, então, conta a tumultuosa história de como ele e a esposa adotaram a criança, abandonada numa floresta pelos membros de um culto satânico, e de como o pequeno Roberto, desde muito cedo, deu mostras de ter parte com o Diabo.

COMENTÁRIOS: Este filme – com um dos enredos mais tresloucados da história do cinema – parece ser uma nova versão de "O homem lobo", dirigido por Rossi em 1971. Para completar a tragédia, esta produção ainda apresenta várias sequências pirateadas do filme alemão "Die Schlangengrube und das Pendel" (Harald Reinl, 1967).

AVALIAÇÃO: **

O FILHO DE CHUCKY

DIRETOR: Don Mancini

PAÍS: Inglaterra / Romênia

COMPANHIA PRODUTORA: Rogue Pictures / La Sienega Productions

ANO DE PRODUÇÃO: 2004

DURAÇÃO: 88'

IDIOMA ORIGINAL: Inglês

PRODUÇÃO: David Kirschner, Corey Sienega (coprodutor: Laura Moskowitz)

ARGUMENTO: Don Mancini

ROTEIRO: Don Mancini

FOTOGRAFIA: Vernon Layton [p&b]

MONTAGEM: Chris Dickens

MÚSICA: Pino Donaggio

ELENCO: Jennifer Tilly, Redman, Hannah Spearritt, John Waters, Billy Boyd (voz), Brad Dourif (voz), Rebecca Santos, Simon Morgan [Simon James Morgan], Stephanie Chambers, Jason Flemyng, Tony Gardner, Steve Lawton,

Keith-Lee Castle, Nicholas Rowe, Bethany Simons-Denville, Beans El-Balawi, Kristina Hewitt, Daniel Getzoff, Nicola Mycroft, Guy J. Louthan, Diana Munteanu, Anouk Diks, Barnaby Thompson, Eliot Mathews, Adi Handac, Paul Grossman, Nadia Dina Ariqat

GÊNERO: Comédia de terror

SINOPSE: Ao descobrir que é filho de Chucky e Tiffany, o mais célebre casal de bonecos assassinos do cinema, um boneco com sérios questionamentos afetivos viaja para Hollywood e ressuscita seus pais, que estavam sendo usados em mais um filme da série. Novamente em ação, Chucky e Tiffany resolvem se apoderar dos corpos da atriz Jennifer Tilly e do rapper cineasta Redman, enquanto seu filho não consegue decidir se é boneco ou "boneca".

COMENTÁRIOS: Ao contrário da grande maioria das séries, que vão decaindo com o passar do tempo, as aventuras do boneco psicopata Chucky chegam ao seu quinto exemplar com muito humor e referências metalinguísticas, garantindo uma excelente diversão. Locações na Romênia.

AVALIAÇÃO: ***

O segredo da múmia

DIRETOR: Ivan Cardoso

PAÍS: Brasil

COMPANHIA PRODUTORA: Super 8 Produções Cinematográficas / Mapa / Embrafilme

ANO DE PRODUÇÃO: 1978-1982

DURAÇÃO: 85'

IDIOMA ORIGINAL: Português

PRODUÇÃO: Ivan E. S. Cardoso [Ivan Cardoso], Zelito Viana

ARGUMENTO: Eduardo Viveiros, Ivan Cardoso

ROTEIRO: Rubens Francisco Lucchetti

FOTOGRAFIA: João Carlos Horta, César Elias, Renato Laclette [cor/p&b]

MONTAGEM: Ricardo Miranda, Cris Altan, Gilberto Santeiro

MÚSICA: Júlio Medaglia (trilha adicional: Gilberto Santeiro)

ELENCO: Anselmo Vasconcellos, Clarice Piovesan, Wilson

Grey, Regina Casé, Evandro Mesquita, Júlio Medaglia, Carlos Wilson, Nina de Pádua, Colé, Dora Pellegrino, Maria Zilda, Cláudio Marzo, Jane Silk, Tânia Bôscoli, Felipe Falcão, José Mojica Marins, Paulo César Pereio, Joel Barcellos, Jardel Filho, Patrícia Travassos, Sandro Solviati Siqueira [Sandro Solviatti], Silvana Rodriguez, Ruban Barra, Terreza Cristina, Sérgio Santeiro, Carina Cooper, Nelson Motta, Altair de Oliveira Lima, Oldar Fróes da Cruz, seu Mário, Guarilha [Amaury Guarilha], Hélio Oiticica, Dovirgilho, Leovigildo Cordeiro [Radar], Hugo Brasiliense, Carla Bayton, Alexandra Falcão, Sabine Medaglia, Luiz Olavo Fontes, Marcos Vianna

GÊNERO: Comédia de horror

SINOPSE: O professor Expedito Vitus – ridicularizado pela comunidade científica, por causa de suas experiências para elaborar um elixir que restaurasse a vida – volta consagrado de uma expedição arqueológica ao Egito, onde descobriu a múmia do faraó Runamb. Utilizando seu elixir, Vitus devolve a vida à múmia, que passa a sequestrar mocinhas desavisadas para servirem de cobaias nas nefandas experiências do cientista.

COMENTÁRIOS: Comédia que presta uma simpática homenagem ao cinema B norte-americano dos anos 30 e 40. Trata-se do primeiro longa-metragem de Ivan Cardoso (Rio

de Janeiro, 1952), inaugurando um subgênero que ele próprio denominou "terrir".

AVALIAÇÃO: ***

SEI MONG SE JUN / AB-NORMAL BEAUTY

Desejos mortais

DIRETOR: Oxide Pang [Oxide Pang Chun]

PAÍS: China (Hong Kong)

COMPANHIA PRODUTORA: In Magic Head Film Production

ANO DE PRODUÇÃO: 2004

DURAÇÃO: 101'

IDIOMA ORIGINAL: Cantonês

PRODUÇÃO: "Pang Brothers" [Oxide Pang [Oxide Pang
Chun], Pak Sing Pang] (coprodutor: Alvin Lam)

ROTEIRO: Oxide Pang [Oxide Pang Chun], Pak Sing Pang

FOTOGRAFIA: Decha Srimantra [cor]

MONTAGEM: Curran Pang

MÚSICA: Payont Permsith

ELENCO: Race Wong, Rosanne Wong, Anson Leung, Michelle Yim

GÊNERO: Drama de horror

SINOPSE: Jiney é uma jovem estudante de artes plásticas que é apaixonada por fotografia. Traumatizada por acontecimentos de sua infância, ela adquire um gosto macabro por fotografar pessoas e animais mortos, o que preocupa bastante sua amiga Jas (uma lésbica que é apaixonada por ela). Com a ajuda de Jas, Jiney procura afastar-se de sua morbidez, mas ela logo vai descobrir que despertou o interesse de um psicopata de verdade.

COMENTÁRIOS: Como sempre, os filmes dos irmãos Pang se caracterizam pela trama inteligente (embora, neste caso, não muito bem estruturada) e por um visual requintado.

AVALIAÇÃO: ***

LA SEÑORA MUERTE

DIRETOR: Jaime Salvador

PAÍS: México

COMPANHIA PRODUTORA: Filmica Vergara Cinecomisiones

ANO DE PRODUÇÃO: 1968

DURAÇÃO: 91'

IDIOMA ORIGINAL: Espanhol

PRODUÇÃO: Luis Enrique Vergara C.

ARGUMENTO: Ramón Obon Jr. [Ramón Obon]

ROTEIRO: Ramón Obon Jr. [Ramón Obon]

FOTOGRAFIA: Alfredo Uribe J. [cor]

MONTAGEM: J. Juan Munguia

MÚSICA: Gustavo Cesar Carreon

ELENCO: John Carradine, Regina Torne, Elsa Cardenas, Miguel Angel Alvarez, Mario Orea, Isela Vega, Carlos Ancira, Fernando Osés, Patricia Ferrer, Cristina Rubiales, Alicia Ravel, Carlos Ortigosa, Lucrecia Muñoz, Tito Novaro, Víctor Junco

GÊNERO: Horror

SINOPSE: Marlene, proprietária de um bem-sucedido ateliê de alta-costura, é extremamente apaixonada por seu marido Andrés. Quando Andrés fica gravemente doente, ela recorre aos serviços do dr. Favel, um cientista que foi banido da comunidade médica por causa de seus experimentos macabros com seres humanos. Apesar do auxílio de Favel, Andrés morre, mas o cientista promete a Marlene que irá ressuscitá-lo, caso ela o ajude com uma experiência. Como resultado do trabalho de Favel, Marlene adquire uma moléstia que faz com que ela envelheça rapidamente. Como única cura, tanto para ela quanto para seu falecido marido, Favel propõe um soro que ele fará com o sangue das jovens que Marlene deve eliminar.

COMENTÁRIOS: Um dos roteiros mais insanos da história do cinema, com uma história repleta de absurdos e de incoerências (afinal, para início de conversa, porque Favel não comprava o sangue de que necessitava, tendo que obtê-lo com bárbaros assassinatos?). Porém, o resultado não deixa de ter um certo charme, valorizado pela presença sempre marcante de John Carradine.

AVALIAÇÃO: ***

SERPIENTE DE MAR / THE SEA SERPENT / HYDRA

SERPENTE DO MAR

DIRETOR: Gregory Greens [Amando de Ossorio]

PAÍS: Espanha

COMPANHIA PRODUTORA: Calepas International

ANO DE PRODUÇÃO: 1985

DURAÇÃO: 92'

IDIOMA ORIGINAL: Espanhol

PRODUÇÃO: José Frade

ARGUMENTO: Amando de Ossorio

ROTEIRO: Gordon A. Osburn [Amando de Ossorio]

FOTOGRAFIA: Raul P. Cutler [Raul Perez Cubero] [cor]

MONTAGEM: Anthony Red [José Antonio Rojo]

MÚSICA: Robin Davis [Manel Santisteban]

ELENCO: Timothy Bottoms, Taryn Power, Jared Martin, Ray Milland, Gerard Tichy, Carole James, Jack Taylor, Leon Klimovsky, Miguel de Grandy, Paul Benson, Charly Bravo, Vic Israel

GÊNERO: Horror

SINOPSE: Realizando uma operação de rotina no Atlântico, um avião norte-americano tem uma pane e é obrigado a detonar uma bomba nuclear em pleno oceano. Porém, a bomba desperta uma enorme serpente marinha que estava presa nas profundezas, e que começa a causar morte e destruição. Pouco depois, na costa da Galícia, Pedro é chamado para substituir um colega no comando de um pesqueiro. Durante a viagem, o barco é atacado pelo monstro e naufraga. Acusado de negligência, já que ninguém acredita em sua história e ele tem uma péssima reputação, Pedro é condenado e tenta provar a existência do monstro. Para isso, ele busca a ajuda de uma jovem milionária, que está num hospício por ter visto a criatura, e de um excêntrico professor de biologia marinha.

COMENTÁRIOS: Incrivelmente inepto filme vagamente inspirado em "Tubarão". A narrativa, repleta de clichês, se arrasta no marasmo, enquanto seus personagens sem substância agem da maneira mais insensata. Último longa do veterano Ossorio.

AVALIAÇÃO: *

7º ANDAR À DIREITA

7º ANDAR À DIREITA

DIRETOR: Daniel Neves

PAÍS: Portugal

ANO DE PRODUÇÃO: 2013

DURAÇÃO: 68'

IDIOMA ORIGINAL: Português

PRODUÇÃO: Catarina Espírito Santo, Carlos Baião, Daniel Neves

ARGUMENTO: "Evil dead"

ROTEIRO: Daniel Neves

FOTOGRAFIA: Miguel Abreu [cor/p&b]

MONTAGEM: Daniel Neves

MÚSICA: "diversos"

ELENCO: Maria Elvas, Miguel Abreu, Catarina Espírito Santo, Carlos Baião, Daniel Neves, Mitchell Andrade, Mariana Antunes, Nádia Matos, Cristiana Calvário, Sara Tavares, Ilda Martins, Cristiana Gageiro, Jorddy Rodrigues, Cláudia Guia, Filipa Pina

GÊNERO: Horror satânico

SINOPSE: Em Coimbra, três jovens – dois gajos e uma gaja – alugam quartos em um apartamento, sem saberem que seu novo lar foi cenário de um crime bárbaro, ocorrido 24 anos antes. Ao encontrar um velho livro, que estava guardado em um dos móveis, um dos jovens torna a despertar as forças malignas, que se apossam de moça. Ela assassina seus dois vizinhos e volta a anunciar vagas no apartamento, a fim de atrair mais vítimas para satisfazer a sua sede de sangue.

COMENTÁRIOS: Produção amadora portuguesa, inspirada no clássico "Evil dead" (Sam Raimi, 1981). Infelizmente, a história é previsível e totalmente apoiada em clichês desgastados, que sofrem ainda mais com a precariedade dos efeitos especiais. Porém, o mais condenável é a negligência do diretor, que não se preocupou em filmar algumas cenas externas em lugares desertos (daí podermos ver pessoas passeando no fundo de cenas de assassinato).

AVALIAÇÃO: *

A FILHA DO DEMÔNIO

DIRETOR: Michele Soavi

PAÍS: Itália

COMPANHIA PRODUTORA: Penta Film / ADC

ANO DE PRODUÇÃO: 1990

DURAÇÃO: 125'

IDIOMA ORIGINAL: Italiano

PRODUÇÃO: Mario Cecchi Gori, Vittorio Cecchi Gori, Dario Argento

ARGUMENTO: Dario Argento, Giovanni Romoli, Michele Soavi

ROTEIRO: Dario Argento, Giovanni Romoli, Michele Soavi

FOTOGRAFIA: Raffaele Mertes [cor]

MONTAGEM: Franco Fraticelli

MÚSICA: Pino Donaggio

ELENCO: Kelly Curtis, Herbert Lom, Maria Angela Giordano, Michel Hans Adatte, Carla Cassola, Angelika Maria Boeck, Giovanni Lombardo Radice, Niels Gullov, Tomas

Arana, Donald O'Brien, Yasmine Ussani, Paolo Pranzo, Richard Sammel, Ralph Bola Mustaphá, Erica Sinisi, Dario Casalini, Fabio Saccani, Vincenzo Regina, Giovanna Rotellini, Chiara Mancori, Carmela Pilato

GÊNERO: Horror satânico

SINOPSE: Enquanto dirige por uma estrada, Miriam quase atropela um velho, que parece bastante fraco e abatido. Ela o leva para sua casa, a fim de que ele se recupere, sem saber que está se envolvendo com os planos de uma seita satânica, que está conspirando para dominar o mundo.

COMENTÁRIOS: Uma trama bastante confusa, claramente inspirada no clássico "O bebê de Rosemary" (Roman Polanski, 1968), com um clima interessante e bastante movimentação.

AVALIAÇÃO: ***

7 DAYS TO LIVE / DU LEBST NOCH 7 TAGE

SETE DIAS PARA VIVER

DIRETOR: Sebastian Niemann

PAÍS: Alemanha / República Tcheca

COMPANHIA PRODUTORA: Becker & Häberle Film-produktion / EIS Production

ANO DE PRODUÇÃO: 2000

DURAÇÃO: 96'

IDIOMA ORIGINAL: Inglês

PRODUÇÃO: Christian Becker, Thomas Häberle (coprodução: Dan Maag, Hanno Huth, Alfred Holighaus)

ARGUMENTO: Dirk Ahner

ROTEIRO: Dirk Ahner

FOTOGRAFIA: Gerhard Schirlo [cor]

MONTAGEM: Moune Barius

MÚSICA: Egon Riedel

ELENCO: Amanda Plummer, Sean Pertwee, Nick Brimble, Gina Bellmann, Sean Chapman, Eddie Cooper, Chris Barnes, Amanda Walker, Julian Curry, Dave Hill, John Higgins, Zdenek Maryska, Rich Gold, Renée Ackermann, Frantisek Cástka, Olga Schmidtová, Simon Happ, Peter Varga

GÊNERO: Drama de horror

SINOPSE: Com a morte de seu único filho – num acidente doméstico – Ellen e Martin Shaw decidem sair da cidade grande e se isolar numa velha casa de campo, onde pretendem recuperar a felicidade conjugal e a carreira de Martin –

escritor que vem acumulando sucessivos fracassos. Porém, os dois ignoram que a casa escolhida para esta nova vida está sob a influência de espíritos malignos – já que o pântano que a circunda foi, nos tempos medievais, um local de frequentes execuções de satanistas. Enquanto Ellen passa a ser vítima de alucinações, nas quais vê seu filho, Martin vai se tornando um homem violento e agressivo, dedicando-se cada vez mais ao seu trabalho. Desconfiada do que está acontecendo, Ellen investiga e descobre que a casa já foi palco de algumas tragédias familiares, com maridos que assassinaram inexplicavelmente suas esposas.

COMENTÁRIOS: Interessante filme de horror que consegue extrair alguma mínima vitalidade do ultra-batido clichê da casa mal-assombrada. No entanto, percebe-se que esta produção alemã, realizada parcialmente na República Tcheca e com elenco anglo-americano, poderia ter ido mais longe e aproveitado melhor uma história que – afinal de contas – já era antiga quando os castelos medievais ainda estavam na planta.

AVALIAÇÃO: ***

INFECTADOS

DIRETOR: Carl Bessai

PAÍS: Canadá

COMPANHIA PRODUTORA: Chum Television / Brightlight Pictures

ANO DE PRODUÇÃO: 2004

DURAÇÃO: 96'

IDIOMA ORIGINAL: Inglês

PRODUÇÃO: Cynthia Chapman, Andrew Boutilier

ARGUMENTO: Julian Clarke, Travis McDonald

ROTEIRO: Carl Bessai, Travis McDonald

FOTOGRAFIA: James W. Liston [cor]

MONTAGEM: Julian Clarke

MÚSICA: Clinton Shorter

ELENCO: Paul Campbell, Sarah Lind, Julian Christopher, JR Bourne, Michael Tiegen, Leanne Adachi, Benjamin Ratner, Jerry Wasserman, John Reardon, Patrick Gallagher, Hrothgar Mathews, Sage Brocklebank, Amber Rothwell, Kyle Cassie, Brad Sihvon, Colin Lawrence, Zak Santiago, John Callander, Alex Zahara

GÊNERO: Horror ecológico

SINOPSE: A mando de seu pai, dono de uma poderosa indústria madeireira, um jovem vai inspecionar uma das mais
remotas serrarias da empresa, que interrompeu subitamente todas as suas comunicações com a matriz. Ao chegar
ao local, no meio de uma densa floresta, o rapaz descobre que
quase todos os lenhadores e os membros de um grupo de am-
bientalistas foram transformados em zumbis canibais.

COMENTÁRIOS: O enredo deste filme copia, em muitos
aspectos, o de "Extermínio", de Danny Boyle.

AVALIAÇÃO: **

SEXY NIGHTS OF THE LIVING DEAD

(Cf. Le notti erotiche dei morti viventi)

THE SHADOW OF THE CAT

A SOMBRA DO GATO

DIRETOR: John Gilling

PAÍS: Inglaterra

COMPANHIA PRODUTORA: B. H. P. Films

ANO DE PRODUÇÃO: 1961

DURAÇÃO: 75'

IDIOMA ORIGINAL: Inglês

PRODUÇÃO: Jon Pennington

ARGUMENTO: George Baxt

ROTEIRO: George Baxt

FOTOGRAFIA: Arthur Grant [p&b]

MONTAGEM: John Pomeroy (supervisão: James Needs)

MÚSICA: Mikis Theodorakis

ELENCO: Andre Morell, Barbara Shelley, William Lucas, Freda Jackson, Conrad Phillips, Richard Warner, Vanda Godsell, Alan Wheatley, Andrew Crawford, Kynaston Reeves, Catherine Lacey

GÊNERO: Horror felino

SINOPSE: Velha milionária é assassinada pelo mordomo de sua mansão isolada, a mando de seu marido pilantra – que cansou de esperar pelo dinheiro da mulher, que ainda por cima ameaçava abandoná-lo. Com a cumplicidade da criada, o mordomo e o marido enterram o corpo no pântano e informam o desaparecimento à polícia, que inicia as investigações. Porém, a gata de estimação da falecida presenciou o crime e passa a perseguir os três canalhas, que são tomados de verdadeiro pavor pelo bichano. Interessado em não ver o testamento da esposa contestado, o marido assassino chama toda a família para visitá-lo, inclusive a sobrinha favorita da falecida – e verdadeira herdeira de toda a fortuna. Cada vez mais aterrorizado pela presença da gatinha, o homem tem um infarto e, enquanto se recupera, ordena aos parentes interesseiros que eliminem o felino diabólico.

COMENTÁRIOS: Produção barata, mas bastante interessante, que transforma uma simpática gatinha em uma autêntica Nêmesis.

AVALIAÇÃO: ****

SHADOW OF THE VAMPIRE

A SOMBRA DO VAMPIRO

DIRETOR: E. Elias Merhige

PAÍS: Inglaterra / Luxemburgo

COMPANHIA PRODUTORA: Long Shot Films / BBC Films / Delux Productions

ANO DE PRODUÇÃO: 2000

DURAÇÃO: 93'

IDIOMA ORIGINAL: Inglês

PRODUÇÃO: Nicolas Cage, Jeff Levine, Jimmy de Brabant, Richard Johns

ARGUMENTO: Steven Katz

ROTEIRO: Steven Katz

FOTOGRAFIA: Lou Bogue [cor]

MONTAGEM: Chris Wyatt

MÚSICA: Dan Jones

ELENCO: John Malkovich, Willem Dafoe, Cary Elwes, Aden Gillett, Eddie Izzard, Udo Kier, Catherine McCormack, Ronan Vibert, Marja Leena Junker, Jean Claude Croes, Graham Johnston, Myriam Muller, Sacha Ley, Christophe Chrompin, Orian Williams, Sophie Langevin, Nicholas Elliot, Milos Hlavak, Derek Kueter, Norman Golightly, Patrick Hastert, Marie Paule Van Roesgen

GÊNERO: Horror metalinguístico

SINOPSE: Berlim, 1921: Em busca de mais veracidade para o seu próximo filme — uma versão pirata da história de *Drácula*, de Bram Stoker — o diretor Friedrich Murnau leva sua equipe para o interior da Tchecoslováquia. Lá já o espera o protagonista da trama, Max Schreck, que interpretará o conde Orlock. Porém, a equipe de Murnau ignora até que ponto seu chefe é obcecado pelo realismo, já que Schreck é um vampiro autêntico, contratado em troca do sangue da estrela do filme, que deverá ser-lhe entregue após as filmagens. Tudo vai correndo bem, até que Schreck começa a fazer suas vítimas antes do tempo, perturbando o trabalho de Murnau. Este, sentindo-se atormentado pela presença do vampiro, cai em profunda depressão e acaba contando tudo a seu fotógrafo Fritz. Os dois resolvem, então, tornar real a morte de Orlock, preparando uma armadilha para Schreck.

COMENTÁRIOS: Fantasia em torno das filmagens do "Nosferatu" de Murnau, um dos maiores clássicos do expressionismo alemão. A trama se compõe fundamentalmente de episódios da mitologia cinematográfica, suscitados principalmente pela personalidade misteriosa de Schreck, um ator que gostava de "entrar" em seus personagens. Locações em Luxemburgo.

AVALIAÇÃO: ***

SHARK: ROSSO NELL'OCEANO / MONSTER SHARK

TUBARÃO VERMELHO

DIRETOR: John Old Jr. [Lamberto Bava]

PAÍS: Itália / França

COMPANHIA PRODUTORA: National Cinematografica / Nuova Dania Cinematografica / Filmes International / Les

Films du Griffon

ANO DE PRODUÇÃO: 1984

DURAÇÃO: 90'

IDIOMA ORIGINAL: Italiano / Inglês (dub)

PRODUÇÃO: Mino Loy (?)

ARGUMENTO: Lewis Coates [Luigi Cozzi], Dean Lewis, Martin Dolman [Sergio Martino]

ROTEIRO: Gianfranco Clerici, Frank Walker, Dardano Sacchetti, Hervè Piccini

FOTOGRAFIA: John McFerrand [Giancarlo Ferrando] [cor]

MONTAGEM: Bob Wheeler [Roberto Sterbini]

MÚSICA: Antony Barrymore [Fabio Frizzi]

ELENCO: Michael Sopkiw, Valentine Monnier, John Garko [Gianni Garko], William Berger, Iris Peynado, Lawrence Morgant, Cinthia Stewart, Paul Branco, Dagmar Lassander

GÊNERO: Horror e ficção científica

SINOPSE: Uma pequena localidade da costa da Flórida está sendo assolada por uma criatura marinha – aparentemente, um tubarão – que está fazendo diversas vítimas. Um cientista e sua assistente pesquisam a identidade da fera, convocando a ajuda de um gênio da eletrônica. Porém, ao mesmo tempo em que alguns bandidos tentam atrapalhar a pesquisa dos cientistas, descobre-se que o tal monstro marinho é algo infinitamente pior que um tubarão comum.

COMENTÁRIOS: Aberração cinematográfica unindo um enredo desgastado, um roteiro incrivelmente incompetente, um elenco de canastrões e efeitos especiais ridículos. O resultado? 90 minutos jogados no lixo, para quem se dispõe a ver esse desastre. Locações nos Estados Unidos.

AVALIAÇÃO: *

SHARKNADO

Sharknado

DIRETOR: Anthony C. Ferrante

PAÍS: Estados Unidos

COMPANHIA PRODUTORA: The Asylum Productions

ANO DE PRODUÇÃO: 2013

DURAÇÃO: 87'

IDIOMA ORIGINAL: Inglês

PRODUÇÃO: David Michael Latt (coprodução: Paul Bales)

ARGUMENTO: Thunder Levin

ROTEIRO: Thunder Levin

FOTOGRAFIA: Ben Demaree [cor]

MONTAGEM: William Boodell

MÚSICA: Ramin Kousha

ELENCO: Tara Reid, Cassie Scerbo, Jaason Simmons, John Heard, Ian Ziering, Alex Arleo, Neil H. Berkow, Heather Jocelyn Blair, Sumiko Braun, Diane Chambers, Julie McCullough, Marcus Choi, Israel saez de Miguel, Tiffany Cole, Trish Coren, Chuck Hittinger, Aubrey Peeples, Michael Teh, Connor Weil, Christopher Wolfe, Steve Moulton, Robbie Rist, David Bittick, Derek Ian Caldwell, Adrian Bustamante, Samantha Rafanello, Petunia

GÊNERO: Horror de animais em fúria

SINOPSE: A costa da Califórnia está prestes a ser atingida pelo mais violento tornado de todos os tempos, criado pelo aquecimento global das multinacionais e pela emissão de gases bovinos. Porém, como se não bastasse a sua força devastadora, o tornado apresenta uma característica inusitada: ao percorrerem o Golfo do México, os ventos atravessaram uma manada de milhares de tubarões, que estavam indo passar as férias nos Estados Unidos. Sugados para ventania, os tubarões são levados pelo tornado e alguns são lançados em terra, onde causam muitas vítimas. Mas os problemas dos pobres californianos estão longe de acabar, já que o tornado causou uma grande inundação e os tubarões – mais inteligentes e agressivos que um executivo de multinacional – estão chegando a todas as partes.

COMENTÁRIOS: Telefilme realizado para o canal Syfy, especializado em produções baratíssimas com temas absurdos.

AVALIAÇÃO: **

THE SHINING

O ILUMINADO

DIRETOR: Stanley Kubrick

PAÍS: Inglaterra / Estados Unidos

COMPANHIA PRODUTORA: Warner Bros. / Peregrine / Hawk Films

ANO DE PRODUÇÃO: 1980

DURAÇÃO: 142'

IDIOMA ORIGINAL: Inglês

PRODUÇÃO: Stanley Kubrick

ARGUMENTO: Stephen King

ROTEIRO: Stanley Kubrick, Diane Johnson

FOTOGRAFIA: John Alcott [cor]

MONTAGEM: Ray Lovejoy

MÚSICA: Bela Bartok, Krzysztof Penderecki, Wendy Carlos, Rachel Elkind, Gyorgy Ligeti

ELENCO: Jack Nicholson, Shelley Duvall, Danny Lloyd, Scatman Crothers, Barry Nelson, Philip Stone, Joe Turkel, Anne Jackson, Tony Burton, Lia Beldam, Billie Gibson, Barry Dennen, David Baxt, Manning Redwood, Lisa Burns, Louise Burns, Robin Pappas, Alison Coleridge, Burnell Tucker, Jana Sheldon, Kate Phelps, Norman Gay

GÊNERO: Drama de horror psicológico

SINOPSE: Jack, um escritor frustrado, aceita trabalhar como vigia e zelador de um luxuoso hotel durante a temporada de inverno – quando o estabelecimento é fechado e fica cercado pela neve. Com sua esposa e o filho pequeno, ele se instala para 5 meses de completo isolamento, período que pretende aproveitar para escrever um livro. Porém, o tal hotel é assombrado por uma força maligna, que vai se apoderando de Jack e fazendo com que ele se torne um alucinado paranoico.

COMENTÁRIOS: Baseada em uma história de Stephen King (que, na época, ainda era um escritor que podia ser levado a sério), essa é uma verdadeira obra-prima de Kubrick, com um clima sombrio e um cenário extraordinariamente opressivo.

AVALIAÇÃO: ****

SHIVERS

Calafrios

DIRETOR: David Cronenberg

PAÍS: Canadá

COMPANHIA PRODUTORA: DAL – Reitman

ANO DE PRODUÇÃO: 1973

DURAÇÃO: 87'

IDIOMA ORIGINAL: Inglês

PRODUÇÃO: Ivan Reitman

ARGUMENTO: David Cronenberg

ROTEIRO: David Cronenberg

FOTOGRAFIA: Robert Saad [cor]

MONTAGEM: Patrick Dodd

MÚSICA: Ivan Reitman

ELENCO: Paul Hampton, Joe Silver, Lynn Lowry, Alan Migicovsky, Susan Petrie, Ronald Mlodzik, Camille Ducharme, Wally Martin, Charles Perley, Barry Baldero,

Hanka Posnanska, Vlasta Vrana, Al Rochman, Julie Wildman, Edith Johnson, Joy Coghill, Fred Doederlein, Arthur Grosser, Dorothy Davis, Joan Blackman, Sonny Forbes, Barbara Steele, Silvie Debois, Kirsten Bishopric, Nora Johnson, Cathy Graham, Robert Brennen, Felicia Shulman, Roy Whittan, Dennis Payne, Kevin Fenlow

GÊNERO: Horror

SINOPSE: Em um grande condomínio de luxo, os moradores são atacados por um estranho parasita transmitido pelo contato sexual, que os transforma em insaciáveis zumbis tarados.

COMENTÁRIOS: Um dos primeiros filmes de Cronenberg, com uma espécie de metáfora do comportamento da burguesia canadense.

AVALIAÇÃO: ***

SHOCK

SHOCK

DIRETOR: Jair Correia

PAÍS: Brasil

COMPANHIA PRODUTORA: DIF – Distribuidora Internacional de Filmes

ANO DE PRODUÇÃO: 1983

DURAÇÃO: 85'

IDIOMA ORIGINAL: Português

PRODUÇÃO: Luiz Carlos Dupont

ARGUMENTO: Jair Correia

ROTEIRO: Jair Correia, Gertrudes Eisenlohr

FOTOGRAFIA: Tony Rabatoni [cor]

MONTAGEM: Jair Correia

MÚSICA: (direção: Palhinha Cruz do Vale) (música: Renato Carra Groshe, Palhinha Cruz do Vale, Jair Correia, Pedro Luiz Turin)

ELENCO: Cláudia Alencar, Aldine Müller, Elias Andreato, Kiko Guerra, Taumaturgo Ferreira, Mayara Magri, Vandi Zaquias, Sílvia Mazza, Sílvio N. Ferreira, Caio Flávio, Palhinha Cruz do Vale, Hugo Daniel Roteshild, Guilherme Dotta, Jurandi Abreu, Antonio Carlos Raele

GÊNERO: Drama de suspense e horror

SINOPSE: Muitos jovens com sede de diversão comparecem a uma festa de arromba, em uma remota casa de campo. Depois que a festa acaba, três casais permanecem na casa, enquanto esperam pelo amanhecer. Porém, junto com eles está um misterioso psicopata assassino, que passa a caçá-los impiedosamente.

COMENTÁRIOS: Horror *slasher* que imita, sem qualquer sintoma de originalidade, os filmes norte-americanos e europeus.

AVALIAÇÃO: ***

ONDAS DE PAVOR

DIRETOR: Ken Wiederhorn

PAÍS: Estados Unidos

COMPANHIA PRODUTORA: Zopix Company

ANO DE PRODUÇÃO: 1976

DURAÇÃO: 86'

IDIOMA ORIGINAL: Inglês

PRODUÇÃO: Reuben Trane

ROTEIRO: John Harrison, Ken Wiederhorn

FOTOGRAFIA: Reuben Trane [cor]

MONTAGEM: Norman Gay

MÚSICA: Richard Einhorn

ELENCO: Peter Cushing, Brooke Adams, Fred Buch, Jack

Davidson, Luke Halpin, D. J. Sidney, Don Stout, John Carradine, Clarence Thomas, Sammy Graham, Preston White, Reid Finger, Mike Kennedy, Donahue Guillory, Jay Maeder, Talmedge Scott, Gary Levinson, Robert Miller

GÊNERO: Horror

SINOPSE: Um grupo de passageiros viaja em um velho navio cargueiro que tem problemas e se perde no mar. Durante a noite, o navio colide com outra embarcação e naufraga, fazendo com que os passageiros sejam obrigados a fugir para uma ilha próxima. No dia seguinte, eles verificam que a colisão foi com a carcaça de um navio naufragado e encontram o corpo do capitão do cargueiro. Na ilha, o grupo encontra o suntuoso prédio de um hotel abandonado, onde vive um homem bastante misterioso, que os avisa para deixarem o local imediatamente. Como não podem partir, os náufragos resolvem investigar e descobrem que o habitante do hotel é um velho oficial nazista. Este acaba lhes confessando que, após a derrota alemã, viera para a ilha com a missão de afundar o barco, no qual estava uma tropa de soldados zumbis. Os soldados haviam sido desenvolvidos por cientistas nazistas, mas sua excessiva violência os tornara temíveis até para seus próprios criadores. Porém, o choque com o cargueiro desperta os zumbis, que passam a andar pela ilha e a atacar os náufragos.

COMENTÁRIOS: A presença mínima de Peter Cushing

não deve enganar ninguém, pois esta trama inverossímil é conduzida por um grupelho de canastrões de quinta categoria, onde o destaque deve ser a atuação dos zumbis arianos.

AVALIAÇÃO: **

Espíritos – A morte está ao seu lado

DIRETOR: Banjong Pisanthanakun, Parkpoom Wongpoom

PAÍS: Tailândia

COMPANHIA PRODUTORA: Phenomena Motion Pictures

ANO DE PRODUÇÃO: 2004

DURAÇÃO: 97'

IDIOMA ORIGINAL: Inglês

PRODUÇÃO: Yodphet Sudsawad

ROTEIRO: Parkpoom Wongpoom, Banjong Pisanthanakun, Sophon Sakdapisit

FOTOGRAFIA: Niramon Ross [cor]

MONTAGEM: Manop Boonwipas, Lee Chatametikool

MÚSICA: Chatchai Pongprapaphan

ELENCO: Ananda Everingham, Natthaweeranuch Thongmee, Achita Sikamana, Unnop Chanpaibool, Titikarn Tongprasearth, Sivagorn Muttamara, Chachchaya Chalemphol, Kachormsak Naruepatr, Abhijati Jusakul, Binn Kitchachonpong, Panitan Mavichak, Samruay Jaratjaroonpong, Jitrada Korsangvichal, Duangporn Sontikhan, Panu Puntoomsinchal, Saifon Nanthawanchal, Tanapon Chansming, Thamonwan Srinatsomsuk, Watthanaporn Wannacome, Natraya Rotthirawanit, Sawai Poomring, Twich Chombuatong, Teranet Jongaramrungrueng, Vasana Chalakorn, Krai Kanchit, Manop Boonwipas (voz), Suthiphong Bhibalkul (voz)

GÊNERO: Horror fantasmático

SINOPSE: O fotógrafo Tun e sua namorada Jane pensam ter atropelado um transeunte, mas fogem correndo sem prestar qualquer auxílio. A partir daí Tun passa a ser perseguido por um fantasma, vindo a descobrir que se trata de sua ex-namorada Natre, que se suicidou depois que ele a abandonou.

COMENTÁRIOS: Interessante exemplar do terror oriental, com mais uma trama de fantasma vingativo.

AVALIAÇÃO: ***

Hospital da morte

DIRETOR: Curtis Radclyffe

PAÍS: Inglaterra

COMPANHIA PRODUTORA: iDream Production / Hopscotch Films

ANO DE PRODUÇÃO: 2007

DURAÇÃO: 100'

IDIOMA ORIGINAL: Inglês

PRODUÇÃO: Shripal Morakhia, Charlotte Wonther (co-produtores: Rohit Sharma, Paradigm Hyde)

ARGUMENTO: Curtis Radclyffe, Marc Zakian

ROTEIRO: Romla Walker

FOTOGRAFIA: Sam McCurdy [cor]

MONTAGEM: Joseph Pisano

MÚSICA: Lauren Yason, Richard Fox

ELENCO: Gina Philips, Alex Hassell, Kellie Shirley, Andrew Knott, Jack Bailey, John Lebar, Romla Walker, Tom Wontner, Gregg Harris, Finlay Carr, Sam Burke, Abe Buckoke, Alfie Owen, Shannon O'Callaghan, Callie Ward,

Sydney Radclyffe (voz), Rufus Graham, Chris Mansfield, Simon Howard, Roger Evans, Jessica Jay, Pat Higgins, Tony Bowden, Joe Moloney, C. K. Dunbar, Samantha Haynes, M. Pearce, Jonathan Lewis, Lee Akehurst, Jonnie Hurn, Kas Lewis, Kyla Cook, Serina Chapman, Ana Velencia, Liz Dodsworth, Josephine Hillier, Victoria Denard, Jennie Fox, Denis Khoroshko, Penuel Sibiya, Jake Crimmin, Jon B. Huseby, Gillian MacGregor, Kelley Jupp, Kohei Fukuo, Stuart Brennan, Benedict Garrett, Klemens Koehring, Lucy Wright, Richard Simpson

GÊNERO: Horror

SINOPSE: Em Londres, uma arqueóloga está investigando as ruínas de um hospital, em cujo prédio funcionara um orfanato fechado por causa da peste no século 17. Porém, ao descobrirem que o local ainda está cheio de focos de infecção, as autoridades resolvem demolir tudo. Desesperada, a arqueóloga invade secretamente as ruínas e vai fazer suas últimas escavações, que acabam por despertar um demônio adormecido há mais de 300 anos.

COMENTÁRIOS: Adormecidos também estarão, em breve tempo, os espectadores deste filme.

AVALIAÇÃO: **

O SIGNO DE ESCORPIÃO

DIRETOR: Carlos Coimbra

PAÍS: Brasil

COMPANHIA PRODUTORA: CSC Produções Cinematográficas

ANO DE PRODUÇÃO: 1974

DURAÇÃO: 93'/81'

IDIOMA ORIGINAL: Português

PRODUÇÃO: Carlos Coimbra

ARGUMENTO: Carlos Coimbra (or: Agatha Christie)

ROTEIRO: Carlos Coimbra (colaboração: Ody Fraga, Sérgio Coimbra)

FOTOGRAFIA: Antonio Meliande [cor]

MONTAGEM: Carlos Coimbra

MÚSICA: Chico Moraes, Wilson Miranda

ELENCO: Carlos Lyra, Kate Lyra, Rodolfo Mayer, Maria Della Costa, Sebastião Campos, Wanda Kosmo, Sandro Polônio, Paulo Hesse, Roberto Orosco, Maria Viana, Alan Fontaine, Elza Tsugawa

GÊNERO: Drama de suspense e horror

SINOPSE: O professor Alex, célebre astrólogo e bon vivant, reúne nove amigos em sua paradisíaca ilha particular. A reunião – cujos doze participantes (os convidados, Alex e dois empregados) correspondem aos signos do zodíaco – tem o objetivo de comemorar o lançamento de seu mais novo livro e, principalmente, de anunciar sua maior criação: um super-computador astrológico capaz de fazer todo tipo de previsões. Porém, o assassinato de uma das convidadas dá início a um festival de matanças, sem que seja possível determinar a identidade do criminoso.

COMENTÁRIOS: Versão "pirata" do romance "O caso dos dez negrinhos", de Agatha Christie, reunindo um bom time de atores veteranos. Infelizmente, a introdução de alguns elementos bizarros (como o computador astrológico) tira qualquer chance de este filme ser encarado com seriedade.

AVALIAÇÃO: ***

THE SILENCE OF THE LAMBS

O SILÊNCIO DOS INOCENTES

DIRETOR: Jonathan Demme

PAÍS: Estados Unidos

COMPANHIA PRODUTORA: Strong Heart / Demme

ANO DE PRODUÇÃO: 1990

DURAÇÃO: 119'

IDIOMA ORIGINAL: Inglês

PRODUÇÃO: Edward Saxon, Kenneth Utt, Ron Bozman

ARGUMENTO: Thomas Harris

ROTEIRO: Ted Tally

FOTOGRAFIA: Tak Fujimoto [cor]

MONTAGEM: Craig McKay

MÚSICA: Howard Shore

ELENCO: Jodie Foster, Anthony Hopkins, Scott Glenn, Ted Levine, Anthony Heald, Brooke Smith, Diane Baker, Kasi Lemmons, Charles Napier, Tracey Walter, Roger Corman, Ron Vawter, Danny Darst, Frankie Faison, Paul Lazar, Dan Butler, Chris Isaak, Lawrence A. Bonney, Lawrence T. Wrentz, Don Brockett, Frank Seals Jr., Stuart Rudin, Masha Skorobogatov, Jeffrie Lane, Leib Lensky, Red Schwartz, Jim Roche, James B. Howard, Bill Miller, Chuck Aber, Gene Borkan, Pat McNamara, Kenneth Utt, cadela Darla, Adelle Lutz, Obba Babatunde, George Michael, Jim Dratfield, Stanton-Miranda, Rebecca Saxon, Danny Darst, Cynthia Ettinger, Brent Hinkley, Steve Wyatt, Alex Coleman, David Early, Andre Blake, Bill Dalzell III, Daniel von Bargen, Tommy LaFitte, Josh Broder, Buzz Kilman, Harry

Northup, Lauren Roselli, Lamont Arnold

GÊNERO: Drama criminal com elementos horroríficos

SINOPSE: Clarice Starling, uma jovem aluna da escola de treinamento do FBI, é designada por seu chefe para entrevistar o psicopata canibal Hannibal Lecter, em busca de informações para fazer o perfil psicológico de um novo serial killer, conhecido como Buffalo Bill, que gosta de arrancar pedaços da pele das suas vítimas. Hannibal se oferece para ajudar, mas exige em troca sua transferência para outro local, já que está há oito anos trancado em uma cela de manicômio, sem ter nenhuma vista e sendo constantemente maltratado pelo diretor do estabelecimento. Clarice leva a proposta para seu chefe, ao mesmo tempo em que segue uma pista dada por Lecter e encontra o depósito onde o maníaco guardava seus pertences. A proposta é ignorada, até que a filha de uma senadora é capturada por Bill.

COMENTÁRIOS: Realizando o prodígio de ganhar o Oscar de melhor filme, "O silêncio dos inocentes" contribuiu bastante para elevar o interesse pelas histórias de *serial killers* (que, até então, limitavam-se quase sempre a filmecos de horror para adolescentes). Com destaque para as performances de Anthony Hopkins e Jodie Foster, este filme foge bastante aos clichês do gênero, já que não se preocupa muito em explorar as façanhas do maníaco, concentrando-se bem mais na figura de Hannibal, que é a alma da história (e que viria a se tornar o mais célebre psicopata assassino da história do cinema).

AVALIAÇÃO: ***

SILENT NIGHT, DEADLY NIGHT

Natal sangrento

DIRETOR: Charles E. Sellier Jr.

PAÍS: Estados Unidos

COMPANHIA PRODUTORA: Slayride

ANO DE PRODUÇÃO: 1984

DURAÇÃO: 85'

IDIOMA ORIGINAL: Inglês

PRODUÇÃO: Ira Richard Barmak

ARGUMENTO: Paul Caimi

ROTEIRO: Michael Hickey

FOTOGRAFIA: Henning Schellerup [cor]

MONTAGEM: Michael Spence

MÚSICA: Perry Botkin

ELENCO: Lilyan Chauvin, Gilmer McCormick, Toni Nero, Robert Brian Wilson, Charles Dierkop, Linnea Quigley,

Randy Stumpf, Britt Leach, Tara Buckman, Will Hare, Leo Geter, Jeff Hansen, Eric Hart, A. Madeline Smith, H. E. D. Redford, Danny Wagner, Jonathon Best, Amy Stuyvesant, Max Robinson, Nancy Borgenicht, Vince Massa, Michael Alvarez, John Bishop, Richard Terry, Oscar Rowland, Richard D. Clark, Tip Boxell, Angela Montoya, Mollie Cameron, Jayne Luke, Joan S. Forster, Betsy Nagel, Barbara Stafford, Paul Mulder, Spencer Ashby, J. Paul Broadhead, Alex Burton, Max Broadhead, Melissa Best, Dan Rogers, Spencer Alston, Kristi Ballard, Jacob Peterson, Jonathan Wilde, Susie Massa, Sarah Stuyvesant

GÊNERO: Horror natalino

SINOPSE: Aos quatro anos de idade, em plena noite de Natal, Billy vê seus pais serem barbaramente assassinados por um assaltante vestido de Papai Noel. O menino e seu irmão menor, Ricky, vão para um orfanato católico, onde Billy é submetido à disciplina cruel da madre superiora, o que só faz aumentar os seus traumas. Crescendo nesse ambiente inóspito, ele chega à maioridade e consegue emprego em uma loja de brinquedos. Porém, obrigado a interpretar o papel de Papai Noel, durante as vendas de Natal, Billy acaba saindo do controle e se torna um psicopata assassino, passando a exterminar todas as pessoas que atravessam o seu caminho.

COMENTÁRIOS: A história demora muito para começar e se esforça demais para justificar a loucura do personagem, o que é coisa supérflua neste tipo de filme.

AVALIAÇÃO: **

SILENT NIGHT, DEADLY NIGHT – PART 2

NATAL SANGRENTO 2 – RETORNO MACABRO

DIRETOR: Lee Harry

PAÍS: Estados Unidos

COMPANHIA PRODUTORA: Silent Night Releasing Corporation

ANO DE PRODUÇÃO: 1987

DURAÇÃO: 88'

IDIOMA ORIGINAL: Inglês

PRODUÇÃO: Lawrence Appelbaum

ARGUMENTO: Lee Harry, Joseph H. Earle, Dennis Patterson, Lawrence Appelbaum (or: Michael Hickey, Paul Caimi)

ROTEIRO: Lee Harry, Joseph H. Earle

FOTOGRAFIA: Harvey Genkins [cor]

MONTAGEM: Lee Harry

MÚSICA: Michael Armstrong

ELENCO: Eric Freeman, James L. Newman, Elizabeth Cayton [Elizabeth Kaitan], Jean Miller, Darrel Guilbeau, Brian Michael Henley, Corinne Gelfan, Michael Combatti, Kenneth Bryan James, Ron Moriarty, Frank Novak, Randy Baughman, Joanne White, Lenny Rose, Nadya Wynd, Kenneth McCabe, J. Aubrey Island, Randy Post, Kent Kopasse, Stephanie Babbitt, Michael Marloe, Traci Odom, Jennie Webb, Larry Kelman, Janice Carlberg, Jher Turner, Jill K. Allen, Delia Lombardo, Stephen L. Parks, O. J. Ackson, Fred Griggs, Sally Bedding, Spud Plugman, Richard Levine, Dianne C. Weed, Amy Hamovitz, John Fitzgibbons, Scottie Simpfender, Erin Davini, Lara Davini, Brian Davini, Erika Lundquist, Harvey Genkins, Samurai Retz

GÊNERO: Horror natalino

SINOPSE: Traumatizado com o que houve com seu irmão mais velho, Billy, Ricky está internado em um manicômio, onde recebe a visita de um novo psiquiatra. Ricky lhe conta a sua vida e revela a origem de seus problemas mentais, sempre ligados à tragédia que vitimou seus pais e à sua infância no orfanato das freirinhas sádicas.

COMENTÁRIOS: Para se ter uma ideia da precariedade desta péssima continuação, basta dizer que os produtores picaretas tiveram a cara-de-pau de reprisar quase metade do filme original, na forma de longos *flashbacks*.

AVALIAÇÃO: *

A HORA DO LOBISOMEM

DIRETOR: Daniel Attias

PAÍS: Estados Unidos

COMPANHIA PRODUTORA: Dino De Laurentiis / Famous Films

ANO DE PRODUÇÃO: 1985

DURAÇÃO: 95'

IDIOMA ORIGINAL: Inglês

PRODUÇÃO: Martha Schumacher

ARGUMENTO: Stephen King

ROTEIRO: Stephen King

FOTOGRAFIA: Armando Nannuzzi [cor]

MONTAGEM: Daniel Loewenthal

MÚSICA: Jay Chattaway

ELENCO: Gary Busey, Everett McGill, Corey Haim, Megan Follows, Terry O'Quinn, Bill Smitrovich, Robin Groves,

Lawrence Tierney, Kent Broadhurst, Leon Russom, Joe Wright, Heather Simmons, James A. Baffico, Rebecca Fleming, William Newman, Sam Stoneburner, Lonnie Moore, Rick Pasotto, Cassidy Eckert, Wendy Walker, Michael Lague, Myra Mailloux, William Brown, Herb Harton, David Hart, Graham Smith, Paul Butler, Crystal Field, Julius Leflore, Roxanne Aalam, Pearl Jones, Ish Jones Jr., Steven White, Conrad McLaren, Tovah Feldshuh (voz), James Gammon

GÊNERO: Horror para adolescentes

SINOPSE: Numa pequena cidade do interior americano vive o menino Marty – um paralítico, preso numa cadeira de rodas – e sua família. Subitamente, a cidade torna-se cenário de uma série de crimes violentos, cuja autoria é ignorada. Ao sair secretamente para divertir-se, em plena madrugada, Marty é atacado por uma criatura bizarra, que ele identifica como um lobisomem. Marty consegue ferir o lobisomem com um foguetão e foge. No dia seguinte, querendo saber quem foi a sua vítima, ele pede à sua irmã que procure alguém ferido pela cidade, após contar-lhe todo o caso. A menina descobre que o lobisomem é o próprio padre local, o reverendo Lowe, que não parece nada disposto a se deixar apanhar.

COMENTÁRIOS: Filmezinho morno baseado numa história de Stephen King, nos tempos em que isso era garantia de lucro polpudo nas bilheterias.

AVALIAÇÃO: ***

THE SKELETON KEY

A CHAVE-MESTRA

DIRETOR: Iain Softley

PAÍS: Estados Unidos

COMPANHIA PRODUTORA: Shadowcatcher Entertainment / Double Feature Films

ANO DE PRODUÇÃO: 2005

DURAÇÃO: 104'

IDIOMA ORIGINAL: Inglês

PRODUÇÃO: Daniel Bobker, Iain Softley, Michael Shamberg, Stacey Sher

ARGUMENTO: Ehren Kruger

ROTEIRO: Ehren Kruger

FOTOGRAFIA: Dan Mindel [cor]

MONTAGEM: Joe Hutshing

MÚSICA: Edward Shearmur

ELENCO: Kate Hudson, Gena Rowlands, Peter Sarsgaard,

John Hurt, Joy Bryant, Maxine Barnett, Fahnlohnee Harris, Marion Zinser, Deneen Tyler, Ann Dalrymple, Trula Marcus, Tonya Staten, Tom Uskali, Jen Apgar, Forrest Landis, Jamie Lee Redmon, Ronald McCall, Jeryl Prescott Sales, Isaach De Bankole, Christa Thorne, Lakrishi Kindred, Lawrence 'King' Harvey, Mark Krasnoff, Sabah, Susannah Thorarinsson, Bill H. McKenzie, Joe Chrest, David Curtis, Tiffany Helland, Bryan Ruppert, Philip Frazier, Derek Shezbie, Glen Andrews, Stafford Agee, Keith Frazier, Derrick Tabb, Shamar Allen, Byron Bernard, Herbert Stevens, George Harper, Howard McCary, Kevin O'Neal, Ryan Porter, Rudy Regalado, Nolan Shaheed, Dustin Fleetwood, Roderick Harrison, Torrey McKinley

GÊNERO: Drama de suspense e horror

SINOPSE: Caroline, uma jovem estudante de enfermagem, resolve trabalhar por conta própria e aceita cuidar de um velho moribundo, que vive numa mansão bastante isolada. Além do enfermo, Ben Devereaux, vive também na mansão a sua esposa Violet. A moça logo começa a presenciar fatos estranhos e acaba descobrindo que, há muitos anos, a mansão fôra palco de uma tragédia, quando um casal de empregados adoradores do Diabo havia sido linchado por um bando de grã-finos intolerantes. Caroline, então, passa a desconfiar de que o seu paciente está sendo vítima de algum tipo de feitiçaria e resolve ajudá-lo, sem saber que está se envolvendo com algo extremamente perigoso.

COMENTÁRIOS: Uma história inteligente e bem desenvolvida, que se transformou em um dos melhores filmes de terror do século 21.

AVALIAÇÃO: ****

SKINNER

SKINNER

DIRETOR: Ivan Nagy

PAÍS: Estados Unidos

COMPANHIA PRODUTORA: 5 Kidd Productions / Wyman-Pollon

ANO DE PRODUÇÃO: 1995

DURAÇÃO: 90'

IDIOMA ORIGINAL: Inglês

PRODUÇÃO: Brad Wyman, Joff Pollon (coprodução: Tamar Glaser)

ARGUMENTO: Paul Hart-Wilden

ROTEIRO: Paul Hart-Wilden

FOTOGRAFIA: Greg Littlewood [cor]

MONTAGEM: Peter Schink, Fred Roth

MÚSICA: "Contagion"

ELENCO: Ted Raimi, Ricki Lake, David Warshofsky, Richard Schiff, Traci Lords, Blaire Baron, Roberta Eaton, Christina Engelhardt, Dewayne Williams, Time Winters, Frederika Keston, Saralee Froton

GÊNERO: Horror

SINOPSE: Dennis Skinner é um psicopata assassino com uma curiosa mania: ele mata suas vítimas e as esfola, vestindo sua pele para variar um pouco de personalidade. Disposto a mudar de ares, ele aluga um quarto na casa de Kerry e Geoff Tate, um jovem casal sem filhos que precisa complementar o orçamento familiar. Arranjando emprego numa velha fábrica, Skinner logo monta sua alfaiataria do horror e acumula vítimas, enquanto vai se sentindo atraído por Kerry (que tem realmente muita pele). Porém, Skinner não está tão seguro quanto pensa, já que está sendo caçado por Heidi, uma de suas vítimas (que se recuperou do seu ataque, ficando bastante deformada e biruta).

COMENTÁRIOS: Mais um filme de horror B com um psicopata assassino copiado diretamente de "O silêncio dos inocentes" (que, com seu oscar, glamurizou a figura do *serial killer*). Esta imitação é uma produção bastante pobre, com um arremedo de roteiro e um enredo cheio de situações repetiti-vas, além das doses maciças de sangue – que não conseguem disfarçar a falta de cenas de real impacto.

AVALIAÇÃO: ***

A MALDIÇÃO DA CAVEIRA

DIRETOR: Freddie Francis

PAÍS: Inglaterra

COMPANHIA PRODUTORA: Amicus

ANO DE PRODUÇÃO: 1965

DURAÇÃO: 83'/90'

IDIOMA ORIGINAL: Inglês

PRODUÇÃO: Milton Subotsky, Max J. Rosenberg

ARGUMENTO: Robert Bloch

ROTEIRO: Milton Subotsky

FOTOGRAFIA: John Wilcox [cor]

MONTAGEM: Oswald Hafenrichter

MÚSICA: Elisabeth Lutyens

ELENCO: Peter Cushing, Patrick Wymark, Nigel Green,

Jill Bennett, Michael Gough, George Coulouris, Peter Woodthorpe, April Ourich, Maurice Good, Patrick Magee, Anna Palk, Frank Forsyth, Paul Stockman, Geoffrey Cheshire, Christopher Lee

GÊNERO: Horror frenológico

SINOPSE: Christopher Maitland é um abastado aristocrata britânico, fervoroso colecionador de curiosidades cabalísticas, bugigangas esotéricas e outras bizarrices. Um dia, seu principal fornecedor, Marco, oferece-lhe uma peça mais macabra que as habituais: o crânio do marquês de Sade, furtado de sua sepultura no hospício francês de Charenton. Maitland fica interessado, mas hesita em fazer a compra, sem saber se a peça é autêntica (pois Sade se esquecera de autografar sua caveira). Consultando seu colega colecionista, o riquíssimo sir Matthew Phillips, Christopher fica sabendo que o crânio é verdadeiro e que foi roubado de sua coleção. Christopher se oferece para recuperá-lo, mas Matthew se diz satisfeito com o roubo, alertando o amigo para o grave perigo representado pela caveira, que funciona como um veículo para a transmissão de forças demoníacas.

COMENTÁRIOS: Frenologia e satanismo, num filme que começa animado e desanda para a monotonia (embora, mesmo assim, seja um dos melhores trabalhos de Freddie Francis, um dos grandes mestres do horror britânico).

AVALIAÇÃO: ***

O MASSACRE

DIRETOR: Jay Lee

PAÍS: Estados Unidos

COMPANHIA PRODUTORA: Scream HQ

ANO DE PRODUÇÃO: 2006

DURAÇÃO: 96'

IDIOMA ORIGINAL: Inglês

PRODUÇÃO: Calvin Green, Judy T. Marcelline, Michael J. Zampino

ARGUMENTO: Jay Lee

ROTEIRO: Jay Lee

FOTOGRAFIA: Jay Lee [cor]

MONTAGEM: Jay Lee

MÚSICA: Chauncey Mahan

ELENCO: Jessica Ellis [Jessica Custodio], Zak Kilberg, Jen Alex Gonzalez, Brad Milne, Terry Erioski, Laura Stein [Laura Bach], Travis Wood, Billy Beck, Adriana Esquivel, Carmit Levité

GÊNERO: Comédia de horror

SINOPSE: Empresa de fundo de quintal, formada por jovens estudantes um tanto descerebrados, é contratada para fazer a limpeza de uma velha e isolada mansão, que está abandonada há quarenta anos e deve ser vendida. Juntamente com o dono do imóvel e sua secretária, seis jovens vão fazer o trabalho, mas a descoberta de um velho livro de magia faz com que as almas satânicas que assombram a casa voltem à atividade, causando sérios transtornos.

COMENTÁRIOS: O filme começa como uma obra séria (embora incompetente) e vai descambando para o humor nonsense, até se transformar em um autêntico pastiche. Com um enredo clichê, personagens idem e efeitos especiais de quinta categoria, esta pérola da mediocridade conseguiu prêmios em festivais (o que atesta menos a qualidade do filme do que a falta de qualidade dos tais festivais).

AVALIAÇÃO: **

SLEEPLESS

(Cf. Non ho sonno)

SORORITY BABES IN THE SLIMEBALL BOWL-O-RAMA

(Cf. The Imp)

STEPHEN KING'S SILVER BULLET

(Cf. Silver bullet)

STEPHEN KING'S THE LANGOLIERS

(Cf. The langoliers)

STEPHEN KING'S THINNER

(Cf. Thinner)

THE TEXAS CHAINSAW MASSACRE 2

O MASSACRE DA SERRA ELÉTRICA 2

DIRETOR: Tobe Hooper

PAÍS: Estados Unidos

COMPANHIA PRODUTORA: The Cannon Group / Golan-Globus

ANO DE PRODUÇÃO: 1986

DURAÇÃO: 89'

IDIOMA ORIGINAL: Inglês

PRODUÇÃO: Menahem Golan, Yoram Globus, Tobe Hooper

ROTEIRO: L. M. Kit Carson

FOTOGRAFIA: Richard Kooris [cor]

MONTAGEM: Alain Jakubowicz

MÚSICA: Tobe Hooper, Jerry Lambert

ELENCO: Dennis Hopper, Caroline Williams, Jim Siedow, Bill Moseley, Bill Johnson, Ken Evert, Harlan Jordan, Kirk Sisco, James N. Harrell, Lou Perry, Barry Kinyon, Chris Douridas, Judy Kelly, John Martin Ivey, Kinky Friedman, Wirt Cain, Dan Jenkins, Joe Bob Briggs

GÊNERO: Horror

SINOPSE: DJ de uma pequena rádio do interior do Texas ouve, pelo telefone da emissora, o assassinato de dois jovens que estavam falando com ela. Atrás da notícia, surge um homem que deseja vingar alguns parentes, mortos da mesma maneira alguns anos antes. A DJ resolve ajudá-lo em sua caçada, mas ela acaba como prisioneira de uma família de psicopatas que utiliza seres humanos para fins culinários.

COMENTÁRIOS: Sequência um tanto tardia de um filme clássico do mesmo diretor, realizado em 1974.

AVALIAÇÃO: ***

THEATRE OF BLOOD

As sete máscaras da morte

DIRETOR: Douglas Hickox

PAÍS: Inglaterra

COMPANHIA PRODUTORA: Harbor Productions

ANO DE PRODUÇÃO: 1973

DURAÇÃO: 104'

IDIOMA ORIGINAL: Inglês

PRODUÇÃO: John Kohn, Stanley Mann

ARGUMENTO: Stanley Mann, John Kohn

ROTEIRO: Anthony Greville-Bell

FOTOGRAFIA: Wolfgang Suschitzky [cor]

MONTAGEM: Malcolm Cooke

MÚSICA: Michael J. Lewis

ELENCO: Vincent Price, Diana Rigg, Ian Hendry, Harry Andrews, Coral Browne, Robert Coote, Jack Hawkins, Michael Hordern, Arthur Lowe, Robert Morley, Dennis Price, Diana Dors, Madeline Smith, Joan Hickson, Renée Asherson, Milo O'Shea, Eric Sykes, Bunny Reed, Peter Thornton, Charles Sinnickson, Brigid Erin Bates, Tutte Lemkow, Stanley Bates, Eric Francis, Sally Gilmore, John Gilpin, Joyce Graeme, Jack Maguire, Declan Mulholland

GÊNERO: Horror em tom de comédia

SINOPSE: Apesar de ter dedicado toda a sua longa vida ao teatro shakespeariano, o ator e produtor Edward Lionheart é constantemente esnobado pelos críticos, que o consideram medíocre, decadente e ultrapassado. Após mais uma humilhação, na escolha do melhor ator do ano, Lionheart acaba por suicidar-se, atirando-se num rio. Porém, ele escapa com vida e é recolhido por um grupo de mendigos, com os quais passa a viver. Louco, ele planeja vingar-se dos críticos, com a ajuda de sua filha Edwina e do seu bando de mendigos bêbados. Aproveitando-se de sua "morte", ele começa a eliminar os críticos, elaborando bizarros assassinatos baseados nas mais famosas peças de Shakespeare.

COMENTÁRIOS: O filme tenta reeditar – em outro contexto e com resultados inferiores – o sucesso dos filmes da série *Dr. Phibes*. No entanto, mesmo não sendo uma obra-prima, é incomparavelmente melhor do que boa parte do cinema de "terrir" que se faz por aí.

AVALIAÇÃO: ***

THEY SAVED HITLER'S BRAIN

DIRETOR: David Bradley

PAÍS: Estados Unidos

COMPANHIA PRODUTORA: Sans Productions / Paragon Films

ANO DE PRODUÇÃO: 1963-1968

DURAÇÃO: 93'

IDIOMA ORIGINAL: Inglês

PRODUÇÃO: Carl Edwards

ARGUMENTO: Steve Bennett

ROTEIRO: Richard Miles

FOTOGRAFIA: Stanley Cortez [p&b]

MONTAGEM: Alan Marks (supervisão: Leon Selditz)

MÚSICA: Peter Zinner (adicional: Don Hulette)

ELENCO: Audrey Caire, Walter Stocker, Carlos Rivas, John Holland, Marshall Reed, Scott Peters, Keith Dahle,

Dani Lynn, Nestor Paiva, Pedro Regas, Bill Freed, Jerry Riggio

GÊNERO: Inação e ficção científica

SINOPSE: Cientista norte-americano que inventou um gás extremamente letal é sequestrado e levado para uma pequena ilha do Caribe, comandada por ex-soldados nazistas que planejam dominar o mundo – com o auxílio do tal gás – e que recebem ordens diretamente da cabeça de Adolf Hitler, que eles conservam em uma redoma de vidro. Advertido por elementos que lutam contra os nazis, o genro do cientista também viaja para a ilha junto com sua esposa, procurando descobrir o que está acontecendo.

COMENTÁRIOS: Um dos enredos mais tresloucados da história do cinema, partindo de uma ideia curiosa para chegar a um resultado absolutamente desastroso. O filme foi realizado originalmente em 1963, com o título "The madmen of Mandoras". Em 1968, ele recebeu cerca de vinte minutos de cenas adicionais, envolvendo uma dupla de agentes do governo que investigam – da maneira mais inepta – a ação dos nazistas (e que logo são eliminados pelos vilões). Este magnífico exemplar de lixo cinematográfico foi exibido em sua terra natal apenas pela TV.

AVALIAÇÃO: *

O MONSTRO DO ÁRTICO / O ENIGMA DO OUTRO MUNDO

DIRETOR: Christian Nyby

PAÍS: Estados Unidos

COMPANHIA PRODUTORA: Winchester Pictures / RKO Radio Pictures

ANO DE PRODUÇÃO: 1951

DURAÇÃO: 87'

IDIOMA ORIGINAL: Inglês

PRODUÇÃO: Howard Hawks

ARGUMENTO: John W. Campbell Jr.

ROTEIRO: Charles Lederer

FOTOGRAFIA: Russell Harlan [p&b]

MONTAGEM: Roland Gross

MÚSICA: Dimitri Tiomkin

ELENCO: Margaret Sheridan, Kenneth Tobey, Robert Cornthwaite, Douglas Spencer, James Young, Dewey Martin, Robert Nichols, William Self, Eduard Franz, Sally Creighton, James Arness

GÊNERO: Horror e ficção científica

SINOPSE: No Alasca, uma equipe de cientistas e militares norte-americanos vai investigar um estranho objeto, que caiu do céu no meio da vastidão gelada. O objeto logo se revela uma nave espacial, que está enterrada no gelo. Para liberar a nave, o comandante da missão decide utilizar bombas térmicas, que acabam provocando a explosão do veículo. Porém, logo depois, os investigadores descobrem um estranho ser, também enterrado no gelo, que é removido para a base de pesquisas. Apesar do desejo dos cientistas, que querem descongelar a criatura para começar a estudá-la, o comandante da missão hesita, já que teme que o alienígena possa conter algum tipo de vírus contagioso. Apesar disso, o descuido de um dos vigias do ser espacial faz com que ele não apenas descongele, mas volte à vida com uma força muito superior à humana e um ímpeto homicida, ameaçando a sobrevivência de toda a equipe.

COMENTÁRIOS: Um dos grandes clássicos da era de ouro da ficção científica, este filme apresenta os elementos fundamentais de um subgênero que se tornaria paradigmático: a da invasão alienígena indireta, com a utilização de meios não militares (subgênero cujo representante maior é "Vampiros de almas", de Don Siegel). Praticamente sem efeitos especiais e com um monstro que impressiona pela pobreza, o filme se prende principalmente ao conflito entre cientistas – que desejam estudar o alien – e militares – que se preocupam em eliminar a ameaça que paira sobre a equipe e sobre o próprio planeta. Baseado na história "Who goes there?"

AVALIAÇÃO: ***

THE THING THAT COULDN'T DIE

CABEÇA SATÂNICA

DIRETOR: Will Cowan

PAÍS: Estados Unidos

COMPANHIA PRODUTORA: Universal – International

ANO DE PRODUÇÃO: 1958

DURAÇÃO: 69'

IDIOMA ORIGINAL: Inglês

PRODUÇÃO: Will Cowan

ARGUMENTO: David Duncan

ROTEIRO: David Duncan

FOTOGRAFIA: Russell Metty [p&b]

MONTAGEM: Edward Curtiss

MÚSICA: Joseph Gershenson

ELENCO: William Reynolds, Andra Martin, Jeffrey Stone,

Carolyn Kearney, Peggy Converse, Robin Hughes, James Anderson, Charles Horvath, Forrest Lewis

GÊNERO: Drama de horror

SINOPSE: No rancho de sua tia Flavia, na Califórnia, vive a jovem Jessica, que tem o estranho poder de encontrar coisas com o auxílio de sua poderosa intuição. Enquanto procura um lençol dágua na propriedade, Jessica encontra o local onde está enterrado um velho baú. Ao ser escavado, o baú se revela um despojo do explorador inglês Francis Drake, enterrado em 1579. Convencida por seu vizinho Gordon, Flavia decide adiar a abertura do baú, a fim de não danificar a peça histórica que pode valer milhões. Porém, um de seus empregados, Boyd, pensa que ele contém um tesouro e convence seu colega Mike a abri-lo. No entanto, o cofre contém, na verdade, a cabeça de Gideon Drew, um homem diabólico que foi executado por ordem de Drake. Preservada, a cabeça assume o controle hipnótico sobre Mike, que assassina Boyd e foge para a mata. Usando a hipnose, Drew vai procurar, então, obter o auxílio de Jessica para encontrar seu corpo e recuperar plenamente seus poderes malignos.

COMENTÁRIOS: Filme B com uma trama absurda e uma completa ausência de emoção. Apesar de sua curtíssima duração, boa parte da narrativa se perde no marasmo, do qual só se salva a bela Carolyn Kearney. Único longa realizado pelo diretor e produtor Cowan (1911-1994), um especialista em curtas musicais.

AVALIAÇÃO: *

THINNER / STEPHEN KING'S THINNER

A MALDIÇÃO

DIRETOR: Tom Holland

PAÍS: Estados Unidos

COMPANHIA PRODUTORA: Spelling Films

ANO DE PRODUÇÃO: 1992

DURAÇÃO: 92'

IDIOMA ORIGINAL: Inglês

PRODUÇÃO: Richard P. Rubinstein, Mitchell Galin

ARGUMENTO: Stephen King

ROTEIRO: Michael McDowell, Tom Holland

FOTOGRAFIA: Kees Van Oostrum [cor]

MONTAGEM: Marc Laub

MÚSICA: Daniel Licht

ELENCO: Robert John Burke, Michael Constantine, Lucinda Jenney, Kari Wuhrer, John Horton, Sam Freed, Daniel Von Bargen, Joe Mantegna, Elizabeth Franz, Walter

Bobbie, Joy Lenz, Time Winters, Howard Erskine, Terrence Garmey, Randy Jurgensen, Jeff Ware, Antonette Schwartzberg, Terrence Kava, Adriana Delphine, Ruth Miller, Irma St. Paule, Stephen King, Patrick Farrelly, Bridget Marks, Mitchell Greenberg, Angela Pietropinto, Michael Walker, Ed Wheeler, Peter Maloney, Robert Fitch Sr., Sean Hewitt, Josh Holland, Allelon Ruggiero

GÊNERO: Horror

SINOPSE: Em uma cidadezinha interiorana, o rico e bem-sucedido advogado Billy Halleck atropela e mata uma velha cigana, enquanto dirigia de forma irresponsável. Graças às suas amizades influentes e ao preconceito contra os ciganos, o advogado é julgado e inocentado. Porém, o pai da morta, que é um poderoso feiticeiro, lança uma maldição sobre Billy, que tem 135 quilos e começa a emagrecer com uma enorme rapidez.

COMENTÁRIOS: O trivial simples de Stephen King, com uma ideia interessante abordada de forma simplória.

AVALIAÇÃO: ***

THE THIRD CIRCLE

(Cf. Cubbyhouse)

13 FANTASMAS

DIRETOR: William Castle

PAÍS: Estados Unidos

COMPANHIA PRODUTORA: William Castle Productions

ANO DE PRODUÇÃO: 1960

DURAÇÃO: 82'

IDIOMA ORIGINAL: Inglês

PRODUÇÃO: William Castle

ARGUMENTO: Robb White

ROTEIRO: Robb White

FOTOGRAFIA: Joseph Biroc [p&b]

MONTAGEM: Edwin Bryant

MÚSICA: Von Dexter

ELENCO: Charles Herbert, Jo Morrow, Martin Milner, Rosemary De Camp, Donald Woods, Margaret Hamilton, John Van Dreelen

GÊNERO: Horror

SINOPSE: Cyrus Zorba é um modesto paleontólogo que

passa por sérias dificuldades financeiras, lutando para sustentar sua esposa e os dois filhos. A sorte parece finalmente lhe sorrir quando ele recebe, como herança de seu tio Plato, um velho casarão totalmente mobiliado. Porém, logo que se muda para a casa, Cyrus fica sabendo que seu tio – que ele não via há muitos anos – era um excêntrico que se dedicava a pesquisar fenômenos sobrenaturais, tendo inventado uma máquina capaz de capturar fantasmas que ele passou a colecionar. Com a morte de Plato, os fantasmas que ele mantinha em sua casa saíram do controle e passaram a causar diversos problemas. Não podendo se mudar – já que não têm dinheiro e estão proibidos de vender a casa – Cyrus e sua família enfrentam, então, uma séria ameaça.

COMENTÁRIOS: Mais um dos espetáculos do produtor e diretor Castle, que costumava fazer de seus filmes de terror grandes acontecimentos socioculturais. Este exemplar é simpático, embora não possa ser absolutamente levado a sério.

AVALIAÇÃO: ***

THIS ISLAND EARTH

GUERRA ENTRE PLANETAS

DIRETOR: Joseph Newman

PAÍS: Estados Unidos

COMPANHIA PRODUTORA: Universal International

ANO DE PRODUÇÃO: 1955

DURAÇÃO: 86'

IDIOMA ORIGINAL: Inglês

PRODUÇÃO: William Alland

ARGUMENTO: Raymond F. Jones

ROTEIRO: Franklin Coen, Edward G. O'Callaghan

FOTOGRAFIA: Clifford Stine [cor]

MONTAGEM: Virgil Vogel

MÚSICA: Joseph Gershenson

ELENCO: Jeff Morrow, Faith Domergue, Rex Reason, Lance Fuller, Russell Johnson, Douglas Spencer, Robert Nichols, Karl L. Lindt

GÊNERO: Ficção científica

SINOPSE: Meachan é um brilhante cientista envolvido em avançadas pesquisas no campo da física. Um dia, ele recebe um misterioso catálogo de equipamentos eletrônicos, totalmente diferentes de qualquer invenção conhecida. Curioso, ele resolve encomendar as peças para um aparelho denominado "interocitor". Recebida a encomenda, ele monta o aparelho e descobre tratar-se de um comunicador, através do qual recebe um convite do misterioso Exeter, que deseja integrá-lo ao seu ambicioso projeto de pesquisas científicas com finalidades totalmente pacifistas. Apesar de desconfiar da oferta, Meachan não resiste à sedução de conhecer tantos avanços tecnológicos e aceita viajar para o centro de pesquisas de Exeter. Lá, ele descobre a presença de gênios da ciência de diversos países, todos trabalhando em sofisticados experimentos. Porém, há algo de insólito em tudo isso, já que Exeter e seus assistentes apresentam algumas características físicas incomuns, além de se comportarem de forma muito misteriosa.

COMENTÁRIOS: Interessante exemplar da era de ouro do cinema de ficção científica. Infelizmente, o riquíssimo argumento acaba sendo muito mal desenvolvido, com os diversos episódios se sucedendo com excessiva pressa.

AVALIAÇÃO: ***

THUNDERBIRD 6

THUNDERBIRD 6

DIRETOR: David Lane

PAÍS: Inglaterra

COMPANHIA PRODUTORA: Associated Television Overseas / Century 21 Television

ANO DE PRODUÇÃO: 1968

DURAÇÃO: 89'

IDIOMA ORIGINAL: Inglês

PRODUÇÃO: Sylvia Anderson

ROTEIRO: Gerry Anderson, Sylvia Anderson

FOTOGRAFIA: Harry Oakes [cor]

MONTAGEM: Len Walter

MÚSICA: Barry Gray

V: Keith Alexander, Sylvia Anderson, John Carson, Peter Dyneley, Gary Files, Christine Finn, David Graham, Geoffrey Keen, Shane Rimmer, Jeremy Wilkin, Matt Zimmerman

GÊNERO: Animação de ficção científica com bonecos

SINOPSE: Enquanto o líder do Resgate Internacional está preocupado em incorporar um novo veículo à sua frota, um de seus filhos e duas outras componentes do grupo são convidados para participar de uma volta ao mundo em um sofisticado dirigível. Porém, um bando de terroristas invade secretamente a aeronave, a fim de executar um plano para roubar as poderosas naves do Resgate Internacional.

COMENTÁRIOS: Exemplar de uma série protagonizada por bonecos animados – utilizando o sistema *Supermarionation* – que fizeram bastante sucesso na segunda metade dos anos 60. Infelizmente, no presente caso, parece que se esqueceram de lubrificar as engrenagens dos bonecos, já que a trama é muito fraca e arrastada.

AVALIAÇÃO: ***

THE TOMB OF LIGEIA

TÚMULO SINISTRO

DIRETOR: Roger Corman

PAÍS: Inglaterra

COMPANHIA PRODUTORA: Alta Vista Film Productions

ANO DE PRODUÇÃO: 1964

DURAÇÃO: 81'

IDIOMA ORIGINAL: Inglês

PRODUÇÃO: Pat Green (executivo: Roger Corman)

ARGUMENTO: Edgar Allan Poe

ROTEIRO: Robert Towne

FOTOGRAFIA: Arthur Grant [cor]

MONTAGEM: Alfred Cox

MÚSICA: Kenneth V. Jones

ELENCO: Vincent Price, Elizabeth Shepherd, John Westbrook, Derek Francis, Oliver Johnston, Richard Vernon, Frank Thornton, Ronald Adam, Denis Gilmore, Penelope Lee

GÊNERO: Horror

SINOPSE: Após a morte de sua esposa Ligéia, a quem amava profundamente, o aristocrata Verden Fell afasta-se da sociedade e torna-se um eremita. Porém, ao conhecer casualmente a bela lady Rowena Trevanion, Verden logo se deixa fascinar, já que a moça é muito parecida com Ligéia. Rowena também se interessa pelo homem misterioso e os dois acabam se casando. Porém, ao voltar de sua lua de mel, Rowena começa a observar o estranho comportamento do marido, que desaparece durante a noite e se mantém afastado dela. Sentindo-se ameaçada por algum perigo desconhecido, Rowena pede ajuda a Christopher, seu antigo pretendente e amigo de Verden. Christopher resolve esclarecer o mistério, desconfiado de que Ligéia pode até mesmo estar viva.

COMENTÁRIOS: Mais um exemplar da série clássica que Roger Corman dedicou às histórias de Edgar Allan Poe, com um brilhante trabalho do diretor e de Vincent Price.

AVALIAÇÃO: ***

As torturas do Dr. Diabolo

DIRETOR: Freddie Francis

PAÍS: Inglaterra

COMPANHIA PRODUTORA: Amicus Productions

ANO DE PRODUÇÃO: 1967

DURAÇÃO: 100'

IDIOMA ORIGINAL: Inglês

PRODUÇÃO: Max J. Rosenberg, Milton Subotsky

ARGUMENTO: Robert Bloch

ROTEIRO: Robert Bloch

FOTOGRAFIA: Norman Warwick [cor]

MONTAGEM: Peter Elliott

MÚSICA: Don Banks, James Bernard

ELENCO: Jack Palance, Burgess Meredith, Beverly Adams, Peter Cushing, Michael Bryant, John Standing, Robert Hutton, John Phillips, Michael Ripper, Bernard Kay, Catherine Finn, Maurice Denham, Ursula Howells, David Bauer, Niall MacGinnis, Nicole Shelby, Roy Stevens, Norman Claridge, Geoffrey Wallace, Clytie Jessop, Timothy

Bateson, Roy Godfrey, James Copeland, Barry Low, Barbara Ewing

GÊNERO: Horror em episódios

SINOPSE: Em quatro episódios. Em um parque de diversões, alguns curiosos se reúnem na tenda do Dr. Diabolo, um sujeito bizarro que lhes oferece uma oportunidade única: se quiserem, eles poderão ver os perigos que o futuro lhes reserva por conta do seu temperamento, e que eles poderão eventualmente evitar. [1] Colin é um malandro capaz de qualquer esforço para não ter que trabalhar. Ao visitar seu tio – um velho tão rico quanto sovina, do qual ele é o único herdeiro – que está muito doente, Colin discute com ele por questões de dinheiro e deixa que ele morra de um ataque. Ao vaasculhar a casa, em busca da fonte das riquezas do velho, Colin cava uma cova no porão da casa e, ao abrir um caixão, liberta um gato satânico, que passa a dominar a sua mente; [2] Carla é uma bela jovem que ambiciona se tornar uma estrela do cinema. Sua grande chance parece chegar quando ela faz amizade com Bruce Benton, um astro veterano que a convida para um papel em seu próximo filme. Porém, Carla não poderia desconfiar de que Benton oculta um tenebroso segredo que é a garantia do seu longo estrelato; [3] Jovem jornalista começa a namorar um pianista de grande sucesso, mas tem que disputar seu amado com uma terrível rival: Euterpe, um piano bastante ciumento; [4] Milionário fanático por Edgar Allan Poe fica conhecendo o maior colecionador de relíquias do escritor, que o convida para visitar o seu acervo. Na casa de seu anfitrião, ele descobre que a magnitude da tal coleção supera tudo o que a própria fantasia do autor foi capaz de imaginar.

COMENTÁRIOS: Quatro histórias bastante interessantes, com a marca do talento do roteirista Robert Bloch e o reconhecido padrão de qualidade do horror inglês.

AVALIAÇÃO: ***

TOURIST TRAP

ARMADILHA PARA TURISTAS

DIRETOR: David Schmoeller

PAÍS: Estados Unidos

COMPANHIA PRODUTORA: Charles Band Productions

ANO DE PRODUÇÃO: 1978

DURAÇÃO: 90'

IDIOMA ORIGINAL: Inglês

PRODUÇÃO: J. Larry Carroll (executivo: Charles Band)

ARGUMENTO: David Schmoeller, J. Larry Carroll

ROTEIRO: David Schmoeller, J. Larry Carroll

FOTOGRAFIA: Nicholas von Sternberg [cor]

MONTAGEM: Ted Nicolaou

MÚSICA: Pino Donaggio

ELENCO: Chuck Connors, Jocelyn Jones, Jon Van Ness, Robin Sherwood, Tanya Roberts, Dawn Jeffory, Keith McDermott, Shailar Coby

GÊNERO: Horror com elementos sobrenaturais

SINOPSE: Cinco amigos (dois rapazes e três moças) estão fazendo turismo pelos cafundós americanos, quando o pneu de um dos carros nos quais eles viajam fura. Sem terem um estepe à disposição, um dos rapazes vai buscar ajuda e entra em um posto de gasolina aparentemente abandonado, no qual é brutalmente assassinado. Sem saber de nada do que aconteceu, seus amigos vão procurá-lo e acabam indo parar em um museu de beira de estrada. Como o carro dos jovens tem uma pane, eles recebem a ajuda do sr. Slauson, o proprietário do museu, que está desativado desde que a construção de uma nova estrada roubou os seus turistas. Porém, enquanto esperam o conserto do automóvel, os jovens passam a ser atacados por um estranho indivíduo, que pode ser o irmão ensandecido de Slauson e que parece ter poderes sobrenaturais.

COMENTÁRIOS: Produção modesta que utiliza os clichês típicos do subgênero *slasher*.

AVALIAÇÃO: ***

TRACK OF THE MOON BEAST

A TRILHA DA FERA LUNAR

DIRETOR: Dick Ashe [Richard Ashe]

PAÍS: Estados Unidos

COMPANHIA PRODUTORA: Lizard Productions

ANO DE PRODUÇÃO: 1976

DURAÇÃO: 82'

IDIOMA ORIGINAL: Inglês

PRODUÇÃO: Ralph T. Desiderio

ROTEIRO: William Finger, Charles Sinclair

FOTOGRAFIA: E. Scott Wood [R. Kent Evans] [cor]

MÚSICA: Bob Orpin

ELENCO: Chase Cordell, Donna Leigh Drake, Gregorio Sala, Patrick Wright, Francine Kessler, Crawford Mac-Callum, Alan Swain, Fred McCaffrey, Timothy Wayne Brown, Jeanne Swain, Tim Butler, Gary Kanin, Frank Larrabee

GÊNERO: Horror e ficção científica

SINOPSE: Paul é um mineralogista que realiza suas pesquisas numa região montanhosa do Novo México. Através de seu antigo professor, o antropólogo indígena John Salinas, Paul fica conhecendo a fotógrafa Kathy, com quem inicia um romance. Numa noite, quando os dois estão assistindo a uma chuva de meteoros, provocada pelo choque de um asteroide com a Lua, Paul é atingido e fica levemente ferido. Porém, o rapaz passa a ser vítima de frequentes desmaios, ao mesmo tempo em que uma estranha criatura reptiliana começa a fazer vítimas na região. Convocado para auxiliar a polícia, Salinas desconfia de que o monstro seja algum tipo de dinossauro sobrevivente de eras longínquas.

COMENTÁRIOS: A ideia básica não chega a ser das piores, mas a realização totalmente canhestra, a absoluta pobreza da produção e o elenco abominavelmente medíocre fazem deste filme um convite ao sono.

AVALIAÇÃO: **

TRAMPA INFERNAL

ARMADILHA INFERNAL

DIRETOR: Pedro Galindo III

PAÍS: México

COMPANHIA PRODUTORA: Galmex Films

ANO DE PRODUÇÃO: 1989

DURAÇÃO: 78'

IDIOMA ORIGINAL: Espanhol

PRODUÇÃO: Eduardo Galindo Perez, Santiago Galindo P.

ARGUMENTO: Santiago Galindo P.

ROTEIRO: Pedro Galindo III

FOTOGRAFIA: Antonio de Anda [cor]

MONTAGEM: Carlos Savage

MÚSICA: Pedro Plascencia

ELENCO: Pedro Fernandez, Edith Gonzalez, Toño Mauri, Charly Valentino, Marisol Santacruz, Adriana Vega, Alfredo Gutierrez, Armando Galvan, Alberto Mejia Baron [Alfin]

GÊNERO: Horror e aventura

SINOPSE: No interior do México, Nacho e Maurício são dois jovens machões rivais que vivem se desafiando para provas de coragem, das quais quase sempre Nacho é o vencedor. Furibundo com tantos revezes, Maurício resolve desafiar seu desafeto para um perigo real: a caçada a um urso feroz que está matando pessoas em uma floresta distante. Apesar da oposição de sua namorada Alejandra, Nacho aceita e parte para a caçada, juntamente com ela e seu amigo Charly. Porém, Nacho, Maurício e seus amigos logo descobrirão que estão lidando com algo bem mais perigoso que um urso, pois passam a ser caçados por um soldado louco, que pensa que ainda está na guerra e não está disposto a perdê-la.

COMENTÁRIOS: Produção paupérrima, protagonizada por um tipo que parece recém-saído do grupo musical Los Menudos.

AVALIAÇÃO: **

TRANSFORMERS

TRANSFORMERS

DIRETOR: Michael Bay

PAÍS: Estados Unidos

COMPANHIA PRODUTORA: Di Bonaventura Pictures

ANO DE PRODUÇÃO: 2007

DURAÇÃO: 144'

IDIOMA ORIGINAL: Inglês

PRODUÇÃO: Lorenzo di Bonaventura, Tom Desanto, Don Murphy, Ian Bryce (coprodutores: Allegra Clegg, Ken Bates)

ARGUMENTO: John Rogers, Roberto Orci, Alex Kurtzman

ROTEIRO: Roberto Orci, Alex Kurtzman

FOTOGRAFIA: Mitchell Amundsen [cor]

MONTAGEM: Paul Rubell, Glen Scantlebury, Thomas A. Muldoon

MÚSICA: Steve Jablonsky

ELENCO: Shia LaBeouf, Tyrese Gibson, Josh Duhamel, Anthony Anderson, Megan Fox, Rachael Taylor, Kevin Dunn, Julie White, Michael O'Neill, Amaury Nolasco, Zack Ward, W. Morgan Sheppard, John Robinson, Travis Van Winkle, John Turturro, Jon Voight, Luis Echagarruga, Patrick Mulderrig, Brian Shehan, Michael Trisler, Ashkan Kashanchi, Rizwan Manji, C. J. Thomason, Bernie Mac, Carlos Moreno Jr., Johnny Sanchez, Peter Jacobson, Glen Morshower, Frederic Doss, Charlie Bodin, Josh Feinman, Chris Ellis, Steven Ford, Michael Shamus Wiles, Craig Barnett, Brian Prescott, Scott Peat, Colleen Porch, Brian Stepanek, Jamie McBride, Wiley Pickett, Andy Milder, Brian Reece, Samantha Smith, Ravi Patel, Rick Gomez, Andy Dominguez, Mike Fisher, Colin Fickes, Tom Lenk, Jamison Yang, Esther Scott, Madison Mason, Jeremy Jojola, Jessica Kartalija, Andrew Altonji, Andrew Caldwell, J.P. Manoux, Pete Gardner, Sophie Bobal, Laurel Garner, Chip Hormess, Ray Toth, Michael Adams, Ron Henry, Benjamin Hoffman, Michael McNabb, Jason T. White, Adam Ratajczak, Maya Klayn, Michelle Pierce, Odette Yustman, Bob Stephenson, cão Mason the Mastiff, Peter Cullen (voz), Mark

Ryan (voz), Darius McCrary (voz), Robert Foxworth (voz), Jess Harnell (voz), Hugo Weaving (voz), Jim Wood (voz), Reno Wilson (voz), Charlie Adler (voz)

GÊNERO: Ação e ficção científica

SINOPSE: Robôs pensantes, gigantescos e superpoderosos, vêm à Terra em busca de um cubo mágico, que pode reconstruir o seu distante planeta arruinado por uma guerra. Porém, outra turma de robôs malvados também tem o mesmo objetivo, surgindo daí um confronto que transformará nosso planeta em um caos ainda maior que o habitual.

COMENTÁRIOS: Trata-se de um daqueles filmes de ação que justificam plenamente essa denominação, com muita coisa acontecendo na tela e uma farta exposição de efeitos especiais milionários (além, é claro, da musa Megan Fox, que despontou para a glória com este filme). Inspirada em uma coleção de bonecos (que já haviam sido tema de outro longa e de uma série de animação de TV nos anos 80).

AVALIAÇÃO: ***

TRAPPED ASHES

ARMADILHA DO TERROR

DIRETOR: Joe Dante [1], Ken Russell [2], Sean S. Cunningham [3], Monte Hellman [4], John Gaeta [5]

PAÍS: Japão / Estados Unidos

COMPANHIA PRODUTORA: Elephant Studio / Five Windows

ANO DE PRODUÇÃO: 2006

DURAÇÃO: 105'

IDIOMA ORIGINAL: Inglês

PRODUÇÃO: Yoshifumi Hosoya, Yuko Yoshikawa, Dennis Bartok

ARGUMENTO: Dennis Bartok

ROTEIRO: Dennis Bartok

FOTOGRAFIA: Zoran Popovic [cor]

MONTAGEM: Marcus Manton

MÚSICA: Kenji Kawai

ELENCO: Jayce Bartok, Amelia Cooke, Lara Harris, Scott Lowell, Luke MacFarlane, Michele-Barbara Pelletier, Tahmoh Penikett, Tygh Runyan, Rachel Veltri, John Saxon, Henry Gibson, Dick Miller, Richard Ian Cox, Glynis Davies, Scott Heindl, Rob De Leeuw, Mina E. Mina, Winston Rekert, Ken Russell, John R. Taylor, Yoshinori Hiruma, Ryo Ishibashi, Yozaburo Ito, Hisayoshi Kawamatsu, Kyuya Nakagawa, Aya Sugimoto, Ashley Breger, Amelia Cooke, Amy Markle, Andy Maton, Katrina Trotzuk, Matreya Fedor, Deanna Milligan, Charles Siegel, Jerry Wasserman

GÊNERO: Horror

SINOPSE: Em cinco episódios. Seis turistas vão fazer uma visita guiada por um velho estúdio desativado de Hollywood e ficam presos em uma mansão cenográfica, por obra de um desconhecido. Para que eles consigam sair, vão precisar contar histórias aterrorizantes das quais tenham sido personagens. [1] WRAPAROUND – Sequência de abertura; [2] THE GIRL WITH GOLDEN BREASTS – Phoebe é uma jovem atriz que, apesar de muita luta, não consegue deslanchar em sua carreira. Ela decide que a única solução para sair do ostracismo é aumentar os seus seios. Porém, seu cirurgião plástico tem um método de trabalho bastante inovador, que vai lhe causar sérios problemas; [3] JIBAKU – Visitando o japão com seu marido, um premiado arquiteto, Julia encontra um misterioso nipônico, com o qual não consegue se comunicar. No dia seguinte, visitando um templo, Julia encontra o mesmo homem, que se suicida enforcando-se em uma árvore. Porém, o homem é um monge diabólico que se apaixonou por Julia e a leva para o Inferno com ele. Desesperado, o marido de Julia pede ajuda ao monge-chefe do templo e parte para resgatá-la; [4] STANLEY'S GIRL-FRIEND – Leo, um jovem candidato a cineasta, faz amizade com Stanley, com quem compartilha diversos interesses. Porém, quando Stanley conhece a bela Nina, a moça o absorve completamente e ele se afasta de Leo. Tempos depois, Stanley viaja e Leo torna-se amante de Nina, sem saber que está se envolvendo em uma história sobrenatural; [5] MY TWIN, THE WORM – Nathalie conta a história de como sua mãe, ansiosa para engravidar, teve que suportar, durante todo o período de gestação, a presença de um enorme verme em seus intestinos, já que sua eliminação poderia provocar um aborto. Quando Nathalie nasce, o verme desaparece, mas logo voltará para visitar sua irmã gêmea.

COMENTÁRIOS: Uma produção bastante decepcionante, especialmente se levarmos em conta alguns dos diretores envolvidos.

AVALIAÇÃO: ***

TRAUMA

Trauma

DIRETOR: Dario Argento

PAÍS: Itália

COMPANHIA PRODUTORA: ADC Films

ANO DE PRODUÇÃO: 1993

DURAÇÃO: 106'

IDIOMA ORIGINAL: Italiano

PRODUÇÃO: Dario Argento

ARGUMENTO: Franco Ferrini, Gianni Romoli, Dario Argento

ROTEIRO: Dario Argento, T. E. D. Klein

FOTOGRAFIA: Raffaele Mertes [cor]

MONTAGEM: Bennett Goldberg, Dario Argento

MÚSICA: Pino Donaggio

ELENCO: Christopher Rydell, Asia Argento, James Russo, Laura Johnson, Hope Alexander-Willis, Sharon Barr, Frederic Forrest, Piper Laurie, Brad Dourif, Dominique Serrand, Ira Belgrade, Isabell Monk, Cory Garvin, Terry Perkins, Tony Saffold, Peter Moore, Lester Purry, David Chase, Jacqui Kim, Rita Vassallo, Stephen D'Ambrose, Bonita Parsons, Gregory Beech, Kevin Dutcher, Kathy Quirk, E. A. Violet Boor, Les Exodus, Oncsmo Kibira, Innocent Mfalingundi, Charles Petrus, Lance Pollonais

GÊNERO: Horror

SINOPSE: O jornalista David Parsons socorre uma adolescente que tentava se suicidar, e a leva para sua casa. Porém, ela foge e é capturada pelo seu psiquiatra, o dr. Judd, já que havia escapado de um sanatório. A garota, a romena Aura Petrescu, é então devolvida aos seus pais, um famoso casal de videntes. Nesta mesma noite, os dois são barbaramente assassinados, durante uma sessão de espiritismo, e Aura foge de novo, buscando socorro junto a David. Este, descobrindo a identidade da garota, resolve ajudá-la, enquanto outras pessoas vão sendo vítimas do maníaco assassino (que arranca cabeças com uma serra elétrica). Investigando o caso, David descobre que todas as vítimas estão ligadas a um hospital, onde trabalharam no passado.

COMENTÁRIOS: Mesmo sem realizar muitas obras-primas, Argento conhece seu ofício e é um dos poucos profissionais do ramo que se preocupa seriamente com seus filmes (que não são bobagens para adolescentes, como os de seus colegas norte-americanos). Apesar do enredo em tanto absurdo, o filme tem um charme inegável e deve agradar aos amantes do gênero.

AVALIAÇÃO: ***

I TRE VOLTI DELLA PAURA / BLACK SABBATH

As três máscaras do terror

DIRETOR: Mario Bava

PAÍS: Itália / França

COMPANHIA PRODUTORA: Emmepi Cinematografica / Lyre Cinematographique / Galatea

ANO DE PRODUÇÃO: 1963

DURAÇÃO: 92'

IDIOMA ORIGINAL: Italiano

ARGUMENTO: Cechov [Anton Tchecov], Tolstoi [Alexei Tolstoi], Maupassant [Guy de Maupassant]

ROTEIRO: Marcello Fondato (colaboração: Alberto Bevilacqua, Mario Bava)

FOTOGRAFIA: Ubaldo Terzano [cor]

MONTAGEM: Mario Serandrei

MÚSICA: Roberto Nicolosi

[1] E: Michèle Mercier, Lydia Alfonsi

[2] E: E: Boris Karloff, Mark Damon, Susy Andersen, Massimo Righi, Rica Dialina, Glauco Onorato

[3] Jacqueline Pierreux, Milly Monti, Harriet Medin, Gustavo de Nardo

GÊNERO: Horror

SINOPSE: Em três episódios: [1] IL TELEFONO: Uma mulher recebe telefonemas ameaçadores de seu antigo amante, que ela entregou à polícia; [2] I WURDULAK: Enquanto viaja por uma tenebrosa floresta, um nobre encontra uma família ameaçada por um vampiro; [3] LA GOCCIA D'ACQUA: Uma agente funerária não resiste à tentação e rouba um precioso anel de um cadáver, que resolve se vingar.

COMENTÁRIOS: Um dos primeiros filmes de terror da Itália a conquistar prestígio internacional, esta coletânea de histórias é bastante desigual, embora quase sempre bem desenvolvida. A versão consultada para este verbete é a original italiana. Na versão norte-americana, distribuída pela American International, a ordem dos episódios é modificada (3, 1, 2) e Karloff ganha mais espaço, apresentando cada história individualmente.

AVALIAÇÃO: ***

TREMORS

O ATAQUE DOS VERMES MALDITOS

DIRETOR: Ron Underwood

PAÍS: Estados Unidos

COMPANHIA PRODUTORA: No Frills / Wilson-Maddock

ANO DE PRODUÇÃO: 1989

DURAÇÃO: 96'

IDIOMA ORIGINAL: Inglês

PRODUÇÃO: Brent Maddock, S. S. Wilson

ARGUMENTO: S. S. Wilson, Brent Maddock, Ron Underwood

ROTEIRO: S. S. Wilson, Brent Maddock

FOTOGRAFIA: Alexander Gruszynski [cor]

MONTAGEM: O. Nicholas Brown

MÚSICA: Ernest Troost

ELENCO: Kevin Bacon, Fred Ward, Finn Carter, Michael Gross, Victor Wong, Bobby Jacoby, Ariana Richards, Reba McEntire, Charlotte Stewart, Tony Genaro, Richard Marcus, Bibi Besch, Conrad Bachmann, Sunshine Parker, Michael Dan Wagner, John Goodwin, John Pappas

GÊNERO: Horror com elementos cômicos

SINOPSE: Numa remota localidade dos Estados Unidos, em pleno coração do deserto, pessoas começam a morrer e a desaparecer misteriosamente. Earl e Val, dois biscateiros que vivem bundeando por ali, descobrem que as mortes estão sendo causadas por gigantescos vermes, que andam sob a terra e atacam homens e animais, guiados por ondas sonoras. Impossibilitados de comunicação com o exterior, Earl, Val e os outros moradores sobreviventes tentam uma fuga desesperada, perseguidos de perto pelos monstros gulosos.

COMENTÁRIOS: O maior problema deste filme é que ele não consegue se levar a sério e nem ser realmente engraçado – além da pobreza dos efeitos especiais não colaborar para um bom resultado final. Diversão medíocre, que teve algumas continuações ainda piores.

AVALIAÇÃO: ***

O ATAQUE DOS VERMES MALDITOS 3

DIRETOR: Brent Maddock

PAÍS: Estados Unidos

COMPANHIA PRODUTORA: Stampede Entertainment

ANO DE PRODUÇÃO: 2001

DURAÇÃO: 104'

IDIOMA ORIGINAL: Inglês

PRODUÇÃO: Nancy Roberts, Anthony Santa Croce

ARGUMENTO: S. S. Wilson, Brent Maddock, Nancy Roberts

ROTEIRO: John Whelplay

FOTOGRAFIA: Virgil Harper [cor]

MONTAGEM: Drake Silliman

MÚSICA: Kevin Kiner

ELENCO: Michael Gross, Shawn Christian, Susan Chuang,

Charlotte Stewart, Tony Genaro, Robert Jayne, Barry Livingston, John Pappas, Billy Rieck, Ariana Richards, Kelly Connell, Matthew Seth Wilson, Jason Hopkins, Lorna Scott, Mary Gross, Elena Sahagun, Javi Mulero, Diego Galante

GÊNERO: Comédia de terror

SINOPSE: Depois de exterminar um grupo de graboids (uma espécie de minhocas gigantes e carnívoras que vivem no subsolo e atacam movidas pelas vibrações sonoras) que estava atacando na Argentina, o mercenário Burt volta para casa, na pequena cidade de Perfection (palco de dois ataques de graboids, mostrados nos filmes anteriores). A cidade já não se preocupa com os monstros – já que o último ataque foi há onze anos – mas Burt não se deixa levar pelo otimismo e constrói numa verdadeira fortaleza, acreditando que os vermões não foram totalmente destruídos.

COMENTÁRIOS: Se o filme original já era uma paródia de terror, este terceiro exemplar não passa de uma comédia, e – o que é bem pior – de uma comédia sem nenhuma graça.

AVALIAÇÃO: **

O ATAQUE DOS VERMES MALDITOS 4

DIRETOR: S. S. Wilson

PAÍS: Estados Unidos

COMPANHIA PRODUTORA: Stampede Entertainment

ANO DE PRODUÇÃO: 2003

DURAÇÃO: 101'

IDIOMA ORIGINAL: Inglês

PRODUÇÃO: Nancy Roberts

ARGUMENTO: S. S. Wilson, Brent Maddock, Nancy Roberts

ROTEIRO: Scott Buck

FOTOGRAFIA: Virgil L. Harper [cor]

MONTAGEM: Harry B. Miller III

MÚSICA: Jay Ferguson

ELENCO: Michael Gross, Sara Botsford, Brent Roam, Ming Lo, Lydia Look, Sam Ly, J. E. Freeman, August Schellenberg, Billy Drago, Neal Kopit, Sean Moran, Matthew Seth Wilson, John Dixon, Dan Lemieux, Don Ruffin, Lou Carlucci

GÊNERO: Comédia de terror

SINOPSE: Na última parte desta série medíocre, a ação se transfere para o primeiro contato com os monstros subterrâneos, no Oeste de 1889. Ao trabalharem numa mina de prata, operários libertam acidentalmente quatro ovos dos vermes malditos, que se desenvolvem e destroem tudo. Em desespero de causa, o dono da mina chega do Sul e, com o auxílio dos poucos habitantes que teimaram em ficar na cidade, luta para liquidar as terríveis bestas.

COMENTÁRIOS: Sem nenhuma novidade, com relação aos exemplares anteriores, esta *prequel* se apoia principalmente num time de simpáticos personagens, que tentam inutilmente fazer comédia.

AVALIAÇÃO: **

TRICK OR TREAT

O ROCK DO DIA DAS BRUXAS

DIRETOR: Charles Martin Smith

PAÍS: Estados Unidos

COMPANHIA PRODUTORA: DEG – De Laurentiis Entertainment Group

ANO DE PRODUÇÃO: 1986

DURAÇÃO: 97'

IDIOMA ORIGINAL: Inglês

PRODUÇÃO: Michael S. Murphey, Joel Soisson

ARGUMENTO: Rhet Topham

ROTEIRO: Michael S. Murphey, Joel Soisson, Rhet Topham

FOTOGRAFIA: Robert Elswit [p&b]

MONTAGEM: Jane Schwartz Jaffe

MÚSICA: "Fastway", Christopher Young

ELENCO: Marc Price, Tony Fields, Lisa Orgolini, Doug Savant, Elaine Joyce, Gene Simmons, Ozzy Osbourne, Glen Morgan, Elise Richards, Richard Pachorek, Clare Nono, Alice Nunn, Larry Sprinkle, Charles Martin Smith, Claudia Templeton, Denny Pierce, Ray Shaffer, Brad Thomas, Terry Loughlin, Graham Smith, Kevin Yahger, Amy Bertolette, Leroy Sweet, Barry Bell, Steve Boles, James D. Nelson, Richard Doyle (voz)

GÊNERO: Horror para adolescentes

SINOPSE: Eddie, mais conhecido como Ragman, é um adolescente esquisitão e antisocial que encontra no rock pauleira um consolo para a sua vidinha miserável, já que quase todos os seus colegas de escola o consideram uma aberração e ainda abusam dele. Cheio de desejo de vingança, o ídolo maior de Eddie é o roqueiro Sammi Curr, com quem ele se identifica – principalmente pelo fato de que Sammi estudou na sua escola e foi tão perseguido quanto ele. Um dia, Eddie tem o choque de saber que Sammi morreu em um incêndio. Ao visitar uma rádio da vizinhança, especializada em heavy metal, Eddie ganha de presente um demo do último disco de Sammi, que ainda não foi lançado. Ouvindo o disco, ele consegue estabelecer comunicação com o espírito do roqueiro, que passa a ajudá-lo a se vingar dos seus inimigos. Porém, a situação logo sai do controle e o espírito demoníaco de Sammi ressurge para causar muita destruição.

COMENTÁRIOS: No fundo, trata-se de uma sátira aos críticos do *heavy metal*, aproveitando os preconceitos moralistas contra esse gênero (principalmente o de que os discos conteriam mensagens satânicas subliminares). De quebra, o filme conta com a participação de duas lendas do rock: Ozzy Osbourne (quase irreconhecível) e Gene Simmons, do Kiss.

AVALIAÇÃO: ***

TRICK 'R TREAT

CONTOS DO DIA DAS BRUXAS

DIRETOR: Michael Dougherty

PAÍS: Estados Unidos

COMPANHIA PRODUTORA: Bad Hat Harry Productions

ANO DE PRODUÇÃO: 2007

DURAÇÃO: 82'

IDIOMA ORIGINAL: Inglês

PRODUÇÃO: Bryan Singer (coprodução: Peter Lhotka)

ARGUMENTO: Michael Dougherty

ROTEIRO: Michael Dougherty

FOTOGRAFIA: Glen MacPherson [cor]

MONTAGEM: Robert Ivison,

MÚSICA: Douglas Pipes

ELENCO: Dylan Baker, Rochelle Aytes, Anna Paquin, Brian Cox, Quinn Lord, Britt McKillip, Lauren Lee Smith, Isabelle Deluce, Jean-Luc Bilodeau, Alberto Ghisi, Samm Todd, Moneca Delain, Tahmoh Penikett, Brett Kelly, Brian Cox, Leslie Bibb, Connor Levins, James Willson, Patrick Gilmore, T- Roy Kozuki, Barbara Kottmeier, Derek McIver, Matt Anderson, Tatianna Anderson, C. Ernst Harth, Chloe Smeltzer, Kiah Mortison, Livia Mortison, Keanen Schnoor, Catherine Barroll, Christine Willes, Ty Hill, Jesse Haddock, Caroline Redekopp, Richard Harmon, Laura Mennell, Gerald Paetz, Juancarlos Velis, Rebecca Franklin, Wanda Ayala, Amy Esterle, cão Zip

GÊNERO: Horror para adolescentes

SINOPSE: Quatro histórias (ou cinco, conforme o ponto de vista) macabras se entrelaçam em uma noite de Halloween: um diretor de escola dedica-se a matar criancinhas (provavelmente para reduzir a sua carga de trabalho), uma garota virgem busca a sua primeira relação "carnal", um grupo de crianças resolve prestar uma bizarra homenagem às vítimas de um massacre e uma mulher e um velho ranzinza descobrem que pode ser bastante desagradável ofender o espírito do Halloween.

COMENTÁRIOS: Mais uma pouco inspirada coletânea de histórias de horror, certamente destinada às maratonas de cinema que sempre acontecem na noite do dia das bruxas.

AVALIAÇÃO: ***

TRILOGIA DE TERROR

Trilogia de terror

DIRETOR: Ozualdo R. Candeias [1], Luiz Sérgio Person [2], José Mojica Marins [3]

PAÍS: Brasil

COMPANHIA PRODUTORA: PNF – Produtora Nacional de Filmes / Produções Galasy / Cia. Cinematográfica

Franco-Brasileira

ANO DE PRODUÇÃO: 1968

DURAÇÃO: 101'

IDIOMA ORIGINAL: Português

PRODUÇÃO: Antonio Polo Galante, Renato Grecchi

ARGUMENTO: José Mojica Marins

ROTEIRO: Ozualdo R. Candeias [1], Luiz Sérgio Person [2], José Mojica Marins [3] (+ Rubens Francisco Lucchetti [3])

FOTOGRAFIA: Peter Overbeck [1], Osvaldo de Oliveira [2], Giorgio Attili [3] [p&b]

MONTAGEM: Sylvio Renoldi

MÚSICA: Audimus, Damiano Cozzella, Rogério Duprat

[1] O ACORDO – ELENCO: Lucy Rangel, Regina Célia, Durvalino de Souza [Gaúcho], Luís Humberto, Alex Ronay, Henrique Borgens, Ubirajara Gama, Ugarte, Nádia Tell, Eddio Smani [Edio Smânio], Assis Dias, Karé [Eucaris de Morais], Carlos Farah

[2] PROCISSÃO DOS MORTOS – ELENCO: Lima Duarte, Cacilda Lanuza, Waldir Guedes, Carlos Alberto Romano, Roberto Ferreira [Zé Coió], Lenoir Bittencourt, Pontes Santos, Wilson Júnior, Francisco Ribeiro

[3] PESADELO MACABRO – ELENCO: Mário Lima, Vani Myller, Nelson Gaspari, Ingrid Wolt [Ingrid Holt], Walter Portella, Katia Dumont, Francis Mary [France Mary], Mileni Drumon, Maria Norma, Zilda, Ivair de Oliveira, Sebastião Grandin, Paula Ramos

GÊNERO: Horror

SINOPSE: [1] Tentando arranjar um casamento rico para sua filha deficiente mental, mãe desnaturada aceita fazer um pacto com o demônio, comprometendo-se a sacrificar-lhe uma virgem; [2] Cansado de ouvir contar histórias sobre um estranho grupo de guerrilheiros que se esconde num rincão remoto da sua vizinhança, um homem resolve averiguar o caso e descobre uma autêntica Sierra Maestra do além; [3] Rapaz sensível é atormentado por constantes pesadelos, nos quais se vê enterrado vivo. À beira da loucura, ele aceita fazer um tratamento e parece ficar curado, até que um encontro macabro trará de volta o seu inferno pessoal.

COMENTÁRIOS: Horror dividido em três histórias baseadas em episódios da série de TV *Além, muito além do além*. Apesar do título do filme, o primeiro episódio é quase cômico e o segundo é uma metáfora política.

AVALIAÇÃO: ***

TRILOGIA DO TERROR II

DIRETOR: Dan Curtis

PAÍS: Estados Unidos

COMPANHIA PRODUTORA: Wilshire Court Productions / Power Pictures / Dan Curtis Productions

ANO DE PRODUÇÃO: 1996

DURAÇÃO: 91'

IDIOMA ORIGINAL: Inglês

PRODUÇÃO: Julian Marks

ARGUMENTO: Henry Kuttner [1], Richard Matheson [2, 3]

ROTEIRO: William F. Nolan [1, 3], Dan Curtis [1, 3], Richard Matheson [2]

FOTOGRAFIA: Elemer Ragalyi [cor]

MONTAGEM: Bill Blunden

MÚSICA: Bob Cobert

ELENCO: Lysette Anthony, Geraint Wyn Davies, Matt Clark, Geoffrey Lewis, Blake Heron, Richard Fitzpatrick, Thomas Mitchell, Gerry Quigley, Dennis O'Connor, John McMahon, Alan Bridle, Brittaney Edgell, Norm Spencer,

Bruce McFee, Joe Geib, Alex Carter, Philip Williams, Tom Melissis, Aron Tager, Durward Allen, Peter Keleghan

GÊNERO: Horror

SINOPSE: Em três episódios: 1) THE GRAVEYARD RATS – Mulher é casada com um velho rico e aleijado, divertindo-se com seu amante enquanto aguarda a viuvez (já que é a única herdeira). Porém, o marido não gosta de chifres e ordena que ela se afaste do rapaz, ameaçando-a com um escândalo. Convencida pelo amante, a moça entra num plano para assassinar o marido, que dá um excelente resultado. Porém, ela logo descobre que ficou na miséria, pois o velho vendeu todo o seu patrimônio e colocou toda a grana em bancos suíços. Desconfiados de que os números das contas estão escondidos no cadáver, os amantes resolvem desenterrá-lo; 2) BOBBY – Desesperada com a perda de seu único filho, morto por afogamento, uma mulher aproveita a viagem do marido para apelar ao Diabo, pedindo a volta do garoto. De fato, o apelo surte efeito e o menino reaparece, mas isso pode não ser exatamente uma excelente notícia para a jovem mãe; 3) HE WHO KILLS – Na cena de um crime bárbaro, a polícia encontra uma estátua carbonizada e a leva para uma pesquisadora, que trabalha num museu. Esta descobre que se trata de um ídolo zuni, povo misterioso desaparecido há séculos. Segundo a lenda, o ídolo guardava o espírito de um feroz guerreiro, que poderia ser libertado com a quebra de uma corrente. De fato, a corrente se partiu e o tal ídolo começa a fazer suas vítimas no museu fechado.

COMENTÁRIOS: Telefilme com três histórias protagonizadas pela fraca Lysette Anthony. As histórias são bastante conhecidas e já tiveram adaptações anteriores (e melhores).

AVALIAÇÃO: ***

FERAS DO MAR

DIRETOR: Paul Ziller

PAÍS: Canadá

COMPANHIA PRODUTORA: Insight Film Studios / Cinetel Films

ANO DE PRODUÇÃO: 2008

DURAÇÃO: 88'

IDIOMA ORIGINAL: Inglês

PRODUÇÃO: Breanne Hartley

ARGUMENTO: Neil Elman, Paul Ziller

ROTEIRO: Neil Elman, Paul Ziller

FOTOGRAFIA: Mahlon Todd Williams [cor]

MONTAGEM: Gordon Williams

MÚSICA: Chuck Cirino

ELENCO: Corin Nemec, Miriam McDonald, Daniel James Wisler, Camille Sullivan, Gwynyth Walsh, Brent Stait, Gary Hudson, Christie Laing, Brandon Jay McLaren, Doug Chapman, Roman Podhara, Brock Johnson, Brad Kelly, Lea Coffman

GÊNERO: Horror de monstros mutantes

SINOPSE: Durante uma violenta tempestade, um barco pesqueiro perde um de seus tripulantes, deixando seu capitão, Will McKenna, bastante deprimido. Porém, o que mais deprime Will é a impressão de ter visto o tripulante morto ser apanhado por um estranho ser, que nem mesmo ele consegue descrever. Quando outro de seus tripulantes é barbaramente chacinado, enquanto vigiava o barco nas docas, Will começa a pensar que a explicação pode ser mais assustadora do que qualquer história de pescador. Com a ajuda de uma bióloga gostosa (como são, invariavelmente, as biólogas de filmes de terror), que investigava o sumiço dos peixes da região, ele passa a investigar o caso e descobre estar às voltas com uma perigosa raça de monstros marinhos.

COMENTÁRIOS: Telefilme canadense com todos os clichês típicos do gênero, misturando fragmentos de "Jaws", "Aliens" e "Predator".

AVALIAÇÃO: **

THE TROLLENBERG TERROR / THE CRAWLING EYE

DIRETOR: Quentin Lawrence

PAÍS: Inglaterra

COMPANHIA PRODUTORA: Tempean

ANO DE PRODUÇÃO: 1958

DURAÇÃO: 84'

IDIOMA ORIGINAL: Inglês

PRODUÇÃO: Robert S. Baker, Monty Berman

ARGUMENTO: Peter Key

ROTEIRO: Jimmy Sangster

FOTOGRAFIA: Monty Berman [p&b]

MONTAGEM: Henry Richardson

MÚSICA: Stanley Black

ELENCO: Forrest Tucker, Laurence Payne, Jennifer Jayne, Janet Munro, Warren Mitchell, Andrew Faulds, Stuart Saunders, Frederick Schiller, Colin Douglas, Anne Sharp, Jeremy Longhurst, Anthony Parker, Derek Sydney, Richard Golding, George Herbert, Garard Green, Leslie Heritage, Theodore Wilhelm, Jack Taylor, Caroline Glaser

GÊNERO: Horror e ficção científica

SINOPSE: Alan Brooks, um cientista americano que trabalha para a ONU, é convocado por seu velho amigo, o professor Crevett, que dirige um observatório astronômico no monte Trollenberg, na Suíça. O objetivo de Crevett é fazer com que Alan o ajude a combater um estranho perigo que está assolando a região: uma nuvem de caráter radioativo e de provável origem extraterrestre que está no alto do monte e que já provocou a morte de diversos alpinistas.

COMENTÁRIOS: Obra interessante, com uma narrativa bastante movimentada e a bela presença de Janet Munro.

AVALIAÇÃO: ***

TRUCKS

TRUCKS – COMBOIO DO TERROR

DIRETOR: Chris Thomson

PAÍS: Canadá

COMPANHIA PRODUTORA: Trimark Pictures / Leider-Reisberg / Credo Entertainment

ANO DE PRODUÇÃO: 1997

DURAÇÃO: 95'

IDIOMA ORIGINAL: Inglês

PRODUÇÃO: Michael Scott, Bruce David Eisen, Jonathon Komack Martin

ARGUMENTO: Stephen King

ROTEIRO: Brian Taggert

FOTOGRAFIA: Rob Draper [cor]

MONTAGEM: Lara Mazur

MÚSICA: Michael Richard Plowman

ELENCO: Timothy Busfield, Brenda Bakke, Aidan Devine, Jay Brazeau, Brendan Fletcher, Amy Stewart, Roman Podhora, Victor Cowie, Sharon Bajer, Jonathan Barrett, Rick Skene, Don Granbery, Barbara Lee-Edwards, Gene Pyrz, Kirk Harper, Harry Nelken

GÊNERO: Horror

SINOPSE: Hope é uma jovem viúva que voltou para sua cidadezinha natal a fim de montar um empreendimento turístico. Apesar de sua localização remota, o lugar tem o atrativo de ser vizinho da famosa Área 51, para onde teriam sido enviados os despojos de alienígenas caídos na Terra na década de 1940. Após apanhar seus primeiros clientes para uma excursão, Hope percebe algo estranho num depósito à beira da estrada, descobrindo o cadáver do proprietário.

Logo, o grupo é atacado por um gigantesco caminhão, que os persegue. Voltando para a hospedaria, Hope e seus turistas entram em uma lanchonete e são cercados por diversos caminhões, aparentemente sem motoristas, que parecem estar dominados por alguma estranha força alienígena.

COMENTÁRIOS: Versão televisiva de um conto de Stephen King que já havia sido levado às telas pelo próprio autor ("Maximum overdrive", de 1986), que resolveu sentir um pouco do gosto do fracasso. Se a primeira versão já era péssima, a segunda consegue ser pior, já que nada acrescenta ao original (nem bons efeitos especiais, apesar do intervalo de 10 anos).

AVALIAÇÃO: **

LA TUMBA DE LOS MUERTOS VIVIENTES / OASIS OF THE ZOMBIES

DIRETOR: Jesus Franco

PAÍS: Espanha

COMPANHIA PRODUTORA: Marte Films Internacional / Diasa P. C.

ANO DE PRODUÇÃO: 1983

DURAÇÃO: 85'

IDIOMA ORIGINAL: Espanhol

ARGUMENTO: Ramón Llido

ROTEIRO: J. Franco [Jesus Franco]

FOTOGRAFIA: Juan Soler [cor]

MONTAGEM: Jesus Franco

MÚSICA: Pablo Villa [Jesus Franco]

ELENCO: Manuel Gelin, Eduardo Fajardo, Lina Romay, Antonio Mayans, Javier Maiza, Albino Graziani, Miguel Aristu, Doris Regina

GÊNERO: Horror

SINOPSE: No Saara, durante a 2ª Guerra mundial, soldados ingleses lutam contra um pelotão alemão, em um oásis remoto. O único sobrevivente – um oficial britânico – guarda por mais de 30 anos o segredo de que existe, enterrado no local da batalha, um tesouro avaliado em 6 milhões de dólares. Quando ele é assassinado, por um ex-soldado alemão que rouba seu mapa, seu filho Robert recebe de herança um diário que fala sobre o tesouro. Robert logo reúne seus amigos e parte para o deserto, sem saber que todos correm um grande perigo – já que os soldados mortos no combate se transformaram em zumbis canibais, matando todos os que se aproximam do oásis.

COMENTÁRIOS: Dentro da febre de filmes de zumbi que

tomou conta do cinema europeu do início dos anos 80 (por conta do sucesso internacional de "Zumbi 2", de Lucio Fulci), o especialista Franco – talvez o maior nome do cinema B europeu, com quase 200 longas de todos os gêneros – realizou este lastimável exercício de horror, com um roteiro absolutamente ridículo e interpretações anódinas (devidamente respaldadas por uma burocrática dublagem em inglês). Nada na história faz muito sentido, e buscar as suas contradições é pura perda de tempo. Este filme aproveita boa parte dos elementos de "L'abîme des morts vivants", apenas com a substituição de alguns atores e a troca generalizada de créditos. Locações nas ilhas Canárias.

AVALIAÇÃO: **

THE TUNNEL

O túnel

DIRETOR: Carlo Ledesma

PAÍS: Austrália

COMPANHIA PRODUTORA: Distracted Media

ANO DE PRODUÇÃO: 2011

DURAÇÃO: 90'

IDIOMA ORIGINAL: Inglês

PRODUÇÃO: Enzo Tedeschi, Julian Harvey

ARGUMENTO: Enzo Tedeschi, Julian Harvey

ROTEIRO: Enzo Tedeschi, Julian Harvey

FOTOGRAFIA: Steve Davis, Shing Fung Cheung [cor/p&b]

MONTAGEM: Enzo Tedeschi, Julian Harvey

MÚSICA: Paul Dawkins

ELENCO: Bel Deliá, Andy Rodoreda, Steve Davis, Luke Arnold, Goran D. Kleut, James Caitlin, Ben Maclaine, Peter McAllum, Rebecca Clay (voz), Shannon Jones, Arianna Gusi, Russell Jeffrey, Jessica Fallico, Ben James, Peter Overton, Andrew Peake, Renee Lim, Maria Tedeschi, Magdalena Roze (voz)

GÊNERO: Horror

SINOPSE: Por causa da crônica falta de água, o governo australiano decide converter os antigos túneis ferroviários subterrâneos de Sydney – há muito desativados – em um gigantesco reservatório. Quando, repentinamente, todos esses planos são abandonados sem qualquer motivo aparente, a repórter Natasha resolve investigar o caso. A maior possibilidade é de que existam pessoas vivendo nos túneis, o que é categoricamente negado pelas autoridades. Assim, com autorização de seu editor, Natasha penetra clandestinamente nos túneis, juntamente com seu produtor, um cameraman e um operador de microfone. O grupo percorre o labirinto de túneis e, de fato, encontra sinais de ocupação humana, embora não apareça ninguém. Subitamente, o operador de microfone desaparece, deixando todos atônitos. Procurando por ele, os repórteres logo vão descobrir que o túnel esconde realmente uma ameaça sinistra.

COMENTÁRIOS: Seguindo o estilo *found footage* (com todas as ações sendo registradas pelas câmeras dos próprios personagens), este filme comete sérios pecados de incoerência. Em primeiro lugar, mesmo penetrando em um lugar que pode ser habitado por mendigos agressivos e drogados doidões, a equipe de TV não leva seguranças e nem ao menos uma arma. Em segundo lugar, embora a história se passe em 2007, nenhum dos membros da equipe utiliza telefone celular ou qualquer sistema de comunicação entre eles ou com o editor. Além disso, é totalmente incompreensível a insistente omissão das autoridades, já que o governo não tem culpa de nada e nem qualquer interesse escuso no caso.

AVALIAÇÃO: **

TURIST ÖMER UZAY YOLU'NDA

DIRETOR: Hulki Saner

PAÍS: Turquia

COMPANHIA PRODUTORA: Saner Film

ANO DE PRODUÇÃO: 1973

DURAÇÃO: 72'

IDIOMA ORIGINAL: Turco

PRODUÇÃO: Hulki Saner

ROTEIRO: Ferdi Merter

FOTOGRAFIA: Ozdemir Ogüt, Çetin Gürtop [cor]

ELENCO: Sadri Alisik, Erol Amaç, Cemil Sahbaz, Ferdi Merter, Kayhan Yildizoglu, Elif Pektas, Sule Tinaz, Oytun Sanal, Füsun, Nevhilal, Necip Koçak, Nermin Altinses, Yilmaz Sahin, Ogur, Yilmaz Suiller, Neslihan Ozgür, Sönmez Yikilmaz, Yadigar Kirmizigül, Kazim Oguz, Zeynep Ramazanoglu, Emel Yolaç, Serpil Köseoglu, Ayten Engin

GÊNERO: Comédia de ficção científica

SINOPSE: A tripulação da nave Enterprise visita um distante planeta desabitado, a fim de verificar as condições de um cientista, o professor Krater, que está por lá com sua esposa fazendo pesquisas arqueológicas. Porém, o casal não recebe as visitas com simpatia, já que deseja manter segredo sobre a sua situação no planeta. Quando um dos tripulantes que desceu no planeta é misteriosamente morto, o capitão Kirk determina uma investigação. Querendo livrar-se o mais rápido possível dos visitantes. Krater utiliza uma máquina de teletransporte para capturar um terráqueo que possa ser responsabilizado pelo crime. Casualmente, o escolhido é o turco Ömer, que é levado para o espaço justamente quando estava sendo forçado a se casar.

COMENTÁRIOS: Paródia do seriado de TV "Star Trek", que integra uma série de cópias turcas de grandes sucessos do cinema norte-americano. Esses filmes, que não tinham autorização e nem pagavam qualquer direito autoral, são célebres entre os amantes do *trash* pelo seu caráter altamente tosco e bizarro. Como detalhe interessante, a série "Jornada nas estrelas" só chegaria aos cinemas do seu país natal em 1979. As lacunas são devidas à ilegibilidade dos créditos, com letras brancas sobre fundo branco.

AVALIAÇÃO: ***

TURISTAS

TURISTAS

DIRETOR: John Stockwell

PAÍS: Estados Unidos

COMPANHIA PRODUTORA: Stone Village Pictures / BoZ Productions

ANO DE PRODUÇÃO: 2006

DURAÇÃO: 96'

IDIOMA ORIGINAL: Inglês

PRODUÇÃO: Mark Butan, John Stockwell, Scott Steindorff, Bo Zenga (coprodutores: Raul Guterres, Dylan Russell, Caíque Martins Ferreira)

ARGUMENTO: Michael Arlen Ross

ROTEIRO: Michael Arlen Ross

FOTOGRAFIA: Enrique Chediak [cor]

MONTAGEM: Jeff McEvoy

MÚSICA: Paul Haslinger (supervisor: David Falzone)

ELENCO: Josh Duhamel, Melissa George, Olivia Wilde, Desmond Askew, Beau Garrett, Max Brown, Agles Steib, Miguel Lunardi, Jorge Só, Cristiani Aparecida, Lucy Ramos, Andréa Leal, Diego Santiago, Marcão, Miguelito Acosta, Jorge Neves, Julia Dykstra, Gabriela Migliano, Polly Brown, John Stockwell, Gustav Roth, Olga Diegues, Rodiney Ferreira, Maria Aparecida, Caíque Martins Ferreira, Vanessa Bueno, Maria Aparecida Gouveia, Silvia Helena de Oliveira, Maicon Lemos Braga, Marcos Vinicios, Raul Guterres, Ediane Aparecida, Salvador dos Santos, Suzana da Silva

GÊNERO: Drama de horror

SINOPSE: Cinco turistas norte-americanos e uma australi-ana estão visitando o Brasil e sofrem um acidente de ônibus, enquanto se dirigiam para o Norte. Como ninguém está ferido e o socorro vai demorar muito para chegar, eles resolvem seguir por uma trilha até a praia, onde também existe um bar. A diversão é farta e se estende até a noite, quando nossos turistas são convidados a participar de uma festa bastante animada. Porém, eles bebem demais, são drogados e, no dia seguinte, descobrem que foram totalmente depenados. Em desespero, eles buscam ajuda, mas acabam aprisionados por um psicopata brasileiro com um grande senso de justiça social.

COMENTÁRIOS: Na época de seu lançamento, este filme provocou polêmica no Brasil, já que apresenta uma visão bastante tenebrosa de nosso país. Porém, aparte alguns exageros – que podem ser vistos de um ponto de vista humorístico – o filme é razoavelmente verídico (e até complacente, em muitos aspectos).

AVALIAÇÃO: ***

28 DAYS LATER...

EXTERMÍNIO

DIRETOR: Danny Boyle

PAÍS: Inglaterra

COMPANHIA PRODUTORA: Fox Searchlight Pictures / DNA Films / Film Council

ANO DE PRODUÇÃO: 2002

DURAÇÃO: 113'

IDIOMA ORIGINAL: Inglês

PRODUÇÃO: Andrew MacDonald

ARGUMENTO: Alex Garland

ROTEIRO: Alex Garland

FOTOGRAFIA: Anthony Dod Mantle [cor]

MONTAGEM: Chris Gill

MÚSICA: John Murphy

ELENCO: Cillian Murphy, Naomie Harris, Christopher Eccleston, Megan Burns, Brendan Gleeson, Alex Palmer, Bindu De Stoppani, Jukka Hiltunen, David Schneider, Toby Sedgwick, Noah Huntley, Christopher Dunne, Emma Hitching, Alexander Delamere, Kim McGarrity, Justin Hackney, Luke Mably, Stuart McQuarrie, Ricci Harnett, Leo Bill, Junior Laniyan, Ray Panthaki, Sanjay Rambaruth, Marvin Campbell, Adrian Christopher, Richard Dwyer, Nick Ewans, Terry John, Paul Kasey, Sebastian Knapp, Nicholas James Lewis, Jenni Lush, Tristan Matthiae, Jeff Rann, Joelle Simpson, Al Stokes, Steen Young

GÊNERO: Horror e ficção científica

SINOPSE: Na Inglaterra, membros de um grupo radical de defesa dos direitos animais invadem um laboratório de pesquisas e libertam alguns chimpanzés, ignorando que eles foram contaminados com uma violentíssima variante do vírus da raiva. Logo, o país é assolado por uma séria epidemia, que liquida com boa parte da população e transforma quase todos os sobreviventes em zumbis assassinos. Porém, algumas pessoas sadias tentam sobreviver a qualquer custo, acabando por cair nas mãos de um grupo de militares mentalmente perturbados.

COMENTÁRIOS: Inspirado no clássico "Night of the living dead", de George Romero, este filme não apresenta nada de realmente original, apesar de ter se tornado um cult entre o público "descolado".

AVALIAÇÃO: ***

28 WEEKS LATER

Extermínio 2

DIRETOR: Juan Carlos Fresnadillo

PAÍS: Inglaterra / Espanha

COMPANHIA PRODUTORA: Figment Films / Sogecine /

Koan Films

ANO DE PRODUÇÃO: 2007

DURAÇÃO: 97'

IDIOMA ORIGINAL: Inglês

PRODUÇÃO: Enrique López-Lavigne, Andrew MacDonald, Allon Reich (coprodutor: Bernard Bellew)

ROTEIRO: Rowan Joffe, Juan Carlos Fresnadillo, E. L. Lavigne [Enrique López-Lavigne], Jesus Olmo

FOTOGRAFIA: Enrique Chediak [cor]

MONTAGEM: Chris Gill

MÚSICA: John Murphy

ELENCO: Robert Carlyle, Rose Byrne, Jeremy Renner, Harold Perrineau, Catherine McCormack, Mackintosh Muggleton, Imogen Poots, Idris Elba, Amanda Walker, Shahid Ahmed, Garfield Morgan, Emily Beecham, Beans Balawi, Meghan Popiel, Stewart Alexander, Philip Bulcock, Chris Ryman, Tristan Tait, William Meredith, Matt Reeves, Thomas Garvey, Tom Bodell, Andrew Byron, Sarah Finigan, Roderic Culver, Maeve Ryan, Ed Coleman, Karen Meagher, Amanda Lawrence, Simon Delaney, Drew Rhys-Williams, Raymond Waring, Kish Sharma, Jane Thorne

GÊNERO: Horror e ficção científica

SINOPSE: Depois de uma violenta epidemia de raiva, que

transformou quase toda a população britânica em zumbis assassinos, os militares norte-americanos assumem o controle do território e isolam tudo. Depois que os zumbis morrem de fome, a Inglaterra volta a ser habitada, inicialmente em um pequeno território isolado e protegido pelos militares. Porém, duas crianças encontram sua mãe desaparecida fora do perímetro de segurança e ela é levada para a cidade, sem que elas saibam que, por uma questão genética, ela não foi afetada pelo vírus, mas pode transmiti-lo.

COMENTÁRIOS: Continuação de "28 days later..." (Danny Boyle, 2002), com bons efeitos e pouca criatividade.

AVALIAÇÃO: ***

20 MILLION MILES TO EARTH

A 20 MILHÕES DE MILHAS DA TERRA

DIRETOR: Nathan Juran

PAÍS: Estados Unidos

COMPANHIA PRODUTORA: Columbia Pictures / Morningside

ANO DE PRODUÇÃO: 1957

DURAÇÃO: 82'

IDIOMA ORIGINAL: Inglês

PRODUÇÃO: Charles H. Schneer

ARGUMENTO: Charlott Knight

ROTEIRO: Bob Williams, Christopher Knopf

FOTOGRAFIA: Irving Lippman, Carlos Ventigmilia [Carlos Ventimiglia] [p&b]

MONTAGEM: Edwin Bryant

MÚSICA: Mischa Bakaleinikoff

ELENCO: William Hopper, Joan Taylor, Frank Puglia, John Zaremba, Thomas B. Henry, Tito Vuolo, Jan Arvan, Arthur Space, Bart Bradley

GÊNERO: Horror e ficção científica

SINOPSE: Nave espacial norte-americana que volta de uma viagem a Vênus cai no mar e só o seu comandante parece ter sobrevivido, sendo resgatado por pescadores e levado para um hospital. No entanto, existe um outro sobrevivente que não foi percebido, já que a tripulação trazia para a Terra a larva de um estranho monstro venusiano. A larva, que estava em uma caixa e foi parar em uma praia deserta, é recolhida por um menino e vendida a um zoólogo, que nada sabe sobre a sua origem. Porém, o monstro logo eclode e começa a crescer, fugindo do controle e partindo para a destruição em massa.

COMENTÁRIOS: Nada muito diferente de tantas obras do

mesmo período, com exceção dos notáveis efeitos especiais no mestre Ray Harryhausen.

AVALIAÇÃO: ***

THE 27TH DAY

Ultimatum à Terra

DIRETOR: William Asher

PAÍS: Estados Unidos

COMPANHIA PRODUTORA: Columbia Pictures Corporation / Romson Production

ANO DE PRODUÇÃO: 1957

DURAÇÃO: 75'

IDIOMA ORIGINAL: Inglês

PRODUÇÃO: Helen Ainsworth

ARGUMENTO: John Mantley

ROTEIRO: John Mantley

FOTOGRAFIA: Henry Freulich [p&b]

MONTAGEM: Jerome Thoms

MÚSICA: Mischa Bakaleinikoff

ELENCO: Gene Barry, Valerie French, George Voskovec,

Arnold Moss, Stefan Schnabel, Ralph Clanton, Frederick Ledebur, Paul Birch, Azemat Janti

GÊNERO: Ficção científica

SINOPSE: Um alienígena sequestra cinco terráqueos comuns de diversos países (Estados Unidos, Inglaterra, União Soviética, China e Alemanha) e entrega a cada um deles uma caixa contendo três cápsulas, que juntas são capazes de destruir toda a vida humana em nosso planeta. Seu objetivo é fazer com que os humanos se destruam por conta própria, a fim de que o seu povo possa escapar do seu planeta moribundo e vir morar na Terra. Os cinco agraciados terão 27 dias para usar a arma ou então ela será desativada (o que também acontecerá em caso de morte do proprietário). Ao voltarem para a Terra, a chinesa se suicida e a inglesa atira sua caixa no mar. Os outros três guardam suas caixas até que – em uma aparição mundial na TV – o alienígena revela seus nomes, indicando que eles têm um importante segredo para revelar. Logo, o pânico toma conta do planeta, fazendo com que o futuro da humanidade fique seriamente ameaçado.

COMENTÁRIOS: Interessante abordagem da paranoia dos tempos da Guerra Fria, com o (já então) velho clichê dos ETs que desejam invadir a Terra para fugir de seu mundo em extinção. Infelizmente, o resultado final é prejudicado pela abordagem piegas.

AVALIAÇÃO: ***

Nos domínios do terror

DIRETOR: Sidney Salkow

PAÍS: Estados Unidos

COMPANHIA PRODUTORA: Admiral Pictures

ANO DE PRODUÇÃO: 1963

DURAÇÃO: 119'

IDIOMA ORIGINAL: Inglês

PRODUÇÃO: Robert E. Kent

ARGUMENTO: Nathaniel Hawthorne

ROTEIRO: Robert E. Kent

FOTOGRAFIA: Ellis W. Carter [cor]

MONTAGEM: Grant Whytock

MÚSICA: Richard LaSalle

ELENCO: Vincent Price, Sebastian Cabot, Brett Halsey, Beverly Garland, Richard Denning, Mari Blanchard, Abraham Sofaer, Jacqueline de Wit, Joyce Taylor, Edith Evanson, Floyd Simmons, Gene Roth

GÊNERO: Horror

SINOPSE: Em três episódios: DR. HEIDEGGER'S EX-
PERIMENT — Carl e Alex são dois amigos de longa data
que se encontram periodicamente para uma confraterniza-
ção íntima. Já muito idoso, Carl vive obcecado pela lembrança de sua noiva Silvia, falecida na véspera do casamento, há algumas décadas. Uma noite, sozinhos na casa de
Carl, os dois observam que um raio atingiu a cripta de Sílvia,
situada no fundo do terreno. Ao examinarem o local, eles
descobrem que o cadáver está milagrosamente preservado
por um estranho líquido. Ao provarem a substância, os dois
se descobrem subitamente rejuvenescidos e, inspirado pelo
acontecimento, Carl resolve injetar o tal líquido no cadáver
da mulher; RAPPACCINI'S DAUGHTER — O jovem estudante Giovanni apaixona-se perdidamente por sua bela
vizinha Beatrice, que vive reclusa com seu pai, o cientista
maluco Rappaccini. Ao fazer uma investigação, o rapaz descobre que o cientista abrira mão completamente da sua vida
mundana depois de ser abandonado pela esposa adúltera.
Insistindo em aproximar-se de Beatrice, Giovanni descobre
– horrorizado – o seu macabro segredo: para afastar a filha
do contato com homens, o velho injetou em suas veias o veneno de uma planta rara, fazendo com que a moça dissolva
todo o tecido vivo em que toca; THE HOUSE OF THE SE-
VEN GABLES — Gerald Pyncheon, último varão de uma
família aristocrática, volta para o solar de seus ancestrais

com sua esposa Alice, apesar de uma maldição que pesa sobre os Pyncheon: há séculos, uma família rival, os Holbrook, fôra despojada pelos Pyncheon e, desde então, todos os homens desta última família morreram de modo violento. Mas a coragem de Gerald tem uma boa explicação, já que a casa também esconde um enorme tesouro, cujo segredo encontra-se nas mãos dos Holbrook.

COMENTÁRIOS: Três episódios baseados em histórias de Nathaniel Hawthorne. Interessante tentativa de realizar, com a obra de Hawthorne, o mesmo que Roger Corman fizera com os contos de Poe. De fato, as adaptações estão acima da média (com exceção da última, bastante fraca como terror), valendo-se de temas criativos e da presença marcante de Price.

AVALIAÇÃO: ***

TWINS OF EVIL

As filhas de Drácula

DIRETOR: John Hough

PAÍS: Inglaterra

COMPANHIA PRODUTORA: Hammer Film

ANO DE PRODUÇÃO: 1971

DURAÇÃO: 83'

IDIOMA ORIGINAL: Inglês

PRODUÇÃO: Harry Fine, Michael Style

ARGUMENTO: Sheridan Le Fanu

ROTEIRO: Tudor Gates

FOTOGRAFIA: Dick Bush [cor]

MONTAGEM: Spencer Reeve

MÚSICA: Harry Robinson (supervisão: Philip Martell)

ELENCO: Peter Cushing, Dennis Price, Mary Collinson, Madelaine Collinson, Isobel Black, Kathleen Byron, Damien Thomas, David Warbeck, Harvey Hall, Alex Scott, Judy Matheson, Luan Peters, Sheelah Wilcox, Katya Wyeth

GÊNERO: Horror

SINOPSE: Uma pequena aldeia está sendo assolada por vampiros e os cidadãos locais organizam uma fraternidade para queimar bruxas, sem saber que seu trabalho é inútil (já que as bruxas não costumam chupar sangue de ninguém). Uma das sobrinhas gêmeas gostosas do chefe da fraternidade envolve-se com o nobre local, o conde de Karnstein, e acaba transformada por ele em uma vampira.

COMENTÁRIOS: Última parte da trilogia "Karnstein", que abordou o vampirismo em sua vertente feminina. Este

exemplar tem como único destaque o fato de ser protagoni-
zado por duas belíssimas gêmeas (que não eram atrizes, e sim
modelos da revista *Playboy*). Apesar disso, a parte erótica é
bastante comportada, diferindo bastante dos filmes anteriores.

AVALIAÇÃO: ***

2-HEADED SHARK ATTACK

Ataque do tubarão mutante

DIRETOR: Christopher Douglas-Olen Ray

PAÍS: Estados Unidos

COMPANHIA PRODUTORA: The Asylum

ANO DE PRODUÇÃO: 2012

DURAÇÃO: 88'

IDIOMA ORIGINAL: Inglês

PRODUÇÃO: David Michael Latt, Paul Bales

ARGUMENTO: Edward Deruiter

ROTEIRO: H. Perry Horton

FOTOGRAFIA: Stuart Brereton [cor]

MONTAGEM: Rob Pallatina

MÚSICA: Chris Ridenhour

ELENCO: Carmen Electra, Charlie O'Connell, Brooke Hogan, Christina Bach Norman, David Gallegos, Geoff Ward, Mercedes C. Young, Shannan Stewart, Tihirah Taliaferro, Michael Dicarluccio, Lauren Vera, Marckenson Charles, Ashley F. Bissing, Corinne Nobili, Benjamin James, Chase Conner, Anna Jackson, Amber English, Collin Carmouze, Casey King Leslie, Morgan Thompson, Gerald Webb, Anthony Edwin Valentin, Alexa Score, Tiffany Score, Joseph Valez, Curtis Belz

GÊNERO: Filme catástrofe de animais mutantes

SINOPSE: Professor um tanto aloprado leva seus alunos para um passeio marítimo com finalidades puramente educativas. Quando o barco sofre um acidente e começa a afundar, o professor resolve levar seus alunos para um pequeno atol, enquanto a capitã e os tripulantes efetuam os reparos. Porém, o mestre ignora que está fazendo uma grande bobagem, já que o tal atol está entrando em colapso e logo irá desmoronar no oceano. Para complicar a situação, o grupo está na mira de um monstruoso tubarão mutante de duas cabeças, que parece disposto a tudo para forrar a pança com os estudantes.

COMENTÁRIOS: Abominável filmeco – realizado em vídeo – que copia, mais uma vez, o mais do que clonado filme de Spielberg. Com uma história banalíssima e um elenco ridículo, o único interesse deste filme é a presença da bela Carmen Electra (que parece estar ali apenas para enfeitar a tela).

AVALIAÇÃO: *

TWO THOUSAND MANIACS!

MANÍACOS

DIRETOR: Herschell Gordon Lewis

PAÍS: Estados Unidos

COMPANHIA PRODUTORA: The Jacqueline Kay

ANO DE PRODUÇÃO: 1964

DURAÇÃO: 87'

IDIOMA ORIGINAL: Inglês

PRODUÇÃO: David F. Friedman

ARGUMENTO: Herschell Gordon Lewis

ROTEIRO: Herschell Gordon Lewis

FOTOGRAFIA: Herschell Gordon Lewis [cor]

MONTAGEM: Robert Sinise

MÚSICA: Herschell G. Lewis [Herschell Gordon Lewis].

Larry Wellington

ELENCO: Connie Mason, Thomas Wood [William Kerwin], Jeffrey Allen, Shelby Livingston, Ben Moore, Jerome Eden, Gary Bakeman, Mark Douglas, Linda Cochran, Yvonne Gilbert, Michael Korb, Vincent Santo, Andy Wilson, Candi Conder, "The Pleasant Valley Boys"

GÊNERO: Comédia satírica de horror

SINOPSE: No Sul dos Estados Unidos, meia dúzia de turistas do Norte são deliberadamente atraídos para Pleasant Valley, uma remotíssima cidadezinha que está se preparando para os festejos de seu centenário. Eles são recebidos como convidados de honra e, apesar da má vontade de alguns, acabam aceitando participar da festa, já que não terão que gastar nada. Porém, os ianques não fazem a mínima ideia do caráter da festividade, que pode ser a coisa mais macabra que já viram em suas vidas.

COMENTÁRIOS: O cultuado Herschell Lewis faz humor negro com a tradicional rivalidade entre a população do Sul e a do Norte dos Estados Unidos, eternamente consolidada pela Guerra da Secessão. Apesar de algumas falhas e de momentos de extremo mau gosto, trata-se de um filme que pode divertir os amantes do cinema bizarro.

AVALIAÇÃO: ***

EL VAMPIRO Y EL SEXO

(Cf. Santo en el tesoro de Drácula)

VARELSERNA

(Cf. Les créatures)

THE WAR OF THE GARGANTUAS

(Cf. Furankenshutain no kaiju: Sanda tai gaira)

WARLOCK

Warlock, o demônio

DIRETOR: Steve Miner

PAÍS: Estados Unidos

COMPANHIA PRODUTORA: New World Pictures

ANO DE PRODUÇÃO: 1989

DURAÇÃO: 103'

IDIOMA ORIGINAL: Inglês

PRODUÇÃO: Steve Miner (executivo: Arnold Kopelson)

ARGUMENTO: D. T. Twohy

ROTEIRO: D. T. Twohy

FOTOGRAFIA: David Eggby [cor]

MONTAGEM: David Finfer

MÚSICA: Jerry Goldsmith

ELENCO: Julian Sands, Lori Singer, Richard E. Grant, Mary Woronov, Richard Kuss, Allan Miller, Kevin O'Brien, Anna Levine, David Carpenter, Kay E. Kuter, Ian Abercrombie, Kenneth Danziger, Art Smith, Robert Breeze, Frank Renzulli, Brandon Call, Nancy Fox, Harry Johnson, Juli Burkhart, Rob Paulsen, Peter Sherayko, Gyl Roland, Meta King, Bill Dunnam, Wendy Feiner

GÊNERO: Horror satânico

SINOPSE: Boston, América do Norte, 1691: Um terrível e poderoso feiticeiro é condenado à morte depois de ser capturado por Giles Redfern, que teve sua noiva assassinada por ele. Porém, o feiticeiro é libertado por Satã e viaja no tempo, levando Redfern no seu encalço. No século 20, o feiticeiro recebe a missão de reunir as três partes de uma bíblia satânica, a fim de reverter a criação e tornar-se o filho do Diabo. Para combater seu inimigo, Redfern procura a ajuda da jovem Kassandra, cujo senhorio foi barbaramente morto pelo feiticeiro. A princípio, a garota não acredita na conversa de Redfern, até que é atingida por um feitiço e começa a envelhecer rapidamente, tendo pouco tempo de vida.

COMENTÁRIOS: Apesar dos inevitáveis clichês, o filme tem bons efeitos especiais e consegue desenvolver sua história sem maiores apelações (o que não pode ser dito das suas continuações).

AVALIAÇÃO: ***

WARLOCK – THE END OF INNOCENCE

WARLOCK III – O FIM DA INOCÊNCIA

DIRETOR: Eric Freiser

PAÍS: Estados Unidos

COMPANHIA PRODUTORA: Trimark Pictures

ANO DE PRODUÇÃO: 1998

DURAÇÃO: 91'

IDIOMA ORIGINAL: Inglês

PRODUÇÃO: Bruce David Eisen

ARGUMENTO: Bruce David Eisen, Eric Freiser

ROTEIRO: Bruce David Eisen, Eric Freiser

FOTOGRAFIA: Andrew Turman [cor]

MONTAGEM: Greg Finton

MÚSICA: David Reynolds

ELENCO: Bruce Payne, Ashley Laurence, Boti Ann Bliss, Angel Boris, Paul Francis, Richard C. Hearst, Jan Schweiterman, Eamon Draper, Catherine Siggins, Majella Corley, Phillipe Zone, Fiona o'Shaughnessy, Ann Marie Byrne

GÊNERO: Horror satânico

SINOPSE: Kris, jovem que fôra criada por uma família adotiva, recebe a notícia de que a velha mansão de sua família verdadeira – já extinta – vai ser demolida e que ela terá a chance de recolher alguns objetos como lembrança (embora a moça não tenha, obviamente, nada para lembrar). A garota viaja para conhecer a casa, ansiosa por descobrir alguma coisa sobre seus misteriosos antepassados. Junto com ela, vão seu namorado Michael e quatro colegas, cheios de disposição para a aventura. Porém, a mansão é a morada de um feiticeiro diabólico, que há séculos planeja sacrificar uma criança para tornar-se o preferido de Satã. Ele fracassara em matar uma antepassada de Kris, mas espera uma segunda chance, já que sua vítima está encarnada na moça.

COMENTÁRIOS: Rodado na Irlanda e lançado diretamente em vídeo, trata-se de um filme extremamente pobre, repleto de clichês e com um elenco muito fraco, que se apresenta como uma continuação de "Warlock" (Steve Miner,

1989), embora não tenha nenhuma ligação com o original.

AVALIAÇÃO: *

THE WARRIORS

WARRIORS – OS SELVAGENS DA NOITE

DIRETOR: Walter Hill

PAÍS: Estados Unidos

COMPANHIA PRODUTORA: Paramount Pictures

ANO DE PRODUÇÃO: 1979

DURAÇÃO: 90'

IDIOMA ORIGINAL: Inglês

PRODUÇÃO: Lawrence Gordon

ARGUMENTO: Sol Yurick

ROTEIRO: David Shaber, Walter Hill

FOTOGRAFIA: Andrew Laszlo [cor]

MONTAGEM: David Holden

MÚSICA: Barry DeVorzon

ELENCO: Michael Beck, James Remar, Dorsey Wright, Brian Tyler, David Harris, Tom McKitterick, Marcelino Sanchez, Terry Michos, Deborah van Valkenburgh, Roger

Hill, David Patrick Kelly, Lynne Thigpen, Ginny Ortiz, Mercedes Ruehl, John Snyder, Dennis Gregory, Gwynn Press, Jodi Price, Jeffrey Scott, Carl Brown, Edward Sewer, Ron Ferrell, Fernando Castillo, Hubert Edwards, Larry Sears, Mike James, Gregory Cleghorne, George Lee Miles, Gerald G. Francis, Benny Harding, Eddie Prather, Kevin Stockton, Joel Weiss, Harold Miller, Dan Bonnell, Dan Battles, Tom Jarus, Michael Garfield, Chris Harley, Mark Baltazar, J. W. Smith, Cal Saint John, Joe Zimmardi, Carrotte, William Williams, Marvin Foster, Johnny Barnes, Ken Thret, Michael Jeffrey, Paul Greco, Apache Ramos, Tony Michael Pann, Neal Gold, James Margolin, Chuck Mason, Andy Engel, Ian Cohen, Charles Serrano, Charles Doolan, Jerry Hewitt, Rob Ryder, Steve Chambers, Richard Chiotti

GÊNERO: Ação e aventura futurista

SINOPSE: Cem gangues de jovens arruaceiros de Nova Iorque recebem uma convocação para comparecerem à reunião promovida por Cyrus – líder da gangue mais poderosa da região. Na reunião – na verdade, um comício – Cyrus anuncia seu plano de unir todas as facções rivais, formando um verdadeiro exército a fim de assumir o controle da cidade. A reação entusiástica da multidão presente é interrompida pelo assassinato de Cyrus, abatido por um atirador não identificado. O culpado – o psicótico líder de uma das gangues – consegue incriminar os Warriors, representantes do outro extremo da cidade. Os Warriors conseguem escapar da fúria da multidão e iniciam sua volta para casa. Porém, durante o longuíssimo trajeto, eles terão de enfrentar muitos perigos, já que estão sendo caçados por todas as gangues da cidade.

COMENTÁRIOS: Produção de gosto duvidoso, promovendo a heróis um bando de marginais de rua pós-adolescentes (numa espécie de versão punkdarkiana de "West Side Story"). Sem um roteiro estruturado, o filme se limita a acompanhar a viagem do bando, entre farta distribuição de pancadaria. Como não poderia deixar de ser, a historinha é cheia de moralismo, já que os Warriors mais parecem um bando de escolares em uma excursão ao zoológico. Apesar de suas múltiplas deficiências – ou, talvez, por causa delas – o filme fez sucesso e teve algumas clonagens ainda menos interessantes, especialmente no cinema italiano. Para quem não faz questão de justificativas para filmes de ação.

AVALIAÇÃO: ***

THE WASP WOMAN

A MULHER VESPA

DIRETOR: Roger Corman

PAÍS: Estados Unidos

COMPANHIA PRODUTORA: Santa Cruz Productions

ANO DE PRODUÇÃO: 1959

DURAÇÃO: 73'

IDIOMA ORIGINAL: Inglês

PRODUÇÃO: Roger Corman

ARGUMENTO: Kinta Zertuche

ROTEIRO: Leo Gordon

FOTOGRAFIA: Harry C. Newman [p&b]

MONTAGEM: Carlo Lodato

MÚSICA: Fred Katz

ELENCO: Susan Cabot, Fred Eisley, Barboura Morris, William Roerick, Michael Mark, Frank Gerstle, Bruno Ve Sota, Roy Gordon, Carolyn Hughes, Lynn Cartwright, Frank Wolff, Lani Mars, Phillip Barry

GÊNERO: Horror e ficção científica

SINOPSE: Janice, proprietária de uma indústria de cosméticos em crise, aceita patrocinar um cientista excêntrico que está desenvolvendo um preparado rejuvenescedor à base de geléia real. Meio encarquilhada, já que seus cosméticos não são grande coisa, Janice logo se propõe a ser cobaia para os experimentos, que começam a dar surpreendentes resultados. Porém, querendo acelerar o processo, ela aplica o remédio por conta própria e transforma-se em uma vespa humana sedenta de sangue.

COMENTÁRIOS: Um bom exemplo das produções baratas de Corman, com efeitos sofríveis, mas uma boa *mise-en-scène*.

AVALIAÇÃO: ***

WATCHERS

O LIMITE DO TERROR

DIRETOR: Jon Hess

PAÍS: Canadá

COMPANHIA PRODUTORA: Concorde Pictures / Centaur Films / Rose & Ruby

ANO DE PRODUÇÃO: 1988

DURAÇÃO: 91'

IDIOMA ORIGINAL: Inglês

PRODUÇÃO: Damian Lee, David Mitchell (coprodutor: Mary Eilts)

ARGUMENTO: Dean R. Koontz

ROTEIRO: Bill Freed, Damian Lee

FOTOGRAFIA: Richard Leiterman [cor]

MONTAGEM: Bill Freda, Carolle Alain, Rick Fields

MÚSICA: Joel Goldsmith

ELENCO: Corey Haim, Barbara Williams, Michael Ironside, Lala, Christopher Carey, Graeme Campbell, Dan O'Dowd, Dale Wilson, Blu Mankuma, Colleen Winton, Duncan Fraser, Barbara Williams, Lou Bollo, Jason Priestley, Matt Hill, Andrew Markey, Norman Browning, Ghislaine Crawford, Justine Crawford, Tong Lung, Keith Wardlow, Don S. Davis, Freda Perry, William Samples, Suzanne Ristic, Frank C. Turner, Boyd MacConnachie, Phillip Wong, cão Sandy

GÊNERO: Horror e ficção científica

SINOPSE: Um laboratório do governo – que realiza pesquisas secretas com finalidades militares – sofre um atentado a bomba. Como consequência disso, fogem duas cobaias, produto de experimentos genéticos altamente sofisticados. A primeira é um cachorro com inteligência quase humana e a segunda é o monstro assassino Oxcom, uma criatura superpoderosa criada para ser uma arma de guerra. Conectado mentalmente ao cachorro, o monstro o persegue, matando todos que encontra em seu caminho. Para abafar o caso de maneira radical, o governo designa o agente Johnson, um assassino mutante sem consciência. Um fazendeiro é morto pelo monstro e Johnson apressa-se a deter sua filha Tracy, única testemunha do que ocorreu. Porém, Travis, o namorado de Tracy, encontra o cachorro e o adota, apesar da oposição de sua mãe. O rapaz descobre que Tracy está presa e tenta encontrá-la, ao mesmo tempo em que se torna alvo de Johnson e do monstro.

COMENTÁRIOS: Mais uma imitação canadense do cinema de horror norte-americano, com o envelhecido tema das pesquisas militares secretas que o governo quer manter assim a qualquer custo. Um filme dos mais pobres, com uma história tola e mal-desenvolvida (o que, obviamente, fez com que ele merecesse uma continuação).

AVALIAÇÃO: **

WAXWORK

A PASSAGEM

DIRETOR: Anthony Hickox

PAÍS: Estados Unidos / Alemanha

COMPANHIA PRODUTORA: Palla Pictures / HB Filmrullen

ANO DE PRODUÇÃO: 1988

DURAÇÃO: 93'

IDIOMA ORIGINAL: Inglês

PRODUÇÃO: Staffan Ahrenberg, Mario Sotela

ARGUMENTO: Anthony Hickox

ROTEIRO: Anthony Hickox

FOTOGRAFIA: Gerry Lively [cor]

MONTAGEM: Christopher Cibelli

MÚSICA: Roger Bellon (supervisão: Jimmy Ienner)

ELENCO: Zach Galligan, Deborah Foreman, Michelle Johnson, Dana Ashbrook, Miles O'Keeffe, Charles McCaughan, J. Kenneth Campbell, John Rhys Davies, Patrick Macnee, David Warner, Jennifer Bassey, Joe Baker, Eric Brown, Clare Carey, Buckley Norris, Micah Grant, Mihaly 'Michu' Mesza, Jack David Warner, Nelson Welch, Christopher Bradley, Thomas MacGreevey, Irene Olga Lopez, Julian Forbes, Edward Ashley, Kendall Conrad, Anthony Hickox, Staffan Ahrenberg, Gabriella Dufwa, Gary Bettman, James Hickox, Candy, James Lincoln, Merle Stronck, Joanne Russell, Ann Sophie Noblet, Paul Badger, Eyal Rimmon, Kim Henderson, Hilary English, Nicole Seguin, Carolyn Bray, Henrietta Folkeson, Dan Ireland, Karen Schaffer, Leonard Pollack, Bruce Barlow, Cliff Wallace, David Elsey, Gerry Lively, Steven Santamaria

GÊNERO: Horror para adolescentes

SINOPSE: Duas estudantes um tanto debiloides são abordadas por um homem misterioso, que as convida para a inauguração de seu museu de cera, localizado numa velha mansão do subúrbio. As meninas se assustam um tanto, mas acabam convidando seus amigos para participarem do evento, que se realizará à meia-noite daquele mesmo dia. Quatro jovens comparecem, sem saber que na verdade o tal museu não passa de uma armadilha, já que cada um dos bonecos possui um cenário capaz de sugar os que entram nele para uma outra dimensão. Um dos rapazes vai parar numa floresta e é morto por um lobisomem, enquanto uma das moças é vítima do próprio conde Drácula. Preocupado com o súbito desaparecimento dos colegas, o jovem Mark Loftmore deixa o museu e leva consigo a amiga Sarah Brightman. No dia seguinte, vendo que os jovens não reaparecem, Mark fica alarmado e procura a polícia. Porém, uma revista no museu nada descobre contra o dono do estabelecimento, o excêntrico senhor Lincoln. Convencido de que está ocorrendo algo realmente grave, Mark vai pesquisar os arquivos de seu avô — um estudioso do ocultismo misteriosamente assassinado há algumas décadas — e faz uma descoberta estarrecedora.

COMENTÁRIOS: Reciclagem do velhíssimo tema do museu de cera, com um final tão ridículo que, por si só, já desqualificaria este filme (se qualidades ele tivesse).

AVALIAÇÃO: *

(Cf. Lycanthropus)

WEREWOLF OF LONDON

O LOBISOMEM DE LONDRES

DIRETOR: Stuart Walker

PAÍS: Estados Unidos

COMPANHIA PRODUTORA: Universal Pictures

ANO DE PRODUÇÃO: 1935

DURAÇÃO: 75'

IDIOMA ORIGINAL: Inglês

PRODUÇÃO: Stanley Bergerman

ARGUMENTO: Robert Harris

ROTEIRO: John Colton

FOTOGRAFIA: Charles Stumar [p&b]

MONTAGEM: Russell Schoengarth

MÚSICA: Karl Hajos

ELENCO: Henry Hull, Warner Oland, Lester Matthews, Spring Byington, Valerie Hobson, Lawrence Grant, Clark

Williams, J. M. Kerrigan, Charlotte Granville, Ethel Griffies, Zeffie Tilbury, Jeanne Bartlett

GÊNERO: Drama de horror

SINOPSE: Cientista inglês vai procurar uma rara flor no misterioso Oriente (mais especificamente nas montanhas do Tibet) e é atacado por um lobisomem, contraindo a sua doença. Ele encontra a flor e a leva para o seu laboratório, já que coincidentemente ela é o único antídoto para evitar as transformações. Porém, o lobisomem que o atacou também deseja a flor e o segue até Londres, já que está com preguiça de vasculhar as montanhas onde vive.

COMENTÁRIOS: Completando a sua série de monstros, a Universal apresenta um lobisomem sem grande inspiração, bem abaixo do seu Drácula, do seu Frankenstein e da sua Múmia.

AVALIAÇÃO: **

WHAT EVER HAPPENED TO AUNT ALICE?

A MANSÃO DOS DESAPARECIDOS

DIRETOR: Lee H. Katzin

PAÍS: Estados Unidos

COMPANHIA PRODUTORA: Associates & Aldrich Company

ANO DE PRODUÇÃO: 1969

DURAÇÃO: 101'

IDIOMA ORIGINAL: Inglês

PRODUÇÃO: Robert Aldrich

ARGUMENTO: Ursula Curtiss

ROTEIRO: Theodore Apstein

FOTOGRAFIA: Joseph Biroc [cor]

MONTAGEM: Frank J. Urioste (supervisor: Michael Luciano)

MÚSICA: Gerald Fried

ELENCO: Geraldine Page, Ruth Gordon, Rosemary Forsyth, Robert Fuller, Mildred Dunnock, Joan Huntington, Peter Brandon, Michael Barbera, Peter Bonerz, Richard Angarola, Claire Kelly, Valerie Allen, Martin Garralaga, Jack Bannon, Seth Riggs, Lou Kane

GÊNERO: Suspense e horror

SINOPSE: Já meio velhusca e ansiando pelos prazeres da vida, Claire fica viúva e espera ansiosamente receber a gorda herança de seu marido milionário, que ela odiava profundamente. Porém, ao saber que ele nada lhe deixou, a não ser a casa da família e uma coleção de selos, Claire fica transtornada com a perspectiva da pobreza e resolve apelar para uma bizarra fonte de renda. Ela passa a contratar empregadas domésticas idosas e sem família, conquistando a sua confiança, apoderando-se do seu patrimônio, matando-as e usando os corpos para adubar o seu jardim.

COMENTÁRIOS: Baseado na novela *The forbidden garden*, este filme é um pequeno clássico do horror da escola norte-americana (ou seja, no qual não atuam quaisquer elementos sobrenaturais). A trama inteligente se une à brilhante interpretação de Geraldine Page.

AVALIAÇÃO: ***

WHEN WORLDS COLLIDE

O FIM DO MUNDO

DIRETOR: Rudolph Maté

PAÍS: Estados Unidos

COMPANHIA PRODUTORA: Paramount Pictures

ANO DE PRODUÇÃO: 1951

DURAÇÃO: 83'

IDIOMA ORIGINAL: Inglês

PRODUÇÃO: George Pal

ARGUMENTO: Edwin Balmer, Philip Wylie

ROTEIRO: Sydney Boehm

FOTOGRAFIA: John F. Seitz, W. Howard Greene [cor]

MONTAGEM: Arthur Schmidt

MÚSICA: Leith Stevens

ELENCO: Richard Derr, Barbara Rush, Peter Hanson, John Hoyt, Larry Keating, Judith Ames, Stephen Chase, Frank Cady, Hayden Rorke, Sandro Giglio

GÊNERO: Ficção científica

SINOPSE: Num remoto observatório astronômico, cientistas identificam um planeta e um cometa que estão rumando diretamente para a Terra, com consequências catastróficas. A passagem do primeiro provocará sérias conturbações climáticas e geológicas, mas o segundo destruirá o nosso planeta completamente. Alertando seus companheiros norte-americanos, os astrônomos pensam que a única possibilidade de salvar a civilização humana é enviando uma nave espacial para colonizar o planeta visitante. Porém, além de contarem com a ampla incredulidade de vários setores (inclusive científicos), os astrônomos ainda precisam encontrar um mecenas que financie o projeto.

COMENTÁRIOS: Clássico da ficção científica abordando

um tema que se tornaria clichê: a extinção da humanidade devido a algum desastre natural ou à incúria de seus habitantes. Apesar de um certo pioneirismo, o filme carece de bons efeitos especiais e até mesmo de um roteiro, patinando em um marasmo que faz o fim do mundo parecer algo bastante tedioso.

AVALIAÇÃO: **

WHITE NOISE

VOZES DO ALÉM

DIRETOR: Geoffrey Sax

PAÍS: Inglaterra / Canadá

COMPANHIA PRODUTORA: White Noise UK / Brightlight Pictures

ANO DE PRODUÇÃO: 2004

DURAÇÃO: 101'

IDIOMA ORIGINAL: Inglês

PRODUÇÃO: Paul Brooks, Shawn Williamson

ARGUMENTO: Niall Johnson

ROTEIRO: Niall Johnson

FOTOGRAFIA: Chris Seager [cor]

MONTAGEM: Nick Arthurs

MÚSICA: Claude Foisy

ELENCO: Michael Keaton, Deborah Kara Unger, Chandra West, Ian McNeice, Sarah Strange, Nicholas Elia, Mike Dopud, Marsha Regis, Brad Sihvon, Mitchell Kosterman, L. Harvey Gold, Amber Rothwell, Suzanne Ristic, Keegan Connor Tracy, Miranda Frigon, Aaron Douglas, Anthony Harrison, Bruce Dawson, Benita Ha, Anastasia Corbett, Miki Maunsell, Ross Birchall, Peter Bryant, Bill Tarling, Chuck Walkinshaw, Colin Chapin, April Telek, Michale Ascher

GÊNERO: Horror

SINOPSE: Jonathan é um próspero executivo que vive em plena felicidade com sua esposa Anna, uma famosa escritora. Quando tudo parece melhorar ainda mais, com a notícia de que eles terão um filho, a mulher desaparece sem deixar vestígios. Tempos depois, Jonathan é procurado por um homem estranho, que alega que sua esposa morreu e deseja comunicar-se com ele através da estática do rádio. Jonathan não leva a conversa a sério, até que o cadáver da mulher é descoberto e ele resolve visitar o homem, que pesquisa a comunicação com os mortos através de aparelhos de rádio e TV. Obcecado pela ideia de entrar em contato com Anna, Jonathan também começa a estudar o fenômeno, sem saber

que está penetrando em um mundo bizarro e muito perigoso.

COMENTÁRIOS: Partindo de uma ideia instigante e pro-
missora, este filme chega a resultados bastante sofríveis, e
que só pioram com a presença pouco inspirada de Michael
Keaton (aqui, tal como em "Batman", o ator errado no papel
errado).

AVALIAÇÃO: ***

WICKED LITTLE THINGS / ZOMBIES

ZOMBIES

DIRETOR: J. S. Cardone

PAÍS: Estados Unidos / Alemanha

COMPANHIA PRODUTORA: Nu Image Films / Sands-
torm Films / Höger Human Service Medien & Personal

ANO DE PRODUÇÃO: 2006

DURAÇÃO: 94'

IDIOMA ORIGINAL: Inglês

PRODUÇÃO: Anton Höger, Boaz Davidson

ARGUMENTO: Boaz Davidson

ROTEIRO: Ben Nedivi

FOTOGRAFIA: Emil Topuzov [cor]

MONTAGEM: Alain Jakubowicz

MÚSICA: Tim Jones

ELENCO: Lori Heuring, Scout Taylor-Compton, Chloe Moretz, Geoffrey Lewis, Martin McDougall, Chris Jamba, Craig Vye, Julie Rogers, Ben Cross, Michael McCoy, Velizar Binev, Helia Grekova, George Zlatarev, Atanas Srebrev, Vladimir Mihaylov, Alexander Ganchev, Ioan Karamfilov, Albena Ivanova, Alexander Alexandrov, Emil Antov, Emil-Alexander Georgiev, Georgi Mikovski, Itai Dyakov, Ivan Angelov, Ivan Danailov, Joana Georgieva, Kalina Kyuchukova, Konstantin Rafailov, Marchela Varbanova, Mihaela Rafailova, Simeon Velkov, Nikoleta Stoycheva, Sevar Ivanov, Tzvetomir Kolev

GÊNERO: Horror

SINOPSE: Ao ficar viúva, Karen resolve levar suas duas filhas pequenas para viverem em uma casa que herdou de seu marido, numa distante região montanhosa. Porém, como o marido nunca lhe falara da tal casa e nem da sua família, ela deveria desconfiar de que existe algo misterioso em seu novo lar. Logo, ela vai descobrir que o silêncio do falecido era altamente justificável, já que o lugar é assombrado por crianças zumbis que outrora trabalharam em uma mina de carvão daquela região, morrendo soterradas devido à ganância do proprietário.

COMENTÁRIOS: Uma grande bobagem, com zumbis mi-
rins mais inofensivos que boa parte das crianças normais.
Locações na Bulgária.

AVALIAÇÃO: **

WISHCRAFT – FEITIÇO MACABRO

DIRETOR: Danny Graves

PAÍS: Estados Unidos

COMPANHIA PRODUTORA: Gold Circle Films

ANO DE PRODUÇÃO: 2001

DURAÇÃO: 102'

IDIOMA ORIGINAL: Inglês

PRODUÇÃO: Paul Brooks, Larry Katz, Jeanne Marie Van
Cott

ARGUMENTO: Larry Katz

ROTEIRO: Larry Katz

FOTOGRAFIA: Suki Medencevik [cor]

MONTAGEM: Scott Comrad

MÚSICA: J. Peter Robinson (supervisão: Randy Gerston, Amy Rosen)

ELENCO: Michael Weston, Alexandra Holden, Austin Pendleton, A. J. Buckley, Huntley Ritter, Gregory Cooke, Charlie Talbert, Salim Grant, Evan Jones, Allice Beasley, Sam McMurray, Sara Downing, Hamilton Camp, Luis Avalos, Joseph Ruskin, Michael Aday, Scott Caudill, Alex Breckenridge, Zelda Rubinstein, Louis Mustillo, Emily Arlook, Chris McKenna, Kerry Li, Michael Ray Bower, Gary Bullock, Derek Hamilton, Ancel Cook, Elgin Burnette, Fred Lerner, Mikal Dalaney, Traci McWain, Kathy Kates

GÊNERO: Horror para adolescentes

SINOPSE: Estudante secundarista recebe pelo correio um totem mágico, que tem o poder de lhe conceder três desejos. Como faria qualquer nerd normal, ele utiliza os poderes do totem para conquistar uma colega gostosona que jamais prestou atenção nele (demonstrando, com isso, ter algum bom gosto). Porém, ao mesmo tempo, um assassino misterioso passa a aterrorizar o campus com seus crimes bárbaros.

COMENTÁRIOS: Uma grande bobagem, onde nada faz muito sentido.

AVALIAÇÃO: **

O MESTRE DOS DESEJOS

DIRETOR: Robert Kurtzman

PAÍS: Estados Unidos

COMPANHIA PRODUTORA: Live Film and Mediaworks

ANO DE PRODUÇÃO: 1997

DURAÇÃO: 90'

IDIOMA ORIGINAL: Inglês

PRODUÇÃO: Pierre David, Clark Peterson, Noël A. Zanitsch (coprodutor: David Tripet)

ARGUMENTO: Peter Atkins

ROTEIRO: Peter Atkins

FOTOGRAFIA: Jacques Haitkin [cor]

MONTAGEM: David Handman

MÚSICA: Harry Manfredini

ELENCO: Tammy Lauren, Andrew Divoff, Chris Lemmon, Wendy Benson, Tony Crane, Jenny O'Hara, Kane Hodder, Tony Todd, Robert Englund, Ricco Ross, John Byner, Buck Flower, Gretchen Palmer, Angus Scrimm (voz), Ari Barak, Jake McKinnon, Greg Funk, Richard Assad, Ted Raimi, Danny Hicks, Josef Pilato, Tom Kendall, Ashley Power,

Verne Troyer, Walter Phelan, Reggie Banister, Peter Liapis, Frank Nicotero, Brian Klugman, Jean St. James, Azita Azar, Joe Svezia, Dennis Hayden, Betty McGuire, Renee Faia, Cyndi Pass, Howard Berger, Robert Jacob, Brad Mead

GÊNERO: Horror satânico

SINOPSE: Um Djinn, demônio que habita o vazio entre os mundos, precisa realizar três desejos de seu libertador mortal a fim de poder abrir as portas do inferno para que seus irmãos dominem a Terra. Porém, como ele não tem muito jeito para executar suas tarefas, acaba preso por um sacerdote persa no interior de uma pedra preciosa. Uns 3000 anos depois, a pedra é encontrada por um estivador, dentro de uma estátua que estava sendo levada para um museu e que se quebrou acidentalmente. A pedra é vendida em um brechó e vai parar em uma grande joalheria, onde deve ser avaliada. A avaliadora, Alexandra Amberson, fica intrigada com a pedra e pede que ela seja examinada por seu amigo Josh, que é físico em uma universidade. Ao ser submetida aos raios laser, a pedra explode e destrói o laboratório, matando Josh. Livre, o Djinn vai atrás de Alexandra, a fim de realizar os três desejos da moça, ao mesmo tempo em que vai acumulando almas danadas em sua coleção.

COMENTÁRIOS: O filme – que parte de uma premissa interessante e que contou com a produção executiva de Wes Craven – deu origem a três péssimas continuações.

AVALIAÇÃO: ***

O Mestre dos Desejos 2 – O mal nunca morre

DIRETOR: Jack Sholder

PAÍS: Estados Unidos

COMPANHIA PRODUTORA: Artisan Entertainment

ANO DE PRODUÇÃO: 1998

DURAÇÃO: 96'

IDIOMA ORIGINAL: Inglês

PRODUÇÃO: Tony Amatullo

ARGUMENTO: Peter Atkins

ROTEIRO: Jack Sholder

FOTOGRAFIA: Carlos Gonzalez [cor]

MONTAGEM: Michael Schweitzer

MÚSICA: David Williams

ELENCO: Andrew Divoff, Paul Johannson, Holly Fields, Bokeem Woodbine, Carlos Leon, Robert Lasardo, Oleg Vidov, Tommy 'Tiny' Lister Jr., Chris Weber, Al Foster, Vyto

Ruginis, Randy Hall, Maria Genero, James Staszkiel, Ryan 'Rhino' Michaels, James Kim, Simon Kim, Scott Klace, Gwen McGee, Victor Ivanov, Levani Outchaneichvili, Ilia Volok, Timo Flloko, Christopher Boyer

GÊNERO: Horror satânico

SINOPSE: A jovem Morgana e seu namorado Eric realizam um ousado roubo a um museu. Porém, eles são descobertos e, no tiroteio que se segue, uma velha estátua é atingida e revela uma pedra preciosa em seu interior, que é recolhida por Morgana. A moça leva um tiro e é salva pela pedra, que se parte, mas Eric não tem a mesma sorte e é mortalmente ferido. Após matar um dos guardas, Morgana foge, deixando a pedra da qual sái uma criatura maligna: o Mestre dos Desejos (que havia sido preso ali há mais de 3000 anos pelos magos sacerdotes persas). O Mestre é um gênio maligno – ou djinn – que pretende assumir o controle sobre o mundo e entregá-lo aos demônios. Para isso, ele precisa apoderar-se de mil e uma almas de seus proprietários, após satisfazer – de um modo bastante peculiar – um desejo de cada um deles. Porém, ele também precisa encontrar quem o libertou, Morgana, que nada sabe da ameaça que paira sobre ela.

COMENTÁRIOS: Essa continuação – realizada em vídeo – até que começa bem, com uma premissa razoável, mas enintende cada vez mais por uma religiosidade discutível, até um final absolutamente infantil.

AVALIAÇÃO: **

O MESTRE DOS DESEJOS 3 — ALÉM DA PORTA DO
INFERNO

DIRETOR: Chris Angel

PAÍS: Canadá / Inglaterra

COMPANHIA PRODUTORA: GFT Entertainment / Paquin Entertainment Group / Pendle View [WM] Limited

ANO DE PRODUÇÃO: 2001

DURAÇÃO: 92'

IDIOMA ORIGINAL: Inglês

PRODUÇÃO: Gary Howsam, Gilles Paquin, Craig Nicholls

ARGUMENTO: Peter Atkins

ROTEIRO: Alex Wright

FOTOGRAFIA: Curtis J. Petersen [cor]

MONTAGEM: Marcus Manton

MÚSICA: Daryl Bennett, Jim Guttridge

ELENCO: Jason Connery, A. J. Cook, Tobias Mehler, Loui-

sette Geiss, Aaron Smolinski, Daniella Evangelista, Emmanuelle Vaugier, John Novak, Kate Yacula, Rick Skene, Jan
Skene, Muriel Hogue, Chad Bruce, Jennifer Pudavick, Sarah Carter, Ruth Dubuisson, Angela Jackson

GÊNERO: Horror satânico

SINOPSE: Uma estudante ajuda um de seus professores em
algumas pesquisas arqueológicas e liberta acidentalmente
um djinn, terrível demônio que estava preso no interior de
uma pedra. Sem perceber o que houve, a moça vai-se embora, mas o demônio precisa encontrá-la para satisfazer-lhe
três desejos e, com isso, abrir as portas do nosso mundo para
toda a sua patota (dá para perceber, pelas mais diversas ra-
zões, que ele deve ter tido sucesso).

COMENTÁRIOS: Mais um exemplar (em vídeo) de uma
série que nunca foi boa e vai ficando cada vez pior.

AVALIAÇÃO: *

WISHMASTER 4: THE PROPHECY FULFILLED

O MESTRE DOS DESEJOS 4

DIRETOR: Chris Angel

PAÍS: Canadá

COMPANHIA PRODUTORA: GFT Entertainment / Paquin Entertainment Group

ANO DE PRODUÇÃO: 2002

DURAÇÃO: 90'

IDIOMA ORIGINAL: Inglês

PRODUÇÃO: Gary Howsam, Gilles Paquin

ARGUMENTO: Peter Atkins

ROTEIRO: John Benjamin Martin

FOTOGRAFIA: Curtis J. Petersen [cor]

MONTAGEM: Marcus Manton

MÚSICA: Daryl Bennett, Jim Guttridge

ELENCO: Michael Trucco, Tara Spencer-Nairn, Jason Thompson, Victor Webster, Kimberly Huie, John Novak, John Benjamin Martin, Mariam Bernstein, Mandy Hochbaum, Jennifer Pudavick, Ernesto Griffith, Rea Kavanagh, Janice Tetreault, Cara Bisiak, Aleks Paunovic, Darren Ross, Eric Blais, Jeremy Kozielec, Chad Bruce

GÊNERO: Horror satânico

SINOPSE: Lisa enfrenta problemas no relacionamento com seu namorado Sam, depois que o rapaz ficou paralítico (e impotente) devido a um acidente de motocicleta. Casualmente, a moça liberta um gênio maligno (ou djinn) que quer abrir as portas do mundo para seus irmãos satânicos, necessitando para isso satisfazer três desejos formulados por Lisa. Para conseguir seu objetivo, o djinn assume a identidade do advogado que está cuidando do caso do acidente, que é apaixonado por Lisa e passa a assediá-la.

COMENTÁRIOS: Última parte de uma das séries mais fracas e repetitivas do gênero.

AVALIAÇÃO: *

ZOMBIE 4: AFTER DEATH

(Cf. Oltre la morte)

ZOMBIES

(Cf. Wicked little things)